Faux et Faussaires

Faux et Faussaires

Le récit véritable des plus grandes escroqueries de l'histoire
Les criminels, les escroqueries, et les victimes

Brian Innes

LES ÉDITIONS SCÈNES DE CRIMES™

Première édition en langue anglaise : Fakes and Forgeries

ISBN 1-84509-249-X
Editeur du projet original : James Bennett
Design : Jerry Williams
Documentaliste images : Natasha Jones

Edition française : Editions Scènes de Crimes

6, route de Compois ; 1222 Vésenaz / Genève
Tél. + 41 22 722 06 46 ; Fax + 41 22 722 06 49
Direction artistique : dany.goldstein@axions.ch
Département droits : steven.goldstein@axions.ch

ISBN : 978-2-940349-23-4
Imprimé à Singapour

Traduction : Eliane et Jean Horgen
Mise en pages : Atelier Françoise Ujhazi, Genève

www.scenes-de-crimes.com

Sommaire

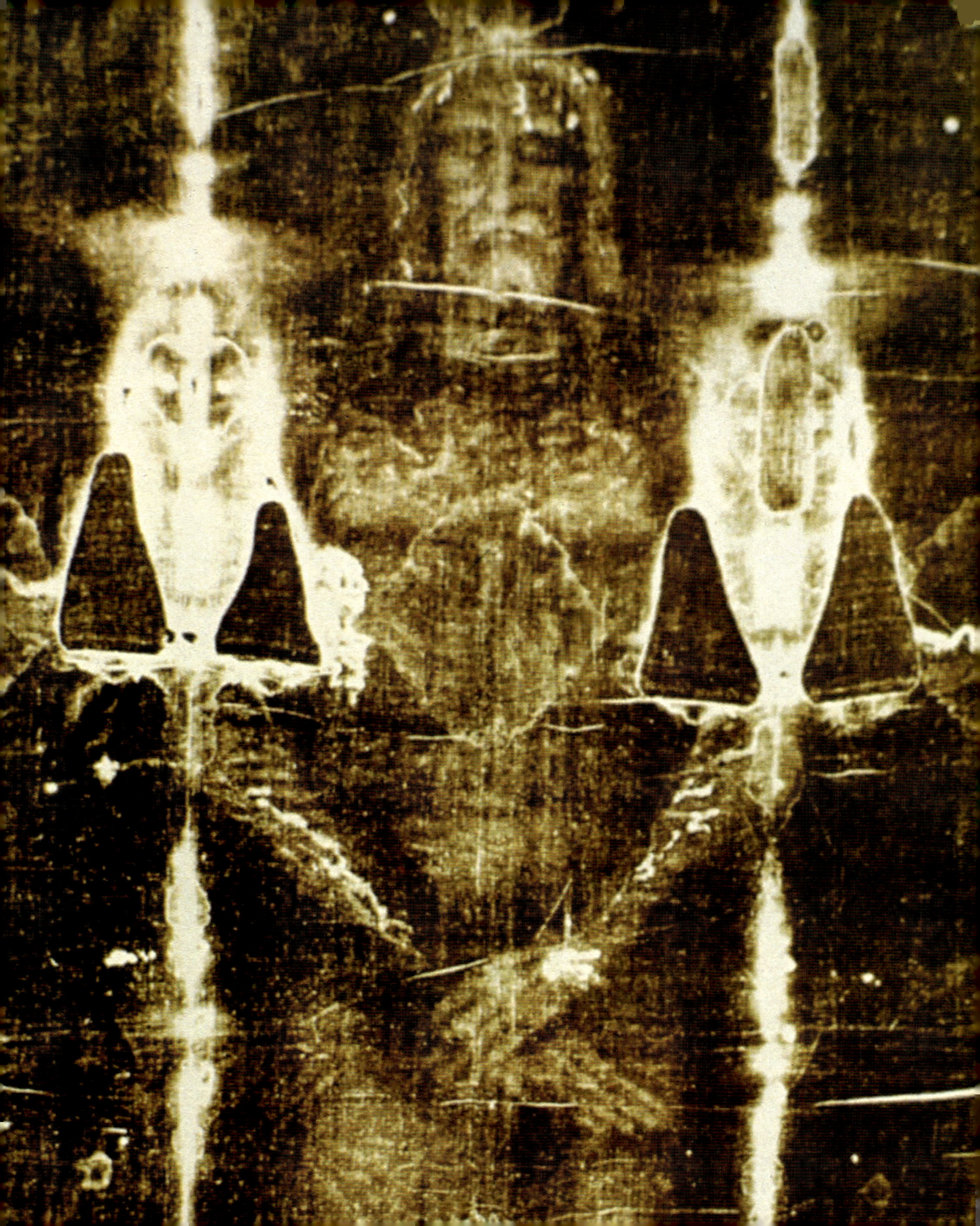

INTRODUCTION

Cet ouvrage explore « la toile enchevêtrée que nous tissons en entreprenant de tromper ». Il s'agit ici d'évoquer des affaires de copie, de falsification et de fraude, trois degrés croissants sur le chemin du crime.

La copie concerne l'imitation d'un original existant ou connu pour avoir existé. Il peut s'agir d'un document de toute nature : un billet de banque, une lettre, un manuscrit, un livre ou une œuvre d'art. Cela peut aussi consister à personnifier quelqu'un d'autre, vivant ou mort.

La falsification est l'attribution d'une copie à l'auteur de l'original de l'œuvre. Cela peut se traduire par l'ajout du nom de l'auteur à l'œuvre copiée, par l'apposition d'une fausse signature sur un document ou une œuvre d'art, ou la constitution des fausses preuves d'attribution à l'auteur copié. Jusque-là, en général, il n'y a point crime. Après tout, de nombreux peintres amateurs copient des tableaux de maîtres, comme Van Gogh ou Matisse, par exemple, et certains copient également, pour s'amuser, la signature du tableau.

Néanmoins, si l'auteur d'une falsification a ensuite l'intention d'en tirer profit, en présentant l'œuvre à la vente d'une façon ou d'une autre, ou en l'utilisant pour en tirer un avantage pécuniaire, il y a là fraude, et cela constitue un acte criminel.

La loi qualifie la simple copie d'un billet de banque, même s'il n'y a pas eu de tentative de le mettre en circulation, de crime de contrefaçon.

Une personne qui utilise une autre identité dans une intention criminelle, ou qui se présente à autrui sous couvert d'une fausse identité, commet un acte de fraude, et non de copie.

Comme nous le verrons dans cet ouvrage tout a été, à un moment ou à un autre, copié ou falsifié : les fameux objets d'art, les billets de banque et autres valeurs, les testaments, les documents d'identité, les meubles, les bijoux, les céramiques...

Les faussaires dénués de scrupules ont aussi produit des copies de toutes sortes de marchandises, du whisky aux créations de mode, en passant par les boîtes de conserves.

Une image en négatif du Saint Suaire de Turin, que l'on a longtemps cru être le linceul enveloppant le Christ après sa crucifixion. La datation au carbone 14 lui attribue un âge d'environ 700 ans.

CHAPITRE 1

FAUSSE MONNAIE

Les criminels britanniques ont pendant longtemps surnommés les billets de banque contrefaits « funny money ». En fait, l'histoire de la contrefaçon remonte à près de 25 siècles.

Le concept d'échange d'une sorte de biens contre une autre sorte s'est développé très tôt dans l'histoire de l'humanité. Puis est venue l'idée d'utiliser des perles ou des coquillages, en échange de produits utilitaires comme les aliments ou les armes. Ensuite il y eut une évolution vers la monnaie métallique. La première production connue de monnaie sous l'égide d'un état a probablement eu lieu en Asie Mineure au VIIe siècle avant J.-C. Les marchands grecs circulant en Méditerranée orientale ont adopté cette initiative et au IVe siècle avant J.-C., cet usage a atteint le nouvel état de Rome. A peu près à la même époque, la Chine a aussi battu monnaie, qui a trouvé sa voie vers le Japon, la Corée et l'Inde. La plupart des monnaies en Occident furent en or ou en argent, et les contrefacteurs commencèrent très tôt à les imiter.

Ci-contre : même la pièce de 1 € a été contrefaite par des criminels entreprenants.

A gauche : le billet de 5 £ est la plus petite dénomination produite par la Banque d'Angleterre, mais elle a néanmoins attiré des contrefacteurs.

Il était relativement aisé de détecter des pièces contrefaites, car elles étaient plus légères que les pièces authentiques. L'or était le métal le plus lourd connu à l'époque. Il était même plus lourd qu'une pièce en plomb plaquée d'une feuille d'or. Une poignée de fausses pièces en or, paraissant bonnes à première vue, étaient détectées rapidement par simple pesée. Par contre, l'imitation de pièces d'argent à partir de pièces en cuivre recouvertes d'une feuille d'argent était très plausible. On a découvert de telles fausses pièces datant d'aussi loin que le IVe siècle avant J.-C.

TROMPER LES COLLECTIONNEURS

Les pièces de monnaie sont un sujet de collection depuis longtemps. En Europe, les collections de monnaies antiques se sont développées dès le XVIIe siècle, et leur valeur de marché a rapidement dépassé de beaucoup la valeur du métal contenu. Les faussaires ont vu là une opportunité de faire de l'argent et ont vendu des copies aux collectionneurs. Beaucoup de collections contiennent des faux patents.

COMMENT PROCÈDE T-ON ?

Les pièces véritables sont frappées entre deux matrices gravées. Les anciens faussaires (et même les nombreux plus récents) ne disposaient pas de cette technique. Ils réalisaient des moulages en argile ou en plâtre de pièces authentiques et coulaient dans ces moules du métal fondu. Les pièces contrefaites n'avaient pas la précision et la définition des pièces authentiques.

HISTOIRE D'UN FAUSSAIRE

Carl Wilhelm Becker (1772-1830) est né à Spire en Allemagne. Son père était négociant en vins. N'ayant pas réussi en affaires, il alla étudier à la Monnaie de Munich, où il apprit l'art de graver des poinçons. Il

**Les pièces à gauche sont des copies du XVIIIe siècle de monnaies romaines par Carl Wilhelm Becker.
Les authentiques sont à droite.**

Le dossier du faussaire
L'ÉPISODE DU « EUREKA »

L'anecdote d'Archimède courant nu dans les rues en criant « Eureka » est familière à beaucoup. Mais combien savent qu'Archimède était en fait un précurseur de la détection de faux ? Archimède (287-212 avant J.-C.) était un mathématicien et inventeur né à Syracuse, en Sicile. Son principal titre de gloire est la découverte du principe d'Archimède.

Hiéron II, tyran de Syracuse, demanda à Archimède s'il pouvait établir que la couronne réalisée à son intention était faite d'or pur, ou d'un alliage d'or et d'argent. Une pesée ne prouvait rien, car il n'était pas possible de connaître le poids exact d'une couronne en or massif. Selon la légende, Archimède était préoccupé par ce problème alors qu'il prenait un bain aux thermes à Syracuse. Alors qu'il entrait dans son bain, il remarqua que son corps provoquait un débordement de l'eau. Brusquement, il eut l'inspiration : l'or étant plus dense que l'argent, il pouvait tester la couronne en la plaçant dans un récipient plein d'eau, en mesurant combien d'eau avait débordé. Si cette mesure excédait celle d'un poids égal d'or pur à celui de la couronne, il y avait tromperie.

On dit qu'Archimède avait été tellement excité par sa découverte qu'il oublia de s'habiller et courra nu dans les rues jusque chez lui en criant « Eureka » (J'ai trouvé).

Après la prise de Syracuse par les Romains, en 212 avant J.-C., Archimède fut assassiné par un des soldats.

réalisa des copies remarquables de monnaies antiques grecques, romaines et médiévales, qu'il frappa en or et en argent. Becker vendit ses pièces à des antiquaires spécialisés et parmi eux, à T. E. Mionnet, auteur d'un vaste ouvrage sur les pièces antiques, qui les revendit à des collectionneurs privés.

Pour parfaire ces faux, il les traitait pour les faire apparaître plus anciennes qu'elles n'étaient. On raconte que Becker les usait en les mettant dans sa « Kutscherbüchse ».

Il s'agissait d'une boîte métallique remplie de limaille de fer, attachée à l'axe de sa voiture à cheval.

Comme beaucoup de faussaires, Becker ne faisait qu'un petit profit. Un lot de 269 pièces, vendu à Mionnet 1350 florins, lui avait coûté à fabriquer la somme de 550 florins. Le même lot authentique (et l'on ne sait pas si Mionnet a vendu les pièces pour authentiques) avait une valeur estimée à 67 000 florins.

En 1826, la vue de Becker baissa et il ne put continuer à graver. Lorsqu'il mourut deux ans plus tard, sa veuve utilisa les 331 moules qu'il avait laissés pour produire des copies grossières en plomb. Les moules se trouvèrent plus tard au Musée Impérial de Berlin.

Bien que cela soit plus rare aujourd'hui, il y a toujours des contrefaçons de pièces. Ainsi, des fausses pièces de 1 et 2 € ont été mises en circulation.

LA PIÈCE VAUT-ELLE LE PRIX DE SON POIDS EN MÉTAL ?

Au XIXe siècle, le platine, d'un poids légèrement supérieur à celui de l'or, a été utilisé quelque temps pour la frappe de monnaie dans certains pays, dont la Russie. Lorsque la production a excédé la demande, le prix du platine s'est effondré, même audessous de celui de l'argent, et les faux-monnayeurs eurent l'idée d'utiliser le platine recouvert d'une feuille d'or pour produire de fausses pièces d'or. Comme celles-ci avaient le bon poids, beaucoup de personnes furent trompées.

Des contrefacteurs entreprenants réalisèrent que la valeur faciale des pièces d'or excédait le prix de l'or contenu. Quelques-uns furent en mesure de faire des copies avec le bon poids d'or véritable. Dans ce cas, l'activité était qualifiée de production illégale et non de contrefaçon.

Le dossier du faussaire

CONTREFACTEURS, NE VOUS FAITES PAS ESTAMPER !

Toutes sortes d'ingénieuses méthodes pour produire de la fausse monnaie ont été développées au cours des deux derniers millénaires. La fausse monnaie met en péril l'économie de l'état : aussi, la contrefaçon a été considérée depuis de nombreux siècles comme un crime de trahison, passible de la peine de mort. Les petits criminels, pour éviter ce risque, rognaient des petits morceaux de pièces authentiques, fondaient ces fragments pour en faire des copies de pièces, ce qui leur valut le nom de « clippers » (découpeurs). Lorsqu'ils étaient pris, on leur coupait en retour les oreilles ou les narines, ce qui les rendait immédiatement identifiables.

Il s'agit toujours d'un crime, car il y a usage illégal de marques officielles.

Pendant le XXe siècle, les pièces d'or et d'argent ne furent progressivement plus utilisées dans la plupart des pays développés. Les seules pièces de monnaie en usage sont des pièces de faible valeur relative, faites d'alliages à partir de cuivre et de nickel. Le coût du métal peut être de l'ordre de la valeur faciale, sinon supérieur, et ceci, combiné avec le travail de frappe rend la contrefaçon inintéressante sur le plan économique.

PAR ICI LA MONNAIE !

Dans les années 1970, les pièces de petite monnaie disparurent de la circulation en Italie. En compensation, on utilisa des petits billets tapés à la machine, des tickets de métro, des jetons de téléphone et même des bonbons. Un industriel japonais qui avait apparemment découvert que la valeur de métal des pièces excédait leur valeur faciale, avait acheté toutes les quantités de monnaie disponibles.

LES PROBLÈMES DES CONTREFACTEURS

Les contrefacteurs de monnaie ont eu et ont toujours à faire face à deux difficultés: l'une est de réaliser techniquement les imitations sans se faire prendre, et l'autre est d'écouler la fausse monnaie pour en tirer profit.

Le faux-monnayeur à la petite semaine peut utiliser ses billets pour des achats courants, en présentant une grosse coupure et en recevant pour l'appoint de la bonne monnaie. Mais il court un risque permanent d'être pris en utilisant cette méthode.

Pour des opérations de grande envergure, une organisation intermédiaire avec la capacité d'introduire de la fausse monnaie dans la circulation générale de l'argent est requise. Il s'agit le plus souvent d'une organisation criminelle internationale, mais on a des preuves récentes que des organisations terroristes peuvent également être impliquées.

Ces organisations prennent leur marge et ne paient aux contrefacteurs qu'un pourcentage de la valeur faciale de leur fausse

Durant les Croisades (entre 1096 et 1303), les forces chrétiennes combattant les armées de l'Islam en Terre Sainte ont frappé des copies des monnaies locales. Bien que ces copies fussent grossières, elles étaient en or ou en argent et circulaient facilement.

Un trésor de faux
billets saisi par
les agents fédéraux
à Los Angeles,
le 27 août 1956.

Le dossier du faussaire
VENEZ VOIR DE PLUS PRÈS !

Peu de gens examinent en détail les billets de banque qui passent entre leurs mains, ce qui bénéficie aux faussaires, car cela diminue les chances de découvrir un faux. Lorsque les photocopieurs couleur ont été introduits, par exemple, certains faussaires ont réussi à passer des billets photocopiés, à la petite semaine. Ces billets étaient identifiables en les examinant de plus près, bien sûr, mais le larron s'était déjà évanoui dans la nature.

Détails agrandis d'un billet de 5 £ de la Banque d'Angleterre, à gauche, et d'une contrefaçon, à droite. La différence entre les lignes nettement gravées du bon billet et celles de la contrefaçon est clairement visible.

monnaie. A une échelle intermédiaire, on voit opérer de petits gangs criminels. Voici comment ils opèrent : un membre du gang va d'abord faire un achat de bijoux ou d'autres objets de valeur pouvant être aisément revendus, avec du bon argent.

Un autre achat sera effectué peu après, plus important, cette fois avec de la fausse monnaie. Le temps que le commerçant découvre le pot aux roses, le gang aura disparu.

LES BILLETS DE BANQUE

C'est John Law, un financier et spéculateur écossais, qui a introduit l'usage du billet de banque en France, en 1716. Il s'agissait en fait de traites, par lesquelles la Banque Générale de Law acceptait un dépôt d'argent et promettait de repayer ces sommes à la demande, avec intérêt. Malheureusement, le montage s'est écroulé après seulement quatre ans, dans ce que l'on a appelé la bulle du Mississippi. En ce temps-là, la Louisiane était française, et Law a formé une alliance entre la banque et la compagnie chargée d'exploiter les vastes ressources de la vallée du Mississippi. Lorsque la banque fit faillite, Law fut forcé de fuir hors de France.

En dépit de ce faux départ, l'usage du papier-monnaie sera largement adopté plus tard. La prolifération de petites banques au cours du XIXe siècle a naturellement encouragé la contrefaçon de billets de banque, et ceci est resté aujourd'hui la principale activité des contrefacteurs.

Néanmoins, les billets ne sont pas les seuls documents sur papier à être contrefaits. Les chèques, les actions, les obligations et même les timbres-poste ont attiré l'attention de faussaires créatifs.

Lorsque les agents du « Secret Service » eurent perquisitionné une imprimerie à Milwaukee, Wisconsin, ils saisirent des planches non coupées de billets de 10 et 20 $, pour une valeur faciale de plus d'un demi-million de $.

Des montants plus importants de faux billets circulent dans le monde du crime organisé, en particulier dans les réseaux de trafic de drogue et d'armes. Lorsqu'une liasse ou même une valise de billets est remise subrepticement dans une allée obscure, il y a peu de chances que les billets soient examinés de près.

Souvent, chaque liasse est composée d'une vraie coupure en haut et en bas, avec les fausses au milieu. En conséquence, la fausse monnaie peut se disperser dans la circulation monétaire générale, pour n'être détectée qu'à l'occasion d'un examen par une banque.

LE « SECRET SERVICE » DES ÉTATS-UNIS

Avant 1862, l'argent papier était émis par les banques locales agissant sous contrat. Il n'y avait pas d'argent fédéral, et le Congrès avait laissé la responsabilité de la détection et des poursuites des contrefacteurs aux états et aux associations bancaires. Le Trésor US a alors fait passer plusieurs décisions par le Congrès, culminant avec le « National Bank Act » de 1863, qui autorisait la création des billets de banque fédéraux (greenbacks).

La confiance dans la nouvelle monnaie fédérale dépendait du succès de la lutte contre les contrefacteurs. Hugh McCulloch, secrétaire du Trésor, a lancé un plan prévoyant la création du « Secret Service » à Washington D.C. en juillet 1865. William P. Wood qui affirmait avoir déjà une expérience dans ce domaine, a été nommé.

Les billets de banque ne sont pas les seuls papiers valeur que l'on falsifie. Les chèques, les actions, les emprunts d'état et même les timbres-poste attirent la créativité des faussaires.

En dépit d'efforts acharnés de la part du « Secret Service », les contrefaçons se poursuivirent. Soixante-dix ans plus tard, on a estimé que les victimes de fraude perdaient plus de 770 000 $ par an. Lorsque Frank J. Wilson fut nommé à la tête du « Secret Service », en 1937, il décida d'apprendre au public à détecter les faux billets. Des milliers de circulaires furent distribuées aux banques et aux commerçants, avec une description des faux billets en circulation. Les agents du Service firent la tournée des banques et des magasins pour montrer des faux billets. Un film, *Connaissez votre argent*, fut tourné sur la contrefaçon et des millions

Billets authentiques de 1 $ sortant des presses.

de brochures furent diffusées, décrivant comment identifier les faux billets.

Ce programme fut au début une grande réussite, avec une réduction de la perte annuelle à 48 000 $, soit une diminution de 93 %. Plus tard, néanmoins, le volume de faux billets augmenta beaucoup à nouveau, et bien que le « Secret Service » réussit à saisir des montants impressionnants de faux billets avant leur mise en circulation, les pertes furent estimées à environ 12 % du total du faux monnayage.

En 1971, par exemple, les saisies furent de 23 millions de $, et les montants mis en circulation estimés à 3,4 millions de $.

LE RÔLE DU « SECRET SERVICE »

On pense généralement que les activités du « Secret Service » concernent essentiellement la protection du président, de sa famille et de ses proches collaborateurs, des personnalités étrangères en visite officielle, ainsi que la détection de certains cas d'espionnage. Or, les enquêtes sur le faux monnayage représentent la principale mission du Service. Ses activités ont été récemment étendues aux fraudes informatiques et à celles de cartes de crédit, aux vols d'identité et aux menaces dues au terrorisme en matière financière. En mars 2003, une partie du « Secret Service » a été transférée du

SMA

Le dossier du faussaire
AGENT DOUBLE

Parmi les nombreux faux de Brockway, il y avait un bon du gouvernement de l'Union de 1 000 $. Lorsque William P. Wood devint le premier directeur du « Secret Service » du Trésor, en 1865, il découvrit ce faux bon. Les responsables du Trésor étaient persuadés qu'une aussi bonne contrefaçon ne pouvait avoir été réalisée qu'avec des planches volées au sein du Trésor, et ils offrirent une récompense substantielle. Lorsque Wood confondit Brockway avec des faux en sa possession, il lui proposa un marché. Brockway ne serait pas reconnu coupable et Wood empocherait la récompense. Brockway refusa et fut chanceux. Wood, dont la réputation devenait douteuse, fut limogé peu après et le dossier fut fermé.

Département du Trésor à l'Agence pour la Sécurité Intérieure, nouvellement créée.

WILLIAM BROCKWAY, CONTREFACTEUR IMPÉNITENT

Né sous le nom de William Spencer en 1822, le célèbre contrefacteur américain William Brockway fut un enfant adopté, qui a pris le nom de ses parents adoptifs. Largement autodidacte, il réussit à suivre des cours de droit et d'électrochimie à l'Université de Yale. Avant la guerre de Sécession, les billets de banque étaient imprimés dans des imprimeries privées, alors qu'un responsable de la banque locale d'émission était gardien des plaques et du papier. Un jour, dans une banque de New Haven, Connecticut, Brockway réussit à distraire l'attention du responsable et à glisser une mince feuille de plomb dans une presse. Cela lui permit d'obtenir une impression en positif d'une planche de billets de 5 $ et, à partir de celle-ci, par les techniques qu'il avait apprises à Yale, d'imprimer environ 1000 billets pour son usage.

Riche pour un temps, Brockway s'installa à Philadelphie, passant pour un courtier en bourse, et se maria.

En 1860, il fit connaissance de William Smith, d'origine anglaise, graveur, travaillant à New York, spécialisé en gravure de planches de billets. Son talent et sa mémoire sans faille lui permirent de réaliser des reproductions parfaites. Au même moment, Brockway trouva un associé adéquat en James B. Doyle, homme d'affaires engagé dans de nombreux investissements fonciers. Doyle avait de nombreux comptes en banque par où pouvaient transiter de faux billets.

Brockway, Doyle et Smith purent poursuivre leur carrière florissante pendant une quinzaine d'années. En 1880, Smith grava un bon de 1000 $ venant à échéance l'année suivante, avec le papier spécial réservé pour le bon original, volé dans la papeterie l'ayant produit. A cette époque, la femme de Brockway consultait un avocat pour divorcer, et ce dernier suggéra, en plaisantant à moitié, à une de ses connaissances, l'agent Drummond du « Secret Service », de jeter un œil sur les affaires de Brockway. Placé sous surveillance, on identifia ses relations avec Doyle. La piste de Doyle mena jusqu'au domicile de Smith, d'où on le vit sortir avec un petit paquet.

A gauche : l'artiste italien du XXe siècle Mariolino da Caravaggio (de son vrai nom Feraboli), incluait des reproductions de timbres dans ses tableaux et mérita le titre de contrefacteur.

Doyle, trouvé en possession de 204 faux bons, fut arrêté plus tard à Chicago. Brockway fut également arrêté, mais fit un marché avec Drummond, en lui remettant 23 planches gravées, en lui donnant la cachette du papier spécial et la contre-valeur de 50 000 $ de faux bons, en échange de l'immunité. Au procès de Doyle, Brockway témoigna en faveur de l'accusé, en indiquant qu'il ne savait pas que les bons étaient faux. Doyle fut néanmoins condamné à douze ans de prison.

LA JUSTICE RATTRAPE BROCKWAY

En 1883, Drummond prit Brockway en possession de fausses obligations de compa-

Le dossier du faussaire

PRINCIPALES TECHNIQUES D'IMPRESSION UTILISÉES DANS LA FABRICATION DE BILLETS DE BANQUE

LA GRAVURE

C'est le procédé original d'impression des billets. Une plaque de métal peut être gravée à la main ou à la machine, ou une photographie peut être transférée sur la plaque et ensuite gravée. La plaque est ensuite encrée, puis essuyée, l'encre restant dans les creux. A l'impression, l'encre est en relief sur le papier et peut être détectée. On le sent en passant les doigts sur la surface du billet.

LA LITHOGRAPHIE OFFSET

Une plaque de métal est enduite de produits chimiques, puis exposée au négatif de l'image à reproduire. Cela fixe les parties exposées. Les parties non fixées sont enlevées par lavage. Sur la presse, la plaque est alors mouillée, puis encrée. L'encre adhère seulement sur l'image fixe et est transférée sur un rouleau encreur et de là, sur le papier. Sous le microscope, l'impression est plate.

LA TYPOGRAPHIE

Les caractères métalliques sont assemblés, ou une plaque métallique est préparée avec un cliché photographique, puis attaquée pour que l'image soit en relief, au-dessus de la surface de la plaque. La plaque est alors encrée et pressée. Si l'encre est pâteuse, on peut déceler un léger relief. Les billets de banque sont en général numérotés avec cette technique, grâce à une boîte à numéroter qui fonctionne un peu comme un compteur kilométrique de voiture, avançant d'un cran à chaque billet.

L'OFFSET A FROID

Similaire à la typographie, cette technique emploie des plaques avec des clichés en relief, qui sont ensuite transférés comme en lithographie.

LA SÉRIGRAPHIE

On utilise un écran de soie, de nylon ou de toile métallique, sur lequel une image photographique a été reportée. Un rouleau encreur passé sur l'écran transfère l'image sur le papier placé en dessous.

gnies de chemins de fer. Brockway fut condamné à cinq ans de prison à Sing Sing, il y resta trois ans. A sa libération il reprit son activité de contrefacteur, mais fut dénoncé et écopa de dix ans de prison supplémentaires. En 1905, âgé de 83 ans, il fut arrêté en train d'acheter du papier calque et convoqué pour interrogatoire. Mais le juge le relâcha, estimant qu'il était trop vieux pour être suspecté. Il survécut encore quinze ans, pour mourir à l'âge avancé de 98 ans.

LA GRAVURE D'UN BILLET DE BANQUE

Les billets de banque et autres valeurs authentiques sont imprimés en tout ou en partie avec des plaques gravées. Ce type d'impression est connu sous le nom de gravure. Au XIXe et jusqu'au XXe siècle, des graveurs talentueux réalisaient ces plaques à la main, et les contrefacteurs faisaient de même.

C'est pourquoi nous avons à l'esprit le cliché du contrefacteur avec sa visière sur le front, recroquevillé dans son antre avec ses faux billets, chacun imprimé sur une presse manuelle et séchant sur une corde à linge.

Au milieu du XXe siècle, un processus plutôt compliqué fut utilisé officiellement pour dupliquer les plaques gravées.

La gravure originale sur plaque d'acier est durcie, puis imprimée plusieurs fois sur un cylindre d'acier malléable, produisant

Une plaque gravée pour des billets de 5 £ de la Banque d'Angleterre. Pour s'assurer que la gravure est reproduite avec précision, toutes les petites imperfections sont polies à la main.

Un agent du « Secret Service » américain, utilisant un microscope de comparaison pour examiner un billet suspecté d'être une contrefaçon. Au microscope, on voit côte à côte le billet authentique et le billet suspect, on peut ainsi comparer des détails minuscules.

un contretype en relief. Celui-ci est également durci et imprimé sur une plaque d'acier ou de cuivre, en étant dupliqué plusieurs fois en position précise d'impression. La plaque est alors chromée par électrochimie pour résister à l'usure, puis montée sur le cylindre d'une presse.

DE L'ARGENT À BRÛLER ?

A la fin de la Seconde Guerre mondiale, en 1945 en Europe, les quatre puissances alliées, les USA, la Grande-Bretagne, la France et l'Union Soviétique, ont occupé l'Allemagne et l'Autriche, en se partageant des zones d'occupation. Il y eut une sévère pénurie d'aliments et de produits essentiels, et aussi de cigarettes. Dans cette situation, les cigarettes devinrent bientôt une véritable monnaie. Elles pouvaient être échangées pour des objets de tous genres ou utilisées comme cadeau pour obtenir toutes sortes de faveurs des autorités locales. En raison de leur valeur économique, personne n'en fumait plus: ce serait comme de faire brûler des billets de 10 $. Des escrocs à la petite semaine ont mis en place un marché noir en trimballant des attachés-cases remplis de centaines de cigarettes en vrac. Comme cette monnaie passait de main en main, le tabac se desséchait et tombait progressivement, laissant des tubes de papier à cigarettes presque vides, qui gardaient néanmoins leur valeur nominale fixée par le marché.

Maintenant que les équipements informatiques sont accessibles, la contrefaçon par ordinateur est devenue le risque principal. Des billets authentiques peuvent être scannés, assurant une bonne reproduction, à l'exception des détails microscopiques, et imprimés sur des imprimantes laser en couleurs acceptables.

TOUJOURS UNE LONGUEUR D'AVANCE !

Dans leur lutte constante pour se montrer plus malins que les faussaires, les responsables du Trésor Américain et leurs collègues des autres banques d'émission à travers le monde ont mis au point des procédés ingénieux pour rendre impossible la contrefaçon de leurs billets.

Les concepteurs ont adopté des procédés photographiques pour ajouter des détails aux plaques gravées, une technique difficile à suivre pour les faussaires.

Pour un temps, ceux-ci n'avaient pas d'autre choix que de continuer à graver des billets ou à tenter de passer de grossières copies photographiques. Cette situation a changé dans les années 1950, avec le développement de la photolithographie et des presses rotatives de lithographie offset.

La séparation des couleurs et les petites presses rotatives offset (en fait des machines déjà importantes et représentant un investissement conséquent) furent les outils du contrefacteur moderne durant les années 1950.

Le matériel nécessaire existait dans de nombreuses sociétés tout à fait légitimes, en dehors du domaine de l'impression, et peu de questions étaient posées à un acheteur potentiel.

Le résultat d'un passage au scanner est un jeu de clichés négatifs avec séparation en quatre couleurs, prêt à être transféré sur des plaques et à donner lieu à une impression sur une presse offset conventionnelle.

Ce fut le procédé utilisé par le contrefacteur britannique Stephen Jory, qui inonda le marché avec des faux billets de 10 £ et 20 £, dans les années 1990. Il

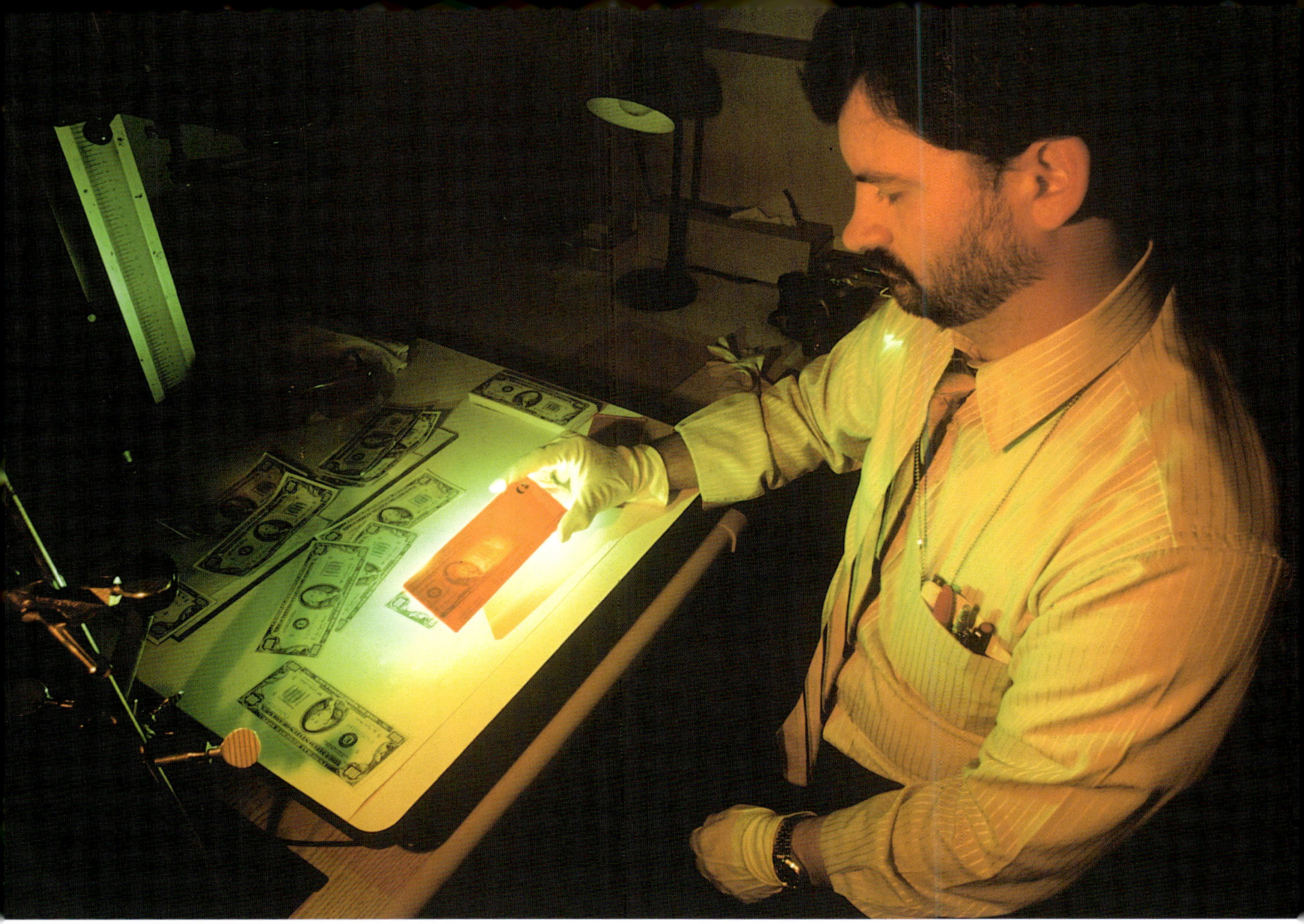

Les experts du « Secret Service » doivent soumettre les billets suspects à des examens minutieux. Ici, un expert examine un spécimen de billet sous une lumière spéciale.

n'était pas lui-même imprimeur, mais avait accès à un Allemand surnommé « Herman le Scanneur », qui lui procurait les négatifs.

Cet homme « signait » ses contrefaçons en modifiant la couleur d'un point minuscule au verso du billet de 20 £.

Une nouvelle émission de billets comportant une bande métallique continue ne put être copiée par l'imprimeur de Jordy.

Le métal apparaissait comme un pointillé de chaque côté du billet, étant visible alternativement sur chaque face. Jory tenta de copier par impression de tirets, mais ceux-ci restaient discontinus.

Il fut arrêté en 1998, lorsqu'un associé, à qui il avait confié la mission de détruire les épreuves d'essais, fut trouvé en leur possession.

« Si vous prenez en compte tous les vols intervenus dans les banques aux USA en 1992, les pertes s'élèvent à 63 millions de $. En revanche, pour la même année, le montant des fraudes dans ces mêmes institutions financières s'élève à 4,2 milliards de $. Quelqu'un volant de l'argent avec un stylo ramasse un butin sans commune mesure avec le butin d'un vol à main armée. » FRANK ABAGNALE

LA CONTREFAÇON PAR INFOGRAPHIE

Le dernier développement de la contrefaçon vient de la banalisation de l'infographie et de son matériel. Les productions peuvent être identifiées relativement aisément par des experts, mais elles passent sans trop de difficulté sur le marché libre. L'ingéniosité des contrefacteurs est remarquable : le résultat d'un passage au scanner peut être modifié sur l'ordinateur, de façon à ce que les sécurités telles que les filigranes et les fils métalliques soient « blanchis », puis réintroduits. Sur les chèques, en particulier, des mentions comme les montants ou les signatures peuvent être modifiées facilement.

En 1989, une organisation criminelle a escroqué 750 000 $ à la First Interstate Bancorp de Los Angeles. Ils ont volé un authentique chèque de dividendes émis par la banque, ont changé le montant et le bénéficiaire par ordinateur et imprimé une contrefaçon avec une imprimante laser, qui fut assez bonne pour tromper la chambre de compensation de la banque.

Un certain nombre de changements sont intervenus dans l'impression des billets et chèques pour combattre ces développements. L'un d'entre eux est l'adjonction de détails de dimension inférieure à la résolution de la plupart des scanneurs et imprimantes. En 1993, par exemple, l'Imperial Bank of Los Angeles a proposé des « SafeChecks ». Ces chèques incluaient des points minuscules ne pouvant pas être scannés, laissant apparaître le mot VOID sur les copies.

Cette technique est comparable aux tests de vision pour la détection du daltonisme, avec des motifs apparaissants au milieu d'un ensemble de points colorés. La banque a annoncé que les fraudes sur les chèques avaient baissé de 90 % après introduction des « SafeChecks ».

D'autres précautions comprennent l'utilisation d'encres fluorescentes et le traitement chimique du papier. Ce dernier réagit à toute tentative d'effacement.

Néanmoins, la technique de l'infographie ne cesse de progresser. Depuis 1991, la ligne ovale entourant le portrait de Benjamin Franklin sur les coupures de 100 $ inclut une micrographie avec les mots « The United States of America » répétés tout autour.

Une annonce publiée par la société Envisions proclamait que leur scanner couleur, d'un prix de 1799 $, pouvait reproduire ce détail. Envisions a reçu la visite des agents du « Secret Service » et a retiré cet argument de vente dans sa publicité, mais le matériel peut toujours effectuer cette performance. En conséquence, plusieurs fabri-

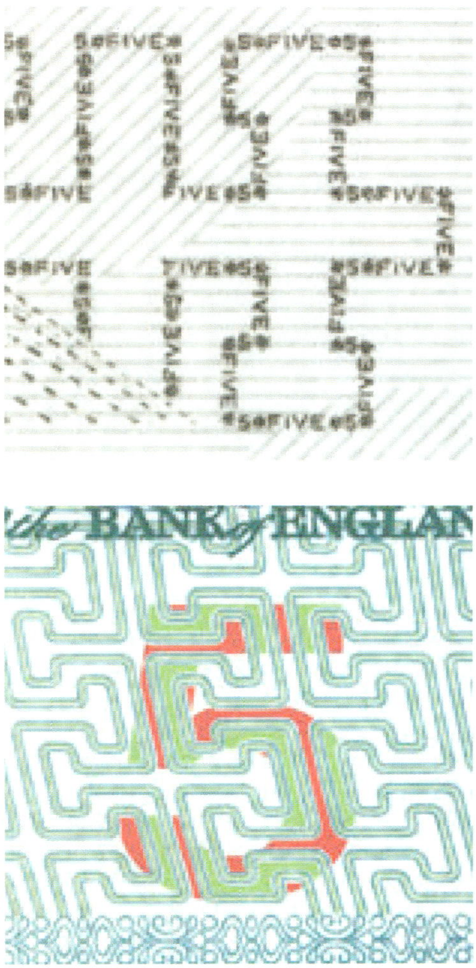

Certains détails presque imperceptibles ont été introduits sur un billet de 5 £ de la Banque d'Angleterre, pour rendre la contrefaçon très difficile. Une micrographie a été intégrée sur le fond du billet (en haut), tandis que cette valeur faciale n'est visible que sous lumière ultra-violette (en bas).

Le dossier du faussaire

LE (FAUX) DOLLAR TOUT-PUISSANT

Un faux billet de 20 $.

La devise donnant lieu aux contrefaçons les plus nombreuses est le dollar américain. En 1993, on a annoncé que la contre-valeur de 20 millions de $ a été saisie sur le territoire US. Le montant des prises de faux dollars dans d'autres pays s'élève à plus de 121 millions de $. De plus, de grandes quantités de faux dollars circulent en Asie, au Proche-Orient et en Europe de l'Est, sans jamais revenir dans des régions où les faux billets pourraient être identifiés. Ainsi, les autorités libanaises ont indiqué que, depuis 1992, plus de 2 milliards de $ de contrefaçons de haute qualité ont été produits par les fondamentalistes chiites, avec l'appui probable de la Syrie et de l'Iran. On estime que 20 % des dollars et des roubles qui circulent en Russie sont des faux. L'Inde est également une source majeure de fausse monnaie.

cants de scanners ont incorporé des dispositifs anti-contrefaçons dans leurs machines.

Une puce spécialement programmée reconnaît les billets des principales devises et le copieur n'imprime qu'une feuille blanche. Un autre dispositif imprime le numéro de série du copieur en microcaractères, invisibles à l'œil nu, mais pouvant être décodés avec un équipement spécial. En janvier 2004, Adobe Systems a indiqué que son logiciel Photoshop incluait un dispositif conçu pour empêcher la reproduction de billets de banque.

Le « Secret Service » estime que les contrefaçons sont toujours principalement produites par des presses offset, et que ces machines sont relativement faciles à suivre à la trace. Mais la contrefaçon par infographie, avec un matériel similaire à l'informatique grand public, diffusé à des millions d'exemplaires, ne cesse de se développer chaque année.

En juin 2004, l'Imprimerie Fédérale estimait que les contrefaçons sur ordinateur pouvaient représenter 40 % du total des contrefaçons.

POUR DÉJOUER LES CONTREFACTEURS

Dans son effort continu pour lutter contre les faux-monnayeurs, l'Imprimerie fédérale a émis une nouvelle génération de billets, représentant la première remise en cause majeure depuis 1929. Des petits changements de détails étaient certes intervenus assez fréquemment, sans affecter l'allure générale des billets. En particulier, on a introduit des détails en micrographie ainsi qu'un fil métallique de sécurité. Maintenant, de nouvelles séries sont introduites tous les deux ans ou à l'occasion de la nomination d'un nouveau secrétaire au Trésor.

Plusieurs nouveautés ont été introduites dans ces nouveaux billets. Le filigrane est employé à nouveau (adopté dans les premiers billets, il a été abandonné en 1879 pour un papier spécial contenant des fibres de différentes couleurs).

Le changement visuel le plus notable est un portrait plus grand, légèrement décentré, avec davantage de détails. Le fond inclut des lignes très fines difficiles à dupliquer sur des imprimantes. La valeur faciale en bas à droite est imprimée avec une encre changeant de couleur selon l'angle de vision. La position du fil de sécurité change pour chaque valeur de billet et apparaît sous une lueur différente sous rayonnement ultraviolet. La dénomination est imprimée le long de chaque fil : ainsi, la mention USA TWENTY et un drapeau américain sont répétés le long du fil d'un billet de 20 $, avec le nombre 20 dans la partie étoilée du drapeau !

La micrographie est utilisée pour le cadre de certains portraits. Sur le billet de 50 $, on en trouve sur le col du président Grant. Sur le billet de 100 $, il y en a sur le revers du manteau de Benjamin Franklin. Le nouveau billet de 20 $ est apparu en octobre 2003, suivi du nouveau 50 $ en septembre 2004.

Des couleurs subtiles ont été ajoutées en arrière-plan, dans les rouges et les bleus, ainsi qu'un drapeau flottant et une petite étoile métallisée bleue.

FAUX TIMBRES-POSTE

Le tout premier timbre, le Penny noir anglais émis par Sir Rowland Hill en 1840, a été copié moins d'un an après. Aujourd'hui, néanmoins, la contrefaçon de timbres-poste en circulation est rarement profitable, car leur valeur est relativement faible. Les philatélistes, par contre, sont prêts à payer des sommes élevées pour des timbres rares. Ils sont nombreux à rechercher des faux répertoriés. Par exemple, le faux Penny noir

Un examen sous microscope comparatif révèle rapidement les différences de détails entre un vrai et un faux billet, comme dans le visage de Benjamin Franklin sur un billet de 100 $ de 1959. Le vrai billet est à gauche.

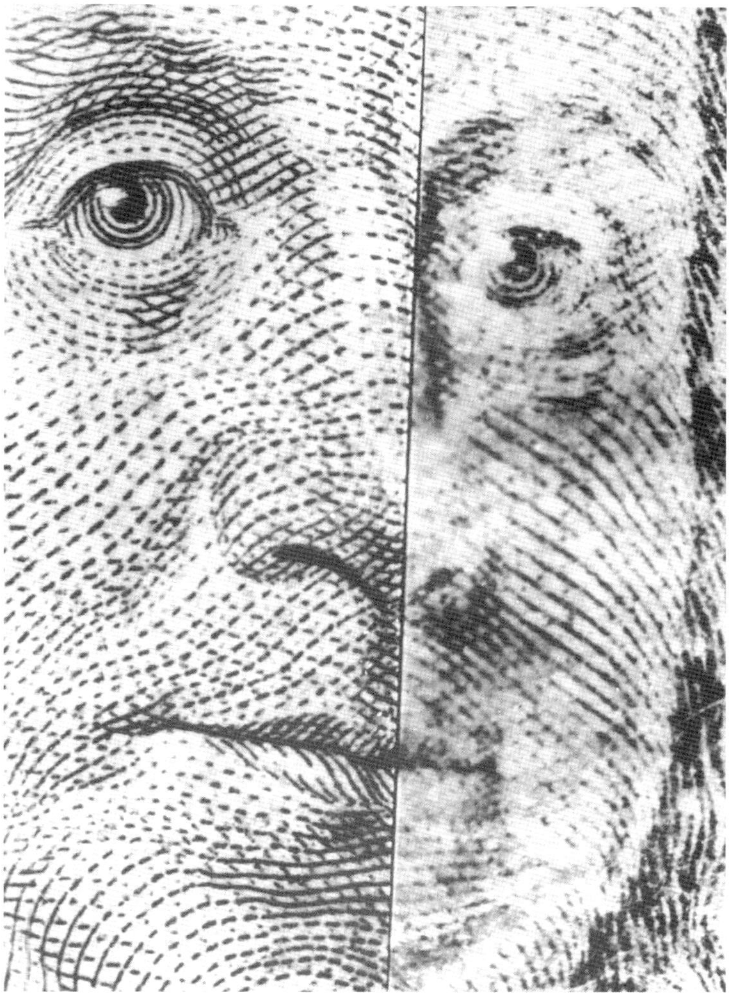

Le premier timbre-poste du monde fut le Penny noir émis par Sir Rowland Hill, de la poste britannique, en 1840. Bien que sa valeur faciale soit aussi faible, il devint bientôt la cible de contrefacteurs, et les premières copies apparurent en moins d'un an.

le plus ancien existant a été vendu en 1991 pour 1 350 000 £.

Les premiers timbres émis par différents pays sont devenus rapidement des raretés, et dès le milieu du XIXe siècle, différents faussaires furent bientôt à l'œuvre. Parmi les pionniers, Samuel Allan Taylor (1838-1913) dirigeait le gang de Boston. Né en Ecosse, il émigra aux Etats-Unis encore enfant, commença à négocier des timbres et produisit son premier faux en 1863. Des années avant que des pays tels que le Paraguay ou le Guatemala produisent leurs propres timbres, le gang de Boston en produisait déjà des faux pour les vendre. A cette époque, quelques bureaux de poste et transporteurs de courrier américains émettaient leurs propres timbres. Taylor en a fait des centaines de contrefaçons, quelquefois avec son propre portrait dessus. Il fut emprisonné en 1893, mais continua apparemment à produire des faux jusqu'en 1905. Dans les premiers temps du négoce philatélique, de nombreux marchands achetaient les plaques servant à imprimer des timbres retirés de la circulation, et vendaient des timbres imprimés avec ces plaques pour des originaux. Parmi eux, George Hussey et J. Walter Scott aux Etats-Unis, Stanley Gibbons en Angleterre

et J.-B. Moens en Belgique. Légalement, il s'agissait de contrefaçons, mais ces marchands les décrivaient comme des fac-similés. A Hambourg, en Allemagne, la société Spiro produisit des centaines de faux dans les années 1860 à 1880, et les frères Senf firent de même entre les années 1870 à 1890.

Le problème des fac-similés devint si important que la Royal Philatelic Society, en Angleterre, mit en place un comité d'experts qui examinait tout lot litigieux, contre

Le dossier du faussaire

UN FAUSSAIRE MÉDAILLÉ D'OR

François Fournier (1846-1927) naquit en Suisse mais devint citoyen français et se battit comme soldat lors de la guerre de 1870 contre les Prussiens. Il retourna en Suisse, s'établit à Genève, où il fabriqua d'innombrables fac-similés de timbres. A l'époque, c'était légal. Il reçut même des médailles d'or pour ces copies lors d'expositions philatéliques internationales. Un autre titulaire de médailles fut Louis-Henri Mercier, également de Genève. En 1904, Fournier acheta tout le stock de Mercier et continua à offrir des fac-sismilés. A sa mort, sa veuve vendit tout, y compris son matériel d'impression et de perforation, à l'Union philatélique suisse de Genève. La société apposa une surimpression « faux » sur les timbres, prépara des albums de spécimens de Fournier et brûla le reste du stock.

honoraires. D'autres pays suivirent, mais la production de fac-similés se poursuivit.

FAUSSAIRE POUR LE PLAISIR

Jean de Spérati (1884-1957) fut le soi-disant « roi des faussaires en timbres ». Il commença à fabriquer de faux timbres à Pise, sa ville natale. Comme d'autres faussaires en art, Spérati cherchait à faire authentifier ses productions par des experts. Trompés, ceux-ci établissaient des certificats d'authenticité, et Spérati passait ses timbres en vente publique.

Dans les années 1920, il rendit ses faux encore plus authentiques, en leur imprimant de fausses oblitérations.

Pendant la Seconde Guerre mondiale, les timbres rares étaient particulièrement

Jean de Spérati a été appelé le roi des faussaires en timbres. Il insista toujours sur le fait que ses copies étaient seulement des imitations, et il gagna un procès en diffamation pour avoir été traité de faussaire.

recherchés, car il était facile de les dissimuler pour éviter leur confiscation par les Allemands. Spérati fut pris en train de passer en fraude des timbres hors de France. Il dut admettre qu'il s'agissait de faux, afin d'éviter la prison. Il montra que tous les timbres portaient des marques au verso, mais comme elles étaient marquées au crayon, ses intentions semblaient claires.

Toute sa vie, Spérati insista en public sur le fait qu'il n'avait produit que des « imitations », et qu'il avait engagé et gagné un procès en diffamation, pour avoir été traité de faussaire. A l'âge de 70 ans, sa vue commença à baisser, et l'Association Philatélique de Grande-Bretagne, espérant mettre fin à ses illégalités, lui versa une indemnité évaluée à 20 000 £. A sa mort, trois ans plus tard, on découvrit qu'il avait continué ses activités. « Juste pour rire », a-t-il confessé sur son lit de mort.

Contrôle de qualité des planches de timbres britanniques, feuille par feuille, à la sortie de la presse.

DES FRAUDES QU'IL FÛT IMPOSSIBLE D'EMPÊCHER

L'achat du stock d'un faussaire semble le seul moyen d'assainir le marché. En 1967, la Société Philatélique Américaine conclut un accord avec Raoul de Thuin (1889-1975), d'origine belge, qui a réalisé des milliers de faux timbres et fausses oblitérations dans la péninsule du Yucatan, au Mexique. Le colonel James DeVoss, secrétaire général de la société philatélique américaine, déclara : « Nous connaissions ses activités depuis près de vingt ans, sans pouvoir les arrêter. Si de Thuin avait résidé aux Etats-Unis, il aurait été mis en prison, mais il ne violait pas la loi mexicaine, car il ne copiait que de vieux timbres, utilisant tout son talent pour ajouter des surimpressions et des oblitérations qui ajoutaient à leur rareté. Les autorités postales américaines ont porté plainte pour fraude, ce qui l'empêchait d'envoyer des lettres aux Etats-Unis, mais ses faux ont continué à circuler par d'autres voies. »

La Société Philatélique Américaine acheta 1636 plaques d'impression et ce qu'elle croyait représenter tout le reste de l'équipement de De Thuin, y compris ses encres, paraît-il pour une somme modeste. La Société ne pouvant pas en être propriétaire légalement. Elle utilisa ces éléments pour illustrer un livre, *Une histoire au Yucatan*, et remit ensuite le tout au « Secret Service ». De Thuin s'exila à Guayaquil, en Equateur. Après sa mort, on découvrit qu'il avait gardé du matériel et continué à produire ses faux timbres.

En 2004, il est apparu qu'un certain Juan Canoura, opérant sur le site de transactions eBay, avait acquis une partie du stock de De Thuin. Canoura, dans ce genre d'affaires depuis au moins seize ans, annonça qu'il liquidait ses affaires et prenait sa retraite. « J'en ai assez d'être faussaire. Je veux juste profiter des années qui me restent à vivre. »

L'ESCROQUERIE DES BILLETS DE BANQUE PORTUGAIS

Le faussaire dans cette affaire était un jeune Portugais, Artur Alves Reis, qui ne produisit aucun faux billet, mais qui incita une des sociétés d'impression de billets les plus respectables à faire le travail pour lui. Né en 1896, Reis arriva avec sa jeune épouse en Angola, colonie portugaise, en 1916. Il présenta un diplôme d'ingénieur, un faux de sa production, et trouva rapidement du travail comme ingénieur.

L'économie angolaise était dans un état pitoyable, sans aucune assistance du gouvernement portugais. A 24 ans, Reis fut en mesure de prendre le contrôle de la compagnie de chemins de fer pour laquelle il travaillait jusqu'alors, et commença à effectuer des manipulations boursières illégales avec les actions de la compagnie. Ses agissements furent découverts et il fut arrêté à son retour à Lisbonne en 1924, et emprisonné deux mois.

Pendant ce séjour à l'ombre, il conçut un plan fantastique pour faire de l'argent. Dès sa mise en liberté, il fabriqua un document par lequel les autorités angolaises le mandataient pour émettre des billets de banque d'une valeur de 100 millions d'escudos portugais en Angola, contre un prêt imaginaire de 1 million de £. Il recruta une petite équipe de complices, dont aucun n'avait une vue globale du projet. L'un d'entre eux, Karel Marang, fut chargé d'approcher une imprimerie de valeurs en Hollande, pour obtenir une lettre de recommandation destinée à la société anglaise imprimant les billets de banque du Portugal, Waterlow et Sons, à Londres. Marang obtint un rendez-vous avec Sir William Waterlow, président de la société. Marang expliqua que l'émission de ces billets devait rester secrète. Les conséquences politiques d'une fuite seraient très sérieuses. Marang prétendit traiter directement avec le gouverneur de l'Angola. De plus, les billets devraient être les doublets de billets déjà émis, qui seraient marqués d'une surcharge

Le faussaire n'avait pas imprimé de faux billets, mais avait persuadé une des imprimeries de valeurs parmi les plus respectables de faire le travail pour lui.

« Angola », dès leur réception dans la colonie. Sir William accepta l'affaire, sans même en informer ses collègues administrateurs. Reis fabriqua alors deux lettres supplémentaires, signées apparemment de la Banque du Portugal, approuvant la transaction.

Au début de 1925, 200 000 coupures de 500 escudos furent imprimées, puis mélangées pour que les numéros de série soient en désordre, puis envoyées au Portugal. Entre-temps, Reis avait fondé une banque, Banco Angola et Metropole, avec des bureaux à Lisbonne et Porto, dont il assura le financement avec ses billets dupliqués. La banque se développa si bien, en offrant des crédits à des taux plus faibles que ses concurrentes et en proposant des taux de change plus attractifs, que dès juillet, une nouvelle commande pour 380 000 billets supplémentaires fut passée à Waterlow et Sons.

Pour couvrir ses traces, Reis commença à acheter des paquets d'actions de la Banque du Portugal. Il pensait que s'il devenait actionnaire majoritaire avec ses complices, il deviendrait impossible aux officiels de la banque de lancer une enquête sur les billets dupliqués. Alors qu'il était en déplacement en Angola, un employé de guichet de l'agence de Porto remarqua que des transactions de change n'avaient pas été enregistrées correctement et le signala.

Une recherche approfondie dans le stock de billets de la Banque d'Angola fut entreprise et révéla deux billets avec le même numéro de série. Il n'y eut pas moyen de savoir lequel des deux billets était un faux, et pour cause. Lorsque le fait fut connu,

Sir William Waterlow avec son épouse. En 1924, il donna l'autorisation d'imprimer 580 000 coupures de 500 escudos, sur la base de deux fausses lettres préparées par Reis, sans consulter ses administrateurs.

cela déclencha une panique. Tout possesseur de billets de 500 escudos voulut les changer sur l'heure. Lorsque Reis revint d'Angola, il fut arrêté. La Banque du Portugal dut racheter tous les billets de 500 escudos, ce qui fit vaciller toute l'économie portugaise. Après un procès compliqué en 1929, Reis fut condamné à vingt ans de prison. Mais les choses n'en restèrent pas là. L'année suivante, la Banque du Portugal poursuivit en justice Waterlow et Sons à Londres. Waterlow fit valoir qu'elle n'était chargée que de l'impression de papier.

La Banque du Portugal avait retiré les billets suspects et en avait émis de nouveaux, avec pour dommage le coût de l'impression de la nouvelle série. L'accusation, au contraire, cherchait à obtenir des dommages exemplaires. L'affaire fut portée en appel à la Chambre des Lords, et la Banque du Portugal obtint des dommages équivalents à 60 millions d'escudos, authentiques, que Reis réussit à faire imprimer par la société Waterlow et Sons.

CHARLES BLACK, L'HOMME QUI AVAIT LE SOUCI DU DÉTAIL

Charles Black, né en 1928, apprit l'instrumentation industrielle. Il fit bon usage de

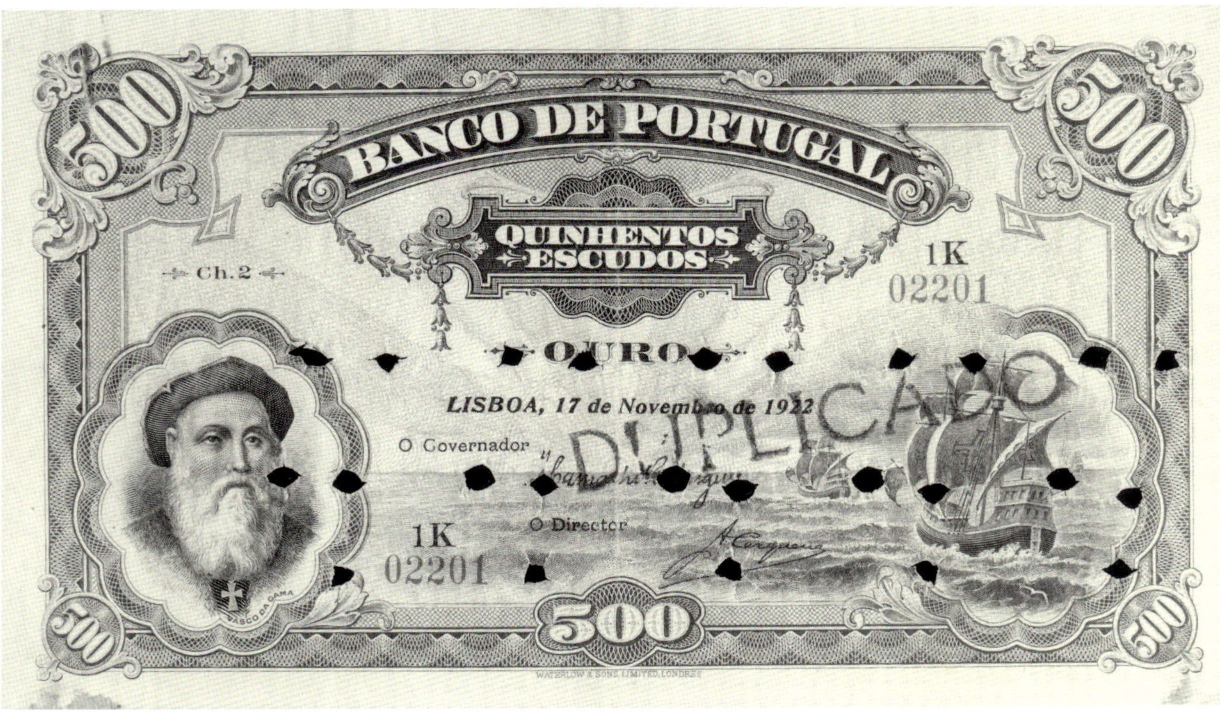

Un des 200 000 billets de 500 escudos de la Banque du Portugal apparemment authentiques, que Reis réussit à faire imprimer par la société Waterlow et Sons de Londres.

Le dossier du faussaire

MIEUX QUE L'ORIGINAL ?

Jusqu'au premier tiers du XXe siècle, la valeur de la monnaie était basée sur le standard or, et dépendait du montant des réserves en or de chaque état. L'Angleterre abandonna le standard or en 1931, et le souverain, une pièce d'or d'une valeur de 1 £, fut démonétisé.

Mais le Royal Mint continua à frapper des souverains pour le commerce avec les pays en développement. Pendant la Seconde Guerre mondiale, le souverain reprit de l'importance et servit à financer des groupes de résistance contre les Allemands. Il demeura une valeur reconnue dans le commerce international bien après la guerre.

Jose Beraha, membre d'une riche famille de Juifs Sépharades, naquit en 1907 à Skoplje, en Macédoine. Lorsque les Allemands occupèrent la Yougoslavie en avril 1941, la plupart des membres de sa famille furent déportés et exterminés dans les camps de concentration. Jose Beraha et deux jeunes cousins réussirent à s'échapper en Albanie d'où ils passèrent en Italie, en payant leur passage avec des souverains.

Un faux souverain en or, à l'effigie du roi Georges V, datée de 1918. Il est remarquable de noter que cette année-là, le Royal Mint ne frappa aucun souverain. S'agit-il d'une erreur du faussaire ? Ou plus probablement d'une décision délibérée, créant une pièce qui n'a jamais existé, de sorte qu'il ne puisse être accusé sur le plan pénal.

Beraha apprit l'italien, s'installa et créa une affaire. A la fin de la guerre, il se lança dans l'export, mais fut frustré par toutes les règles de contrôle des changes. Le souverain britannique était la clé permettant d'ouvrir toutes les portes. Beraha découvrit bientôt que le souverain, d'une valeur marchande de l'ordre de 20 $, contenait pour une valeur de 9 $ de poids en or.

Beraha installa un petit atelier de frappe de monnaie Via Andrea Doria, à Milan, et commença à produire des souverains. Les siens étaient en fait encore meilleurs que ceux du Royal Mint britannique, avec 1 % d'or en plus que l'original. En 1951, Beraha était millionnaire. Il vendit son affaire à son directeur de production et se retira avec sa famille en Suisse.

Les autorités britanniques eurent vent des activités de Beraha et ils lancèrent, en 1952, un mandat d'arrêt contre lui avec demande d'extradition, pour contrefaçon. Beraha, pour sa défense, trouva un argument génial : le souverain n'avait plus cours légal en Angleterre. Il ne pouvait donc être utilisé pour acheter des biens ou des services, et n'avait d'intérêt que pour les négociants en or et les collectionneurs. Beraha envoya son avocat à Londres pour le prouver. Tous les commerces refusèrent d'être payés en souverains, et même le Trésor britannique. « Allez le vendre à un marchand en numismatique » fut leur réponse. Les juges suisses repoussèrent la demande d'extradition et reconnurent que Beraha ne pouvait être poursuivi comme faussaire.

son talent pendant trois ans, et inventa un chauffage thermostatique pour les aquariums. Ses connaissances techniques le conduisirent dans le négoce des voitures d'occasion, et il fut bientôt arrêté pour trafic de voitures volées. En prison, il eut de nombreuses conversations avec des compagnons de cellule poursuivis comme faussaires. Peu de temps après sa sortie de prison en 1969, il décida de se lancer dans la contrefaçon et de faire usage de ses talents de photographe amateur.

Coïncidence heureuse, se tenait au même moment le salon du matériel d'impression IPEX, à Londres. Black passa du temps à discuter avec les vendeurs, trop heureux de lui présenter leurs matériels et d'en faire la démonstration. Cela lui permit de faire sa liste d'emplettes, financée par un propriétaire de casino (seulement connu sous le nom de Fred). Black raconta à ses fournisseurs qu'il se lançait dans l'impression de catalogues, et raconta à sa femme qu'il allait produire des magazines pornographiques.

Il bâtit un vaste hangar dans son jardin pour y loger sa presse et son matériel de gravure. Il aménagea son studio en laboratoire de développement photo. En quelques jours, il se familiarisa avec les arcanes de l'impression en couleur.

Le séjour de Black en prison l'avait amené à avoir une piètre opinion des faussaires. Comme il le disait, ces faussaires se satisfaisaient d'imitations acceptables à première vue, alors que lui, fignolait méticuleusement ses faux pour les rendre aussi proches que possible des originaux. Black passait de nombreuses heures dans sa chambre noire, produisant les négatifs qu'il imprimerait en magenta, bleu, jaune et noir, de la même façon que les photos sont imprimées dans les magazines de qualité. Un seul négatif par couleur ne lui suffisait pas. Il prenait la peine d'en faire des agrandissements et d'ajuster les différentes parties pour obtenir les nuances exactes de couleur aux différents emplacements.

Ci-dessus : Charles Black, le faussaire anglais, avec une poignée de faux billets de 20 £, 10 £ et 5 £.

A gauche : Jean de Spérati au travail sur une de ses « imitations ».

Black et un associé, Stanley Le Baigue, commencèrent à produire de faux chèques de voyage de 50 £, pour un montant de 250 000 £. Fred distribua ces faux chèques dans le milieu criminel à un tiers de leur valeur. Les chèques et les billets sont numérotés en série, à l'aide d'une boîte à numéroter et d'une encre magnétique. Black persuada une de ses relations travaillant dans une société d'impression de valeurs, qui lui avait auparavant offert d'écouler de vrais chèques qu'il avait volé, de voler cette fois trois boîtes à numéroter et la quantité d'encre nécessaire.

Black réalisa des tampons au nom de différentes banques émettrices, perfora les chèques et les relia en carnets de dix avec des couvertures imprimées. Le pot aux roses ne fut découvert que lorsque les faux chèques revinrent vers les banques émettrices, qui annulèrent toute la série authentique.

CORDON ÉLECTRIQUE ET GLYCÉRINE

Black décida alors de fabriquer de faux billets de 10 et 20 $, mais cet enjeu comportait une difficulté. Le papier utilisé par le Trésor américain comportait un mélange de filaments très fins, rouges et bleus, pour éviter les contrefaçons. La solution adoptée par Black est typique de son approche des problèmes. Il déchiqueta la gaine textile de vieux cordons électriques, répartit les filaments sur une feuille de papier et photographia le tout. Lorsque la photo fut réduite, cela donnait un bon résultat. Il lui fallut longtemps pour trouver la bonne nuance de vert, et encore plus longtemps pour fignoler les plaques gravées. Black découvrit (lors d'une visite dans une bibliothèque) la bonne formule liant la lettre en préfixe des numéros de série et la banque d'émission.

Charles Black, avec l'assistance du journaliste Michael Horsnell, décrivit sa carrière dans ce best-seller, publié en 1989, après qu'il eut promis de rester dans le droit chemin.

Enfin, pour obtenir le toucher soyeux des billets neufs, il trempa chaque billet dans une solution de glycérine et les sécha au-dessus d'un chauffage.

Un complice fut arrêté alors qu'il passait des chèques authentiques, mais volés, et Black fut impliqué. En 1971, la police effectua une perquisition à son domicile pour chercher des preuves, mais comme elle ne le soupçonnait pas de contrefaçon, elle ne fouilla pas le hangar dans le jardin. Pendant que Black restait en détention provisoire pendant sept semaines, Le Baigue poursuivait la production de faux dollars. Libéré sous caution en attendant son procès, Black entreprit immédiatement de contrefaire une nouvelle émission de billets de 5 £.

Les nouveaux billets étaient réputés impossibles à contrefaire, mais Balck releva le défi. Le papier était filigrané avec un portrait du duc de Wellington, dans une position très précise. De plus, une fine bande métallique était incorporée dans l'épaisseur du papier. Celle-ci n'apparaissait qu'en séparant les couches de papier, ce qui paraissait improbable de la part de guichetiers de banques ou de caissiers de magasins. Ils se contentaient de tenir le billet à contre-jour pour voir le filigrane et la ligne sombre de la bande métallique.

La solution de Black était simple, mais typique de ses méthodes minutieuses. Il imprima une ligne en noir à l'emplacement précis de la bande, puis imprima par-dessus une couche d'encre blanche opaque, laissant apparaître le portrait du duc de Wellington par transparence. Après cela, il lui fut aisé d'imprimer les billets en couleur et les numéros de série, selon ses méthodes habituelles.

Black fut jugé en février 1972, accusé d'avoir utilisé de faux billets pour obtenir des marchandises, et condamné à cinq ans de prison. Ironiquement, il travailla à l'im-

Copie d'une monnaie byzantine frappée par Carl Wilhelm Becker, avec la matrice qui servit à la frapper.

primerie de la prison. Un an après, il apprit que sa maison avait été de nouveau l'objet d'une perquisition, que tout son matériel avait été saisi, et que deux complices (dont Le Baigue) assistaient la police dans son enquête. Le Baigue et l'autre acolyte furent condamnés chacun à cinq ans de prison, mais Black argua de son statut de prisonnier pour refuser d'être interrogé. Il ne fut remis en liberté sous caution que vers la fin de 1973.

De retour chez lui, Black fut heureux de découvrir qu'un jeu de négatifs de faux billets de 50 $, caché dans une cavité sous la porte de la cuisine, avait échappé à la fouille. Il essaya de rester dans le droit chemin quelque temps, mais un autre salon de l'impression, organisé à Londres en 1975, eut un effet d'attraction irrépressible. Il y rencontra une vieille connaissance, Brian Katin, qui avait travaillé dans une imprimerie ayant fermé ses portes. Katin avait récupéré une presse offset qu'il avait dissimulée derrière une fausse cloison à son domicile, à Pagham, dans le Sussex.

« Je me suis senti prêt à reprendre ma carrière et à m'associer avec lui » déclara plus tard Black, « mais en examinant ses faux à Pagham, je me suis rendu compte qu'il avait terriblement besoin de moi, car ses billets étaient moins bons que ceux d'un jeu de Monopoly ».

Black introduisit un raffinement supplémentaire dans ses techniques. Comme indiqué en p. 20, les vrais billets sont imprimés en gravure, qui réalise une image en léger relief, alors que les impressions de Black, réalisées en offset, sont plates. Il essaya d'utiliser une encre en poudre thermo-graphique, comme dans la réalisation des papiers à en-tête. Mais, déclara-t-il, l'impression ressortait en relief psychédélique, comme dans les films en trois dimensions des années 1950. Black, pour finir, grava un réseau de points minuscules dans la plaque d'impression, suivant les contours des motifs et les billets se présentaient, à la vue et au toucher, comme s'ils étaient gravés.

Lors du procès en 1979, le représentant du Trésor américain dut admettre que ces faux billets étaient les meilleurs qu'il avait jamais vus.

Il y avait néanmoins un point que le rusé Black n'avait pas pris en compte. Les billets et autres valeurs étaient imprimés sur un papier spécial, ne contenant pas d'agent blanchissant présent dans les papiers ordinaires. Ces agents blanchissants, sous un éclairage ultraviolet, émettent une fluorescence intense d'un bleu brillant. En 1976, les banques s'équipèrent partout de scanners en lumière ultraviolette pour examiner les billets présentés au guichet. Actuellement, ces équipements sont présents non seulement dans les banques, mais aussi dans les magasins.

Black apprit la chose lorsqu'un de ses clients fut arrêté en Suisse. Il eut la chance de tomber sur un vieux stock de papier fiduciaire qui avait traîné longtemps au fond d'un entrepôt, et commença à l'utiliser. En février 1977, Black et Katin reçurent une commande pour 2 millions de $ de billets à livrer à Beirouth. Bien qu'ils ne puissent obtenir que 14 % de commission, cela leur a permis d'engranger 140 000 $ chacun.

LA CHUTE DE BLACK DUE À DES CIRCONSTANCES CHANCEUSES

Black et Katin pensèrent devenir enfin riches, mais un chauffeur fut arrêté en Turquie en possession d'un gros paquet de billets de Black (probablement pour acheter de la drogue), et interrogé sur la provenance de cette somme. Un responsable du Trésor américain fut envoyé de Paris à Ankara. Il dut admettre ne pas pouvoir dire si les billets étaient vrais ou faux. Mais on trouva le numéro de téléphone de Black griffonné dans le passeport du chauffeur.

Une fois de plus, la police fit une descente au domicile de Black. Ils ne trouvèrent aucun matériel de contrefaçon, mais un paquet de 85 000 $ de faux billets derrière une caisse de pommes de terre. Ils trouvèrent aussi une note au crayon mentionnant l'immatriculation de la presse de Katin. Une enquête auprès du fabricant permit de remonter jusqu'à Katin, et l'on trouva à son domicile pour 3,6 millions de $ en faux billets. Lors du procès en 1979, le représentant du Trésor américain dut admettre que ces faux billets étaient les meilleurs qu'il avait jamais vus. Ils étaient si bons, déclara-t-il, que les équipements de détection, mis au point après des années de développement et des millions de dollars de coût, étaient devenus obsolètes du jour au lendemain. Katin fut condamné à trois ans, et Black à un total de vingt et un ans de prison.

LE LANCEUR DE POIGNARD MARCHE ENFIN DROIT

Libéré sous condition en 1982, Black décida enfin de marcher droit (c'est du moins ce qu'il déclara). Sa femme ayant demandé le divorce, il épousa une jeune femme thaïe et créa avec elle une agence matrimoniale présentant des fiancées thaïes aux Anglais. « Vous pouvez être le meilleur lanceur de poignards du cirque » déclara Black, « mais vous dormez mieux la nuit si vous êtes l'un des clowns ».

A droite : les billets de la Banque d'Angleterre sont imprimés sous haute sécurité dans leur imprimerie à Loughton, Essex. Chaque feuille est inspectée visuellement pour assurer leur conformité.

BANK of ENGLAND

CHAPITRE 2

FAUX EN ART

Les œuvres d'artistes renommés voient leur cote s'élever d'année en année. Beaucoup d'artistes doués, aigris par leur manque de succès personnel, se sont tournés vers la copie d'œuvres d'art, beaucoup plus profitable.

Cela fait de nombreux siècles que l'on a produit de fausses œuvres d'art, mais c'est seulement depuis le XIXe siècle que des efforts furent faits pour les détecter. Les raisons de cette situation sont très nombreuses. Par exemple, particulièrement durant le XVe et le XVIe siècle, de nombreux ateliers d'artistes encouragèrent les apprentis à réaliser des copies d'œuvres célèbres, soit pour leur enseigner la technique, soit pour satisfaire une demande du marché. Il en résulte parfois une confusion entre une œuvre d'art « véritable » et une copie, surtout si le maître de l'atelier les a signées toutes les deux. Lorsque la collection d'œuvres d'art devint une passion à la mode, durant le XVIIIe siècle, beaucoup de copies – et de faux – changèrent de mains, en général sans véritable preuve de leurs origines. Pendant 200 ans, les faux furent considérés comme véritables.

Ci-contre : une des nombreuses têtes, soi-disant du XVe siècle, produites au milieu du XIXe siècle par le faussaire italien Giovanni Bastianini.

A gauche : Tom Keating, un faussaire d'art britannique, avec l'une de ses « Sexton Blakes » – de l'argot cockney, rimant avec « fakes » mot anglais pour faux.

A droite : des sculpteurs romains qui admiraient les œuvres grecques ont fait de nombreuses copies de ces statues. Vu leur qualité, de nombreux experts ont pensé qu'ils s'agissaient de vrais.

De plus, copier le style d'un artiste connu était considéré comme un hommage à son talent. Par exemple, le grand peintre anglais, J.-M. W Turner (1775-1851) était très heureux de produire des œuvres inspirées du travail d'un peintre hollandais Willem van de Velde (1611-1693) et du peintre français Claude Lorrain (1600-1682).

Le manque de communication entre experts, et le fait qu'ils pouvaient y trouver un intérêt personnel, a également contribué à la difficulté de découvrir les faux. Les experts avaient tendance, (et l'ont toujours), à se concentrer sur l'œuvre d'un seul artiste, ou d'un groupe d'artistes très liés, et consultent rarement d'autres experts spécialistes d'autres artistes. Ils avaient aussi tendance à collectionner les œuvres moins connues d'un artiste, et avaient donc un intérêt évident à authentifier le reste de ses œuvres.

Les prix payés en salle des ventes pour les œuvres connues ont augmenté de façon astronomique pendant la dernière centaine d'années, rendant ainsi hautement profitable la réalisation de faux. Lorsqu'il s'agit de gagner de l'argent, les faussaires ne diffèrent en rien des autres hommes. Le profit est un encouragement puissant à l'amélioration de la qualité de leur travail.

« Les faux les plus difficiles à détecter sont en général ceux qui ont été réalisés récemment… La contrefaçon est plus proche de notre temps et de notre point de vue et, de ce fait, plus attirante. »

JOSEPH VEACH NOBLE,
ANCIEN DIRECTEUR ADJOINT,
METROPOLITAN MUSEUM OF ART, NEW YORK

Enfin, ce n'est que durant le siècle dernier qu'a été développé un éventail très large d'analyses scientifiques.

Les enquêteurs peuvent maintenant identifier et dater les matériaux utilisés dans une œuvre, en examiner la structure et comparer le tout avec des œuvres authentifiées auparavant. Peut-être le plus important de tout, ils peuvent communiquer rapidement avec d'autres experts, résidant dans tous les coins du monde.

DÉTECTER UN FAUX

Avant que l'on ne dispose de méthodes d'examen scientifique, seuls deux critères pouvaient être utilisés pour authentifier une œuvre d'art : le style et la provenance. La provenance est établie par la documenta-

Le dossier du faussaire
PROFIT ET MAUVAIS TOURS

Le but principal de la contrefaçon d'une œuvre d'art est sans aucun doute le profit frauduleux. Toutefois, il est intéressant de noter que dans beaucoup de cas, le faussaire affirme aussi être mû par un motif différent : un désir (malicieux ou amer) de se montrer plus malin que les experts. Pour produire un faux plausible, il est nécessaire de faire montre de talent, de savoir et d'une grande habileté artistique. Souvent, les faussaires se sont rendus compte qu'ils ne pouvaient pas acquérir une renommée (ainsi qu'une rémunération raisonnable) pour leur travail de création personnelle, alors que si leur œuvre est attribuée à un artiste connu, de préférence décédé, elle peut atteindre des sommes élevées. La tentation de produire un faux est souvent trop grande pour qu'il soit possible d'y résister.

tion qui devrait être présentée pour prouver la manière dont l'œuvre est passée d'un propriétaire à un autre au cours des années, ce qui contribue à confirmer son authenticité. Dans le cas d'un faux, il est également nécessaire de falsifier ces documents.

Le style propre et les thèmes adoptés par un maître connu peuvent être copiés méticuleusement par un faussaire doué. Par ailleurs, un tableau peut être signé « Goya » ou « Rembrandt », mais si l'œil d'un expert ne le reconnaît pas comme tel, on considérera ce tableau comme un faux.

Néanmoins, ainsi que l'écrivait dans l'*Encyclopedia Britannica* Joseph Veach Noble, ancien directeur adjoint du Metropolitan Museum of Art de New York : « Le faux le plus difficile à déceler est celui qui a été réalisé récemment… La falsification est plus proche de nous et de notre point de vue et, de ce fait, plus attirante. Au fur et à mesure qu'un faux vieillit, le point de vue des contemporains se modifie, les goûts changent, et il existe de nouvelles bases d'interprétation. En conséquence, un faux survit rarement plus d'une génération. »

QUE VEUT DIRE VIEUX ?

Dans le monde des musées, la situation peut se compliquer lorsqu'une pièce, longtemps considérée comme datant de temps anciens, est tout à coup suspectée d'être une copie d'une période plus récente, mais toujours ancienne. Un bon exemple en est la sculpture de la tête de Dyonisos, le dieu grec du vin, qui fut découverte dans un vignoble près de Naples en 1771 et qui se trouve au British Museum. On a tout d'abord pensé qu'elle provenait de la Grèce antique, mais on sait aujourd'hui que c'est une copie faite par un sculpteur romain du IIe siècle de l'ère chrétienne d'une tête sculptée au Ve siècle avant J.-C. attribuée au maître athénien Phidias. Comme nous l'avions remarqué dans l'introduction, il n'y a aucune raison de penser que ce sculpteur romain avait l'intention de faire un faux, et son œuvre est, bien entendu, d'une grande valeur en elle-même. Beaucoup d'autres œuvres conservées dans les musées du monde ont une histoire semblable, empreinte d'incertitude.

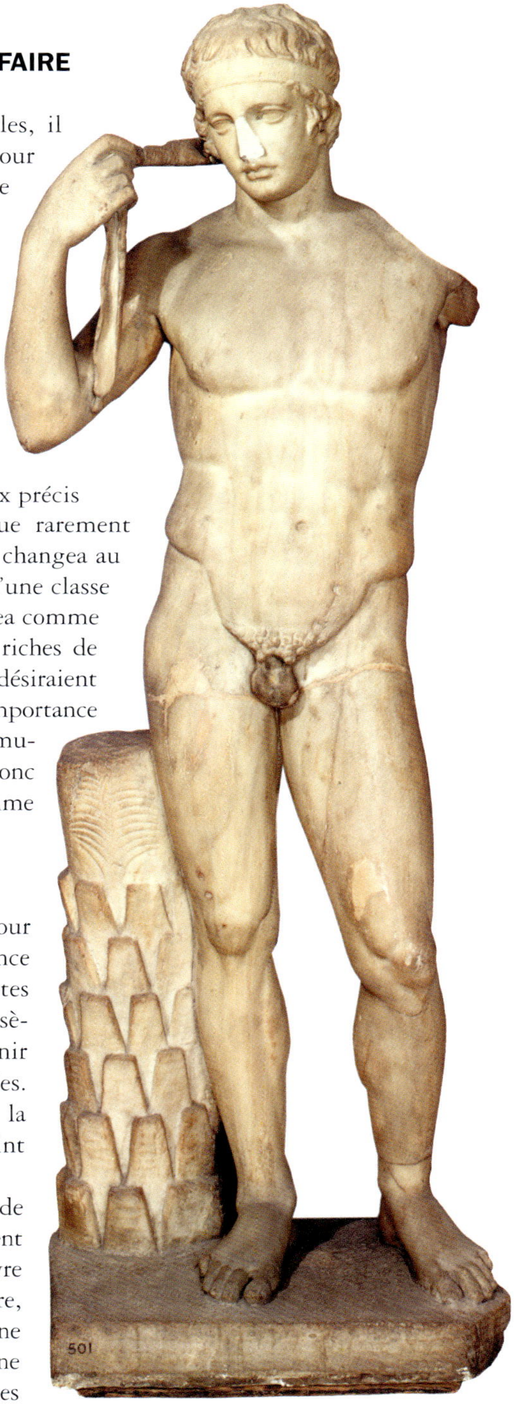

L'ART DEVIENT UNE AFFAIRE TRÈS RENTABLE

Pendant de nombreux siècles, il n'existait pas de marché pour des œuvres d'art, en Europe ou ailleurs dans le monde. Celles-ci étaient produites sur commission des autorités religieuses ou civiles. Les artistes étaient souvent, mais pas toujours, bien payés et/ou hautement respectés. Toutefois, leurs œuvres restaient en des lieux précis et leurs noms n'étaient que rarement enregistrés. Cette situation changea au cours du XVe siècle, lorsqu'une classe de riches marchands émergea comme commanditaire. Nouveaux riches de l'époque, les marchands désiraient vivement prouver leur importance et leur statut dans la communauté. Ils commencèrent donc à rivaliser avec l'Eglise comme acquéreurs d'œuvres d'art.

LA RENAISSANCE

Le XVe siècle est connu pour être l'époque de la renaissance de l'art. Certains artistes devinrent célèbres et rivalisèrent entre eux pour obtenir des commissions profitables. C'est à cette époque que la copie d'œuvres d'art devint rentable.

Un nombre croissant de collectionneurs fortunés étaient prêts à acheter toute œuvre attribuée à un artiste célèbre, que celle-ci soit vraie, une copie de son atelier, ou une copie plausible. Les artistes

Le dossier du faussaire
LE CARDINAL ET LE FAUX CUPIDON

Dans *Vies des architectes, peintres et sculpteurs les plus éminents d'Italie* Giorgio Vasari (1511-1574) écrit : « Michel Ange avait sculpté un *Cupidon dormant* grandeur nature. Un ami lui dit, ‹Je suis sûr que si vous enterrez cette statue pendant un temps, puis l'envoyez à Rome comme une antiquité, vous pourriez en obtenir plus que si vous la vendiez ici à Florence›. On raconte que c'est ce que fit Michel Ange, bien que certains affirment que c'est l'ami qui emmena la statue à Rome et l'enterra là-bas. Quoi qu'il en soit, le cardinal de San Giorgio (Raffaelo Riario) l'acheta pour 200 couronnes. D'autres racontent que l'ami ne donna que 30 couronnes à Michel Ange, en lui déclarant que c'est ce qu'il avait pu en obtenir, et garda la différence. Pendant ce temps-là, le cardinal découvrit que le *Cupidon* n'était pas une antiquité et qu'il avait en réalité été sculpté à Florence. Il insista pour qu'on lui rendît son argent. On se moqua de lui et on lui reprocha de n'être pas à même d'apprécier la qualité du travail, d'une véritable perfection. ‹Qu'importe si cette œuvre est moderne ou non !› riaient-ils... Toute l'affaire ne fit qu'accroître la réputation de Michel Ange. »

arrivèrent en Italie, venant de pays étrangers, pour étudier l'art nouveau de la Renaissance. Parfois, ils rentraient chez eux pour produire des œuvres « dans le style » d'un artiste italien reconnu. Des collectionneurs fortunés envoyèrent aussi des émissaires pour acheter des œuvres coûteuses. Cette prolifération d'œuvres d'art, dont beaucoup étaient des copies ou des faux délibérés, entraînera de nombreux problèmes aux siècles suivants.

MICHEL ANGE, UN FAUSSAIRE ACCOMPLI

Le grand peintre, sculpteur, architecte et poète, Michelangelo Buonarotti (1475-1564) ne reculait pas devant la production de faux pendant ses jeunes années. A 14 ans, il était apprenti dans l'atelier du peintre Domenico Ghirlandaio (1449-1494) et passa du temps à étudier le travail des anciens.

Dans son livre sur la vie de Michel Ange, Giorgio Vasari écrivait : « Il copiait aussi les dessins des vieux maîtres de manière si parfaite qu'il était impossible de distinguer ses copies des originaux, en effet, il fumait et colorait le papier pour lui donner l'apparence de l'âge. Il était souvent capable de garder les originaux et de rendre ses copies à leur place. »

La contrefaçon la plus célèbre de Michel Ange était une sculpture « antique » d'un *Cupidon dormant*, grandeur nature, qu'il produisit en 1496. La sculpture est perdue aujourd'hui, mais on pense qu'un croquis, qui se trouve parmi ses dessins, en est le projet original. Pendant le XVIe siècle, le Cupidon endormi se trouvait dans la

collection d'Este à Mantoue. On le montrait aux visiteurs à côté d'une sculpture antique véritable, sans doute pour leur permettre de s'extasier sur le talent de Michel Ange.

Les faussaires modernes passent beaucoup de temps à étudier les œuvres moins connues d'artistes célèbres dans le passé. Ces œuvres mineures de Rembrandt, montrées lors d'une exposition récente à la Scottish National Gallery, attirèrent sans aucun doute beaucoup d'intérêt criminel.

UN VÉRITABLE REMBRANDT ?

Le cas du peintre hollandais Rembrandt van Rijn (1606-1669) est un exemple de la grande difficulté à reconnaître une œuvre originale d'un vieux maître, des copies faites sous sa direction, ou des imitations et des contrefaçons volontaires. L'œuvre de Rembrandt est unanimement admirée et d'une grande valeur. De nombreuses toiles sont associées à son nom. Ainsi, dans les registres du Service des Douanes de New York, il n'existe pas moins de 9428 œuvres d'art signées « par Rembrandt », importées aux Etats-Unis pendant la période de 1909 à 1951. Il est certain que l'artiste était prolifique, mais pour que ce chiffre soit exact, il aurait fallu que, pendant toute sa vie active, Rembrandt produise chaque jour deux œuvres, ceci sans prendre en compte les autres œuvres authentifiées se trouvant dans les collections de musées ailleurs dans le monde, ou les œuvres attribuées à Rembrandt se trouvant entre des mains privées. Une grande partie de cette confusion est due à Rembrandt lui-même. Il dirigeait des ateliers où ses élèves produisaient des œuvres dans la manière des siennes, qu'il signait et vendait souvent lui-même. Après sa mort, inspirés par une admiration véritable, d'autres artistes produisirent des imitations dans le style de Rembrandt. Un peintre anglais obscur du XVIIIe siècle, Thomas Worlidge, est au nombre de ceux que l'on dit avoir produit des gravures, considérées pendant un temps être des œuvres de Rembrandt. Dans le même temps, la profusion des « faux Rembrandt » a conduit à des doutes concernant des œuvres qui

Le dossier du faussaire
PAR LE PINCEAU DE BOTTICELLI ?

Un autre artiste de la Renaissance qui établit des ateliers pour satisfaire la demande de tableaux fut Sandro Botticelli (1444-1510). On sait que des apprentis produisirent plusieurs de ses œuvres, sous sa direction. Pour les parachever, Boticelli ajoutait quelques touches finales, en faisant peut-être des changements significatifs, et présentait l'œuvre comme sienne. A proprement parler il ne s'agit ici ni d'un faux ni d'une contrefaçon. Mais, lorsque nous admirons une œuvre magnifique, attribuée à Botticelli, il est impossible de savoir quelle partie de l'œuvre est véritablement due au pinceau du maître.

Une peinture typique de Botticelli... Une *Madone à l'enfant* avec Saint Jean Baptiste, à la galerie de l'Académie, à Florence, Italie. Bien qu'authentifiée comme un Botticelli, il est impossible de savoir si une partie de l'œuvre n'est pas due à ses apprentis.

A droite : *Un vieil homme au chapeau* de Rembrandt. Répertorié comme faux, les experts considèrent qu'il est authentique. Les historiens d'art, toutefois, refusent d'accepter cette découverte.

pourraient bien être authentiques. La National Gallery de Londres possède une toile, *Un vieil homme au chapeau*, qui fut répertoriée comme « une copie de Rembrandt, datant peut-être du XVIIIe siècle » et la signature, Rembrandt f/1648 fut considérée comme fausse. Toutefois, les recherches effectuées par le département scientifique de la National Gallery ont révélé que le tableau date vraisemblablement du XVIIe siècle et comporte des caractéristiques de la technique particulière de Rembrandt.

Ainsi que le décrit la publication accompagnant l'exposition de 1990 au British Museum *Faux ? L'Art de la tromperie* : « La conclusion la plus naturelle de toute cette his-

La tête du moine du XVe siècle, Girolamo Savonarola, sculptée par Bastianini. Le faussaire italien produisit plusieurs œuvres similaires avant de mourir à l'âge de 38 ans.

toire serait de considérer que l'œuvre n'est pas un faux mais un véritable Rembrandt. Mais aucun connaisseur de l'œuvre de Rembrandt ne serait convaincu par ces arguments scientifiques. Toute controverse autour de l'authenticité de la toile a été épuisée depuis longtemps. »

Les hôtels de vente utilisent un code subtil pour distinguer les œuvres qu'ils ne sont pas prêts à déclarer comme étant d'un artiste

déterminé. L'œuvre peut être répertoriée comme « attribuée à » l'artiste en question, ou « de l'atelier de » l'artiste, ou « de l'école de » l'artiste et finalement, ils parlent d'œuvres dont ils sont pratiquement sûrs qu'elles sont d'une autre main.

UNE AFFAIRE LUCRATIVE

On peut à juste titre appeler le XIXe siècle l'âge d'or de la contrefaçon d'œuvres d'art, et ce n'est pas une coïncidence si cela correspond à l'époque où se sont constituées les grandes collections d'art nationales. Le Louvre à Paris fut d'abord un palais royal, construit en grande partie sous le règne de Louis XIV (1643-1715). Au XIXe siècle il devint le premier musée d'art ouvert au public et fut bientôt suivi par la National Gallery à Londres, le Prado à Madrid, le Staatliche Museum à Berlin et la Alte Pinakotheck à Munich. A la fin du siècle, Le Caire, Tokyo, Melbourne, Montréal et d'autres villes ouvrirent leurs propres musées. Aux Etats-Unis le Metropolitan Museum of Art à New York, le Boston Museum of Fine Arts, ainsi que ceux de Philadelphie, Chicago, Detroit et plusieurs autres villes américaines, furent créés.

Le résultat fut que tous ces musées furent en compétition pour acquérir des œuvres d'art majeures, particulièrement celles des temps anciens, et la tentation fut à son comble pour les faussaires. Des artisans et des artistes devinrent aigris lorsqu'ils réalisèrent que le travail de leurs prédécesseurs avait plus de valeur que le leur. Pendant ce temps, des collectionneurs privés s'excitèrent à l'idée de revendre les œuvres qu'ils avaient achetées avec un bénéfice considérable.

Le dossier du faussaire

COPIER LES COPIES

L'historien d'art anglais du XXe siècle, Sir Kenneth Clark, écrit à propos de ses premières années d'étudiant, dans son autobiographie: « Le département de dessin abritait une étagère remplie de moulages de plâtre, dont la plupart étaient l'œuvre d'un grand faussaire italien. Les professeurs d'art de l'époque préféraient le naturalisme académique de ces œuvres, en fait des copies du XIXe siècle, aux originaux... Les seuls conseils que je reçus furent de copier ces objets peu appétissants avec un crayon HB. Je les ai dessinés des douzaines de fois, sous chaque angle. Les Bastianinis étaient les plus faciles à croquer. »

Au début, les antiquités égyptiennes, grecques et romaines furent les plus demandées. Lorsque les musées commencèrent à publier des illustrations des œuvres en leur possession, les faussaires trouvèrent qu'il était encore plus facile de réaliser des copies ou des imitations. Lorsque l'intérêt se porta vers les objets d'art de l'époque médiévale, toutes sortes de faux furent produits, y compris des pièces de monnaie, des ivoires gravés et même des manuscrits enluminés.

LA CONTREFAÇON, À LA MODE ITALIENNE

Les Italiens étaient particulièrement adroits dans la production de fausses antiquités. L'un des plus prolifiques fut Giovani Bastianini. Lorsqu'il avoua fièrement l'une de ses contrefaçons, des doutes naquirent tout à coup à propos d'autres œuvres.

Né en 1930, le jeune Bastianini fut engagé par un marchand d'antiquités florentin, Giovanni Freppa, qui lui fournit de l'argile et du marbre pour sculpter. Le buste du moine dominicain réformiste du XVe siècle, Girolamo Savonarola, fut un faux tellement convainquant qu'on le considéra comme une grande découverte, et qu'il fut immédiatement vendu par Freppa pour une grosse somme d'argent.

Les collectionneurs furent persuadés que l'œuvre d'un atelier inconnu du XVe siècle avait été découverte. Bientôt, les bustes du philosophe Marsilio Ficino et celui de Lucrezia Donati, maîtresse de Lorenzo de Médicis, apparurent. Ce dernier buste fut jugé par un historien d'art important comme le chef-d'œuvre d'un sculpteur florentin du XVe siècle, mais, un an après la mort de Bastianini, en 1868, son acquéreur découvrit qu il s'agissait d'un faux. Néanmoins, il fut considéré comme étant d'une qualité si exceptionnelle que le Musée Victoria et Albert en fit l'acquisition, en tant que faux, pour 84 £, un prix comparable à celui payé couramment pour une œuvre véritable de l'époque de la Renaissance.

TROMPER LE LOUVRE

Le faux le plus célèbre de Bastianini fut un buste de Girolamo Benivieni, ami de Savonarola. La seule référence au personnage était une gravure du XVIIIe siècle. Freppa et Bastianini trouvèrent un ouvrier d'une manufacture de tabac, appelé Bonaiuti, dont les traits ressemblaient très précisément à la gravure, et le prirent pour poser comme modèle. L'œuvre qui en résulta convainquit le Louvre, qui déboursa pour l'acquérir la somme record de 14000 francs en 1866.

La controverse surgit presque tout de suite. L'année suivante, Freppa annonça qu'il avait passé commande du buste à Bastianini. Le directeur du Louvre, le comte de Nieuewekerke, défendit l'achat de son musée. Bientôt la bataille fit rage dans la presse entre le sculpteur français Eugène Lequesne, pour le Louvre, et Bastianini lui-même.

Lorsqu'un journal publia que de Nieuewekerke avait offert 15000 francs à Bastianini pour produire une autre version du buste, le faussaire annonça qu'il le ferait pour un salaire de 3000 francs, en même temps que les bustes

La restauration d'une toile est une affaire délicate, qui requiert les talents de plus d'un restaurateur expert.
Cette peinture, la *Danae* de Rembrandt, fut vandalisée en 1965 au Musée de l'Hermitage à Saint-Pétersbourg, en Russie.
Elle nécessita de nombreuses réparations.

des douze empereurs romains, qu'il se ferait payer 1000 francs chacun. Le Louvre ne répondit pas à cette offre, et en juin 1868, Bastianini mourut.

Dix ans après la mort de Bastianini, en 1878, naissait à Crémone, un autre faussaire d'art italien, qui devait devenir le plus célèbre faussaire du début du XXe siècle. Il s'agit d'Alceo Dossena. Apprenti d'un tailleur de pierre, il avait appris les secrets de la sculpture ancienne en travaillant à la restauration de bâtiments historiques. En 1918, il vint habiter à Rome, où il fut engagé par deux vendeurs d'antiquités, Alfredo Fasoli et Roman Palesi, pour produire des faux. En même temps il prit une maîtresse.

LES « RECONSTITUTIONS » DE DOSSENA

Les faux de Dossena étaient tellement parfaits qu'ils trompèrent des musées d'art très réputés. Ces derniers payèrent des sommes considérables pour ses œuvres. Parmi les faux les plus célèbres, une *Athena* de la Grèce antique et une *Madone à l'enfant* attribuée à Giovanni Pisano (1250-1320) furent vendues au Cleveland Museum of Art. Une *Diane* étrusque, en 21 fragments, fut vendue au City Art Museum à St. Louis. Une *Annonciation* attribuée à Simone Martini (1284-1344) fut vendue à la Frick Gallery à New York pour 225 000 $. Une tombe, attribuée à Mino da Fiesole, fut vendue au Boston Museum of Fine Arts,

> « Je n'ai jamais copié d'œuvres. Je les ai simplement reconstituées. Parfaitement familier avec les styles du passé… je ne pouvais les assimiler d'aucune autre façon. Voilà comment je les ai produites. »
>
> ALCEO DOSSENA

accompagnée d'un faux reçu, lui aussi attribué à Mino.

En 1928, lorsque Dossena apprit que Palesi avait reçu presque 6 millions de lires pour la fausse tombe vendue à Boston, alors qu'il avait été payé à peine 25 000 lires pour la réaliser, il déposa une plainte en justice. Sa maîtresse venait de mourir, et il voulait lui offrir les funérailles grandioses qu'elle méritait. Il réclama 1 250 000 lires en arriérés de paiement, tout en reconnaissant les faux dont il était l'auteur. Dossena protesta : « Je n'ai jamais copié les œuvres, je les ai reconstituées. Parfaitement familier avec les styles variés du passé, je ne les ai pas représentées dans leurs détails particuliers mais dans leur esprit, je ne pouvais les assimiler autrement, et c'est ainsi que je les ai produites. »

Après cette confession, le tribunal ne donna aucune suite à l'affaire. Dossena exposa ensuite son travail, sous son propre nom, à Naples et à Berlin. Mais, ainsi que l'écrivait un magazine à propos de l'exposition de Berlin, « le faussaire disparaît, mais l'artiste ne paraît pas ». En 1937, Dossena s'éteignit dans un hôpital pour indigents.

COMMENT TRAVAILLENT LES FAUSSAIRES : LES TOILES

Tous les faussaires doivent être des artisans hautement qualifiés, car l'élément le plus important dans une contrefaçon d'œuvre d'art est qu'elle doit sembler vraie. Les faussaires doivent avoir une connaissance et une compréhension parfaite de l'artiste et de l'œuvre qu'ils copient. Ils doivent être capables d'en faire une réplique exacte

Mais tout cela n'est pas suffisant. Les matériaux utilisés par le faussaire doivent également tromper les experts. Par exemple, quelques vieux maîtres peignaient sur des planches de bois, d'autres sur de la toile. Pour copier une peinture sur bois, le faussaire doit trouver du vieux bois, d'un âge approximativement analogue à celui de l'œuvre à copier, ou bien, il doit savoir comment traiter un bois récent pour le faire ressembler à

Une fausse *Madone à l'enfant* par le faussaire italien Alceo Dossena. Le tableau fut acheté par le Musée Victoria et Albert à Londres. On ne découvrit que plus tard qu'il s'agissait d'un faux.

A droite : *Portrait d'un jeune homme noir* par le peintre français Jean-Louis Géricault, actuellement au Musée Bonnat à Bayonne, France. Il montre de façon spectaculaire comment, avec l'âge, les craquelures se développent à la surface d'un tableau.

Ci-contre : Alceo Dossena fut trompé par ses marchands, qui ne le payèrent qu'une partie des sommes qu'ils obtinrent de la vente de ses copies. Il révéla plus tard qu'il était le faussaire, et plongea doucement dans l'anonymat.

un vieux. Des panneaux de meubles anciens sont parfaits pour cela, mais acheter des antiquités pour les casser ensuite revient fort cher. Des panneaux neufs peuvent être passés à la vapeur, « cuits » dans de l'eau bouillante ou laissés à l'extérieur pendant un an ou plus. Puis ils doivent être teints pour être foncés. Il est aussi possible d'acheter de mauvais tableaux à vil prix, mais c'est assez rare. En pareil cas, les faussaires effacent la peinture jusqu'à la base originale, certains toutefois se contentent de peindre par-dessus.

Une des caractéristiques du bois ancien est d'être mangé par les vers. Dans le passé les faussaires de meubles anciens parvenaient au même résultat en tirant au plomb sur le bois, mais il fallait ensuite retirer les balles du bois. Certains faussaires se contentent de percer des trous en ligne droite, ce qui n'est pas le cas d'un trou de vers authentique. Eric Hebborn (voir p. 71) dans son livre *Le Manuel du faussaire d'art* recommande de battre la surface du bois avec une lime très grossière pour lui donner l'apparence de l'âge.

LA COPIE D'UNE TOILE

Les toiles modernes (le terme utilisé pour les toiles clouées sur un cadre de bois) sont différentes de celles utilisées il y a un siècle ou plus. Aujourd'hui le bois utilisé pour le cadre et les bords de celui-ci, est débité à la machine et paraît neuf. La toile elle-même aura été tissée à la machine et sera très uniforme en apparence, contrairement à une toile ancienne, tissée à la main, légèrement irrégulière. Heureusement pour le faussaire, il existe de nombreuses toiles anciennes, de mauvaise qualité ou endommagées. On peut se les procurer à relativement bon marché et peindre par-dessus. On peut aussi rendre le dos d'une toile neuve plus rugueuse et la teindre pour qu'elle semble avoir souffert de l'humidité.

PEINTURES, PIGMENTS ET VERNIS

Le prochain problème à résoudre est celui de la peinture. Jusqu'à la fin du XIXe siècle, les artistes n'utilisaient que des couleurs naturelles, sous forme de teintures à base de plantes et de minéraux. Aujourd'hui le blanc de zinc et le blanc de titane ont presque complètement remplacé le blanc à base de plomb. L'alizarine et d'autres pigments organiques ont pris la place de certains pigments minéraux. Les faussaires prudents ne savent cela que trop bien, et n'utilisent que des matériaux originaux. Van Meegeren, par exemple, fabri-

quait son outremer à partir de lapis-lazuli, son indigo à partir du jus de la plante indigo elle-même, son vermillon à partir de cinabre, et ses couleurs de terre à partir de terres traditionnelles. Pour ajouter à l'apparente authenticité, ces pigments doivent être broyés avec de l'huile de lin sur une plaque de verre. Lorsque l'on utilise la couleur, le mélange est dilué à la térébenthine et un peu plus d'huile. L'huile de lin et d'autre huiles utilisées par le passé sèchent relativement lentement, et de la peinture fraîche peut rester souple pendant de nombreuses années. Ces peintures foncent également avec le temps, tandis qu'elles deviennent plus translucides. Le faussaire peut tenir compte de tout cela en fonçant légèrement la peinture, surtout les rehauts. Mettre l'œuvre terminée, ou à un stage intermédiaire, dans un four chaud mais non brûlant, peut permettre de durcir la peinture.

Beaucoup de peintures sont vernies. A l'origine on faisait cela pour ralentir le processus d'assombrissement de l'huile et du blanc de plomb utilisés. Avec les siècles, le vernis et la peinture qui se trouvent au dessous vont se craqueler. On appelle cela les « craquelures », celles-ci ne sont pas les mêmes que les craquelures qui peuvent pénétrer toutes les couches de peinture. Les faussaires expérimentés utilisent deux vernis spécialement conçus pour les restaurateurs de peintures par la société française Lefranc et Bourgeois. On appelle ces vernis « vernis à vieillir » et « vernis craqueleur ». Elmyr de Hory utilisa les deux à la fin de sa carrière, alors que Van Meegeren utilisa une autre technique.

Une bouteille de bleu de smalt, un pigment d'un bleu profond, que l'on utilisait autrefois principalement pour colorer du verre et pour émailler de la céramique. C'est un mélange de minéraux dont la silice, la potasse et l'oxyde de cobalt.

Les gravures et lithographies étant elles-mêmes des reproductions, il est pratiquement impossible de détecter des faux, si le faussaire est réellement doué.

Enfin, il reste au faussaire à salir la peinture et le dos de celle-ci. On peut réaliser ceci en soufflant de la simple poussière domestique dans les craquelures ou utiliser de la fumée d'une bougie ou d'une pipe.

Une fois l'œuvre mise dans un cadre ancien, elle est prête à être vendue.

COMMENT LES FAUSSAIRES TRAVAILLENT : DESSINS, GRAVURES ET IMPRESSIONS

Il existe beaucoup moins de problèmes à résoudre lorsque l'on copie des travaux sur papier que lorsqu'il s'agit de travaux sur toile. Cela nécessite certes un degré considérable d'habileté artistique mais moins que lorsqu'il s'agit de réaliser une œuvre peinte.

Cela résulte du fait que les gravures et les estampes sont elles-mêmes des copies, il peut être pratiquement impossible de déceler qu'il s'agit d'un faux, si le faussaire est vraiment adroit.

Beaucoup d'œuvres sur papier ont disparu dans des collections privées, parfois dans des greniers ou dans les archives d'hommes de loi à qui on les avait remises pour les mettre en sécurité. Il n'est pas rare de redécouvrir un original ou ce qui semble un original après de nombreuses années.

Des peintures méconnues peuvent apparaître dans des magasins d'antiquités ou dans des marchés aux puces. Bien sûr il est impossible d'en garantir la provenance et elles nécessitent donc l'intervention d'un expert pour les authentifier. Les historiens d'art et les conservateurs de musées publient des listes des œuvres connues d'artistes majeurs, mais personne ne sait s'ils ont produit autre chose et combien de copies existent de chaque œuvre.

IMITER LE VIEUX PAPIER

Le problème majeur du faussaire est d'obtenir un papier identique à celui sur lequel un dessin a été fait ou une copie imprimée. Depuis 1945, presque tous les papiers fabriqués contiennent des agents blanchissants ajoutés aux mélanges pour augmenter leur luminosité. Sous des rayons ultraviolets ceux-ci seront d'un bleu fluorescent. Les faussaires expérimentés achètent des livres anciens, d'une époque convenant à peu près à l'œuvre qu'ils désirent copier et utilisent les pages de garde ou toute page non imprimée. Quand on procède à une datation de ces feuilles au carbone 14 (voir p. 64), elles apparaissent comme authentiques.

Les artistes modernes, utilisent bien entendu du papier moderne, ainsi ce problème ne se pose pas. Le papier que l'on destine à des documents juridiques peut aussi ne pas contenir d'agent blanchissant. Toutefois, il faudra quand même vieillir le papier si le faussaire veut copier une œuvre ancienne. Heureusement pour le faussaire, le thé ou le café peuvent se révéler très utiles pour vieillir le papier, ils peuvent également chauffer le papier dans un four. Les estampes sont reproduites par lithographie (voir p. 20) et le faussaire le plus méticuleux utilisera vraisemblablement des encres modernes. Malheureusement, alors que l'on peut analyser chimiquement des peintures douteuses en prélevant un petit éclat de peinture sous le cadre, le film d'encre lithographique est si mince qu'il défie une analyse normale.

On sait que les fabricants de reproductions de meubles anciens tiraient au plomb dans le bois pour imiter l'apparence des pièces authentiques mangées par les vers.

COMMENT TRAVAILLENT LES FAUSSAIRES : SCULPTURES ET CÉRAMIQUES

Comme pour tous les autres faux en art l'habileté du faussaire consiste à reproduire exac-

A droite : la fameuse statue de *David* par Michel Ange, à la Galerie de L'Academia, à Florence. On sait qu'un modèle préliminaire avait été fait en cire, mais la « découverte » d'un fragment en plâtre sembla susciter une sensation dans le monde de l'art.

Ci-contre : une sculpture passable dans le style de Rodin, produite par l'un de ses étudiants, Ernst Durig, mais signée du nom de son maître.

tement le style de l'artiste. Un sculpteur par contre, ne produira probablement pas deux pièces identiques, et le faussaire devra créer une œuvre différente. Et c'est là que se pose la question : « sera-t-elle pour autant une œuvre d'art moins séduisante ? »

Ainsi que le démontre l'histoire du *Cupidon dormant* de Michel Ange (voir p. 44), la manière la plus simple pour donner l'apparence de l'âge à une sculpture ou a un bronze,

Les copies réalisées pendant la vie de l'artiste devraient porter le nom de l'auteur, mais que se passe-t-il lorsque l'artiste meurt, qu'en est-il des héritiers de l'auteur ?

est de l'enterrer quelque temps, puis de le « découvrir ». Le marbre développera une patine de surface qui aura une fluorescence caractéristique sous les rayons ultra-violets, de même que le bronze développera une patine vert gris. L'expert pourra souvent détecter la trace d'outils modernes qui auront été utilisés sur du marbre supposé ancien.

Tout comme les estampes, un bronze est une copie, et dans le cas de Guy Hain (voir p. 75), cela soulève un point intéressant. Les moulages authentiques sont, en principe, réalisés sous le contrôle de l'artiste. Les copies réalisées du vivant de l'artiste doivent porter le nom du créateur de l'œuvre. Mais qu'en est-il lorsque l'artiste meurt, et qu'en est-il de ses héritiers ? Ils continueront souvent à fabriquer des copies pour des collectionneurs amateurs, et dans ce cas, le nom du créateur devrait être changé. La contrefaçon de Hain consista à remplacer le nom du fondeur moderne par celui de son grand-père.

Les céramiques présentent un problème sérieux, même pour le détective le plus expert, elles sont en effet également produites en quantités. Un faussaire habile peut faire une réplique exacte d'une poterie Ming du XVe siècle, et il a été établi qu'une grande part d'antiquités « chinoises » se trouvant dans des collections publiques et privées était en fait des faux modernes. Toutefois, les techniques employées par les potiers chinois anciens étaient relativement rudimentaires et le four céramique électrique moderne produit un vernis qui peut être légèrement différent. Néanmoins, une analyse d'aujourd'hui par thermoluminescence (voir p. 64) est véritablement la seule façon de détecter des céramiques copiées.

LE *MODELLO* DE MICHEL ANGE

En 1986, deux marchands à la réputation douteuse dans le monde de l'art furent impliqués dans la « découverte » d'une toute petite sculpture. Si elle avait été vraie, elle aurait été évaluée à 90 millions de $. Un des marchands, Dutchman Michel van Rijn, avouait lui-même être un contrebandier d'icônes et d'autres objets. Van Rijn s'était arrangé pour vendre un autoportrait par Rembrandt (van Rijn) à un collectionneur japonais qui croyait qu'il était un descendant du peintre. L'autre marchand suspect était le français Michel de Bry, célèbre pour avoir vendu au Getty Museum une tête d'*Achille*, qu'il affirmait être une œuvre du IVe siècle avant J.-C. du sculpteur Grec Skopas, pour la somme de 2,5 millions de $.

La pièce en question était un *modello* en plâtre de la fameuse statue de *David* par Michel Ange. On savait que Michel Ange avait fait un modèle préliminaire. Selon Giorgio Vasari, ami et biographe de l'artiste, il avait été fait en cire. Il existait également une rumeur qu'un second modèle, en plâtre, avait été entreposé au Palazzo Vecchio à Florence, en Italie, ce palais ayant été en partie détruit par le feu en 1690. Il y avait des marques indiquant que des flammes avaient roussi le fragment.

Déterminé à obtenir une authentification pour sa trouvaille, de Bry contacta Frederick Hartt, Professeur émérite d'histoire de l'Art, à l'université de Virginie également un des experts mondiaux de Michel Ange. De Bry invita Hartt, à ses frais, à Paris, et lui montra le *modello*. Hartt fut enchanté et flatté. Il se convainquit lui-même que la statuette avait dû tomber en avant pour être brûlée de cette manière. Lorsque de Bry annonça qu'il

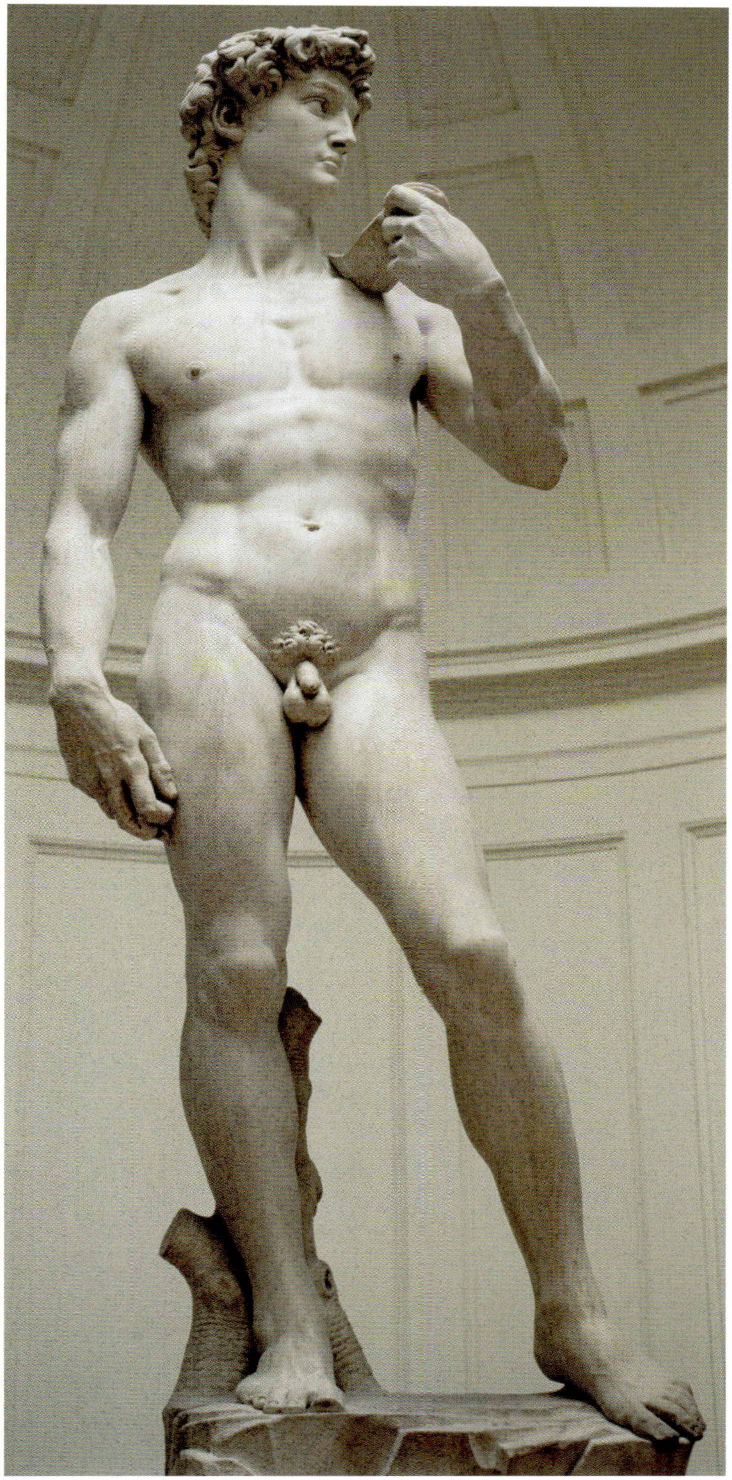

devait la vendre, Hartt pensa au livre magnifique qu'il pourrait écrire et trouva irrésistible la commission de 5% qui lui était offerte pour son expertise. A partir de ce moment-là, l'histoire du *modello* devint complexe. La société de ventes d'art Sotheby's fut impliquée. Van Rijn, qui négociait en même temps la vente d'une autre statuette, peut-être véritable, de Michel Ange, se trouva impliqué comme intermédiaire.

Pendant ce temps, de Bry avait désigné comme propriétaire de la statuette une fondation fictive, la « Fondation Honegger », à Genève, Suisse, et déclarait que la statuette

Le tableau original de *Quatorze tournesols* fait par Van Gogh en août 1888, aujourd'hui propriété de la National Gallery de Londres. Une copie, réalisée par l'artiste en Janvier 1889 est actuellement à Amsterdam. Un tableau similaire, récemment controversé, fut exposé pendant dix ans à la National Gallery, et pendant toute cette période, son authenticité ne fut jamais mise en question. En 2002, une commission d'enquête composée d'experts déclara que les trois versions étaient authentiques.

avait été trouvée dans une boîte à chaussures, parmi les biens du compositeur défunt Arthur Honegger. La statuette est maintenant enfermée dans le coffre d'une banque, pendant que tous les acteurs en refusaient jalousement l'accès à qui que ce soit.

Finalement, lorsque l'on sut que le Professeur Hartt avait accepté une commission sur la vente du *modello*, son authentification fut discréditée et on n'entendit presque plus parler de la statuette. Van Rijn a aujourd'hui un site internet, sur lequel il poursuit une vendetta personnelle contre le marché des faux et contrefaçons et contre les marchands corrompus qui en font négoce.

DES VAN GOGH DOUTEUX

En 1997, une enquête du *Art Newspaper* de Londres, prétendit qu'au moins 45 toiles et dessins attribués au post-impressioniste Vincent Van Gogh (1853-1890), conservés dans certains des musées les plus importants du monde, étaient des faux. Dans l'ensemble de l'œuvre connue, affirmait encore le journal, environ 100 toiles sont « très douteuses ».

Il est possible, affirmait feu John Rewald, érudit de premier plan sur ce sujet, que Van Gogh ait été copié « plus souvent que n'importe quel artiste moderne ».

Cette affirmation provoqua un orage de protestations, mais conduisit également beaucoup de musées à réexaminer leurs collections. Le résultat fut un doute jeté par des experts sur l'authenticité de nombreux « Van Gogh » très appréciés, mais sans qu'ils puissent se mettre d'accord pour décider lesquels étaient des faux. Au fur et à mesure de la publication des résultats des investigations, le nom du français Claude-Emile Schuffenecker fut régulièrement mentionné.

COMBIEN DE TOURNESOLS ?

Schuffenecker (1851-1934) était un peintre, contemporain de Van Gogh et ami de Paul Gauguin (1848-1903). En 1901, lors d'une exposition Van Gogh à Paris, il prêta plusieurs œuvres du peintre lui appartenant, et certaines autres appartenant à son frère, Amédée. Il passa également du temps à restaurer une des toiles représentant des tournesols, appartenant à la famille Van Gogh.

Van Gogh avait produit quatre toiles représentant des tournesols en août 1888 pour décorer une pièce en Arles, en France, où Gauguin devait venir pour lui rendre visite. Les toiles représentaient 3, 5, 12 et 14 tournesols. Gauguin fut charmé par l'ensemble et demanda à garder deux toiles. C'est pourquoi, en janvier 1889, Van Gogh fit des copies des toiles représentant 12 et 14 tournesols. L'original de la toile représentant les 14 tournesols est actuellement à la National Gallery de Londres, et sa copie à Amsterdam. Les lettres de Van Gogh ne font référence qu'à ces six toiles, mais une toile, supposée la septième, apparut à l'Exposition de Paris de 1901, comme étant « propriété de Monsieur E. Schuffenecker ».

> Le marchand allemand Otto Wacker fut reconnu coupable d'escroquerie. Il avait mis en vente 33 toiles de Van Gogh « précédemment inconnues », 30 d'entre elles étaient des copies.

A cette époque, E. Schuffenecker possédait une grande collection de peintures contemporaines. Lorsque sa femme demanda le divorce, il fut obligé de les vendre à son frère Amédée, qui était un marchand d'art. Le nom de Schuffenecker avait déjà été associé à des ventes de copies dans les années 1920. Le nom ressurgit à nouveau en 1932, lorsque le marchand allemand Otto Wacker fut reconnu coupable d'escroquerie. Il avait mis en vente trente-trois toiles de Van Gogh, « précédemment inconnues », dont trente se révélèrent être des copies. Il en avait obtenu trois des frères Schuffenecker.

En 1987 la famille Chester Beatty vendit la septième toile représentant des tournesols à la société Japonaise, Yasuda Fire and Marine Insurance pour une somme de 24750,00 £. La supposition que cette toile

Un autoportrait par Claude-Emile Schuffenecker, qui fut suspecté d'être l'auteur d'au moins trois tableaux attribués à Van Gogh.

était en fait un faux produit par Schuffenecker horrifia la société, celle-ci annonça que le Yasuda Kasai Museum of Art n'avait jamais mis en doute l'authenticité de l'œuvre. Le Musée Van Gogh de Hollande se trouva également dans une position embarrassante, il venait en effet de recevoir une donation importante de la firme Yasuda pour construire un agrandissement du musée.

En 2002, les trois toiles représentant quatorze tournesols furent exposées à Amsterdam et une commission d'experts conclut que les trois étaient authentiques. La National Gallery de Londres affirma: « La version des tournesols qui appartient à la firme Yasuda Fire and Marine Insurance, a été exposée sur un de nos murs pendant dix ans, et son authenticité n'a jamais été mise en doute. »

Les toiles de Claude Emile Schuffenecker se trouvent dans de nombreuses collections, mais il n'a jamais atteint la renommée de Van Gogh. Il mourut à Paris, en 1934, aigri, en qualité de professeur d'une école de beaux-arts.

DOUBLE IDENTITÉ

Une affaire d'escroquerie tout à fait extraordinaire fut découverte en 2000. Une toile de Paul Gauguin intitulée *Vase des Lilas* (qui n'est pas l'une de ses œuvres majeures, mais qui est évaluée tout de même à plusieurs centaines de milliers de $) fut proposée à la vente simultanément par Christie's et Sotheby's, les deux principales maisons internationales de ventes aux enchères publiques.

Lorsque ces maisons découvrirent cela, elles envoyèrent les toiles concernées à l'Institut Wildenstein à Paris, pour qu'elles soient examinées par leur expert de Gauguin, Sylvie Crussard. Celle-ci annonça bientôt que la toile mise en vente par Christie's était, en langage d'expert, « non conforme ». L'œuvre authentique avait été vendue par son propriétaire, le marchand new-yorkais, d'origine iranienne, Elie Sakhsai, pour une somme de 310 000 $, et Christie's dut informer la Galerie Muse à Tokyo que la toile en leur possession était un faux.

Le FBI intervint, et après plusieurs années d'enquêtes à l'échelle internationale, Sakhai fut arrêté pour huit escroqueries, en mai 2004. Selon le FBI, Sakhai avait acheté l'original plusieurs années auparavant, et avait acheté un double qu'il avait vendu à un collectionneur de Tokyo. Ce fut une coïncidence, comme il n'en existe qu'une sur un million, que les deux toiles furent mises en vente en même temps. Selon le FBI, Sakhai avait commis ce genre d'escroquerie depuis de nombreuses années, accumulant un bénéfice de 3,5 millions de $. Le Bureau expliqua que Sakhai vendait une toile à un acquéreur en Asie justifiant de son authenticité par le certificat établi pour l'original. Plus tard, il vendait l'original en Europe. Sakhai pensait que les deux ventes seraient trop éloignées géographiquement l'une de l'autre pour que la nouvelle circule. De plus, il s'agissait toujours d'une œuvre peu connue et d'une valeur moyenne, pour que la vente n'attire que peu d'attention.

Il reste à déterminer où Sakhai faisait réaliser ses copies. La Chine et Taïwan, deux pays connus pour leurs ateliers consacrés entièrement à la réalisation de toiles « anciennes », sont des endroits possibles. Il est peu vraisemblable qu'un tel procédé puisse être utilisé à nouveau. De nos jours, les vendeurs du monde entier sont en relation constante par Internet, et il apparaîtrait vite qu'une même toile soit en vente dans deux hôtels de vente différents au même moment. Sakhai plaida coupable des accusations d'escroquerie en décembre 2004.

UTILISER LA SCIENCE MODERNE POUR DÉTECTER DES COPIES

Pour examiner une œuvre d'art, les départements scientifiques des principaux musées d'art utilisent plusieurs techniques, développées pour la plupart au XXe siècle. Celles-ci comprennent l'utilisation des rayons ultra-violets, des

Le dossier du faussaire

LES ESCROQUERIES SCANDALEUSES DE SAKHAI

En 1990, Sakhai acheta chez Christie's *La nappe mauve*, de Marc Chagall (1887-1985) pour la somme de 312 000 $. En 1993, il revendit ce qui semblait être cette toile à un collectionneur de Tokyo pour la somme de 514 000 $. En 1999, il vendit la véritable *Nappe mauve*, par l'intermédiaire de Christie's pour la somme de 340 000 $. Pendant ce temps, l'autre toile avait passé par plusieurs mains et finit par être offerte à la vente à la Galerie Koller à Zurich, Suisse, le propriétaire de la galerie l'examina très soigneusement ainsi que la photographie qui accompagnait le certificat d'authenticité. « Les couleurs étaient un peu étranges » décida-t-il, et il retira la toile de la vente.

En 1995, Sakhai vendit une toile de Marie Laurencin, *Jeune fille à la mandoline*, à un acheteur de Tokyo pour le somme de 28 100 $. Deux ans plus tard, elle était mise en vente chez Christie's, alors qu'il était établi que Sakhai possédait toujours cette œuvre.

En 1998, un acheteur de Taïpei acheta à Sakhai un prétendu Chagall, *Le Roi David dans le paysage vert*, pour une somme de 80 000 $. Il envoya la toile en France pour vérification, celle-ci fut immédiatement déclarée comme fausse, et les autorités françaises la détruisirent.

L'appareillage utilisé pour la datation au carbone, au laboratoire de recherche en archéologie, à Oxford, Angleterre.

rayons infrarouges et des rayons X, une analyse chimique sophistiquée qui inclut la spectrographie, la thermoluminescence, et la datation au carbone 14. Il existe de nombreuses techniques permettant de révéler les faux, malheureusement, peu de marchands ont le temps et les moyens financiers nécessaires pour faire subir de tels examens aux œuvres avant de les mettre en vente.

Les rayons ultra-violets permettent de révéler rapidement les additions ou les changements opérés sur une toile: en effet, les différentes couches de peinture et de vernis vont apparaître avec des nuances différentes. Le marbre ancien patiné apparaîtra avec une fluorescence vert-jaune, alors qu'un marbre moderne, ou un marbre ancien resculpté récemment, apparaîtra avec une fluorescence d'un violet éclatant.

Dans une affaire typique, un triptyque peint et doré dans le style du XVe siècle siennois, s'avéra contenir des clous modernes faits à la machine.

Une photographie sous lumière infrarouge, avec un filtre approprié, révélera les différentes couches de peinture, mettant à jour la peinture se trouvant sous la couche de surface. Ainsi on pourra découvrir une peinture plus ancienne sur la même toile, (ce qui n'est pas nécessairement une indication de copie, de nombreux artistes ayant peint par-dessus leurs propres œuvres) ou une signature qui aura été recouverte et remplacée par une autre, d'une plus grande valeur.

Les rayons X peuvent être utilisés de la même façon. Ces rayons sont également utiles pour examiner un objet dans sa masse. Si, par exemple, on s'aperçoit qu'une sculpture de bois, supposée du XVe siècle contient des clous ou d'autres soutiens métalliques enfouis profondément à l'intérieur, et de facture moderne, il s'agira clairement d'un faux.

Dans une affaire typique, un triptyque, peint et doré dans le style siennois du XVe siècle, se révéla contenir des clous modernes fabriqués à la machine. Encore plus révélateur, l'examen aux rayons X montra que les panneaux de bois avaient

été mangés par les vers bien avant l'application de la peinture et de la dorure.

On peut également utiliser les rayons X pour provoquer la fluorescence d'un objet, avec émission de rayons X secondaires. Si on compare ces émissions secondaires à celles obtenues lors de l'examen de matériaux connus, un analyste peut identifier les éléments présents. Cette technique a notamment été utilisée pour déterminer les proportions de cobalt et de manganèse contenues dans l'émail bleu de la porcelaine de Chine.

L'analyse chimique peut déceler l'utilisation de pigments que les artistes n'utilisaient pas autrefois. Jusqu'au XIXe siècle, le seul pigment blanc utilisé était le blanc de plomb. A cette époque, les gens se chauffaient au charbon, et les fumées noircissaient les toiles. Les pigments blancs modernes sont fabriqués à partir de dioxyde de titane, qui ne noircit pas et qui est facilement détectable à l'analyse. D'autres couleurs sont aujourd'hui disponibles à partir de produits chimiques de synthèse.

L'ANALYSE SPECTROGRAPHIQUE

Malheureusement, pour toute analyse chimique, il est nécessaire de prélever un échantillon de la peinture utilisée. Toutefois, le développement de l'analyse spectrographique permet de ne prélever qu'un éclat minuscule. Ce tout petit fragment est brûlé à la flamme. Cela produit un spectre qui révèle les caractéristiques de chaque élément contenu dans le fragment. La photographie du spectre permet de déterminer en quelle proportion chaque élément est présent. L'huile que le peintre utilise pour

Une sculpture égyptienne représentant un chat, conservée au Metropolitan Museum de New York, et présumée ancienne. L'examen aux rayons X et la comparaison avec des sculptures authentiques laisse présager qu'il s'agit d'un faux.

A droite : on crut longtemps que le portrait du pape Julius II n'était que la copie d'une toile de Raphaël. Finalement, une analyse détaillée révéla que l'huile utilisée pour diluer la peinture était de l'huile de noix. Comme Raphaël utilisait cette huile, on considère aujourd'hui qu'il s'agit d'une toile authentique.

diluer ses pigments peut également être analysée.

Dans un cas où l'on croyait avoir affaire à un faux, le portrait d'un pape se révéla authentique. Longtemps, on pensa qu'un portrait du pape Julius II était une copie d'une œuvre du peintre Sanzio Raphael (1483-1520). L'analyse établit que le médium utilisé était de l'huile de noix, comme celle utilisée par Raphael. De plus, la photographie aux rayons X révéla que la peinture au dessous avait été retravaillée de nombreuses fois, ce qui n'arrive pas lorsque l'artiste fait une copie.

DATER DES POTERIES EN UTILISANT LA THERMOLUMINESCENCE

La thermoluminescence est une technique utilisée en général pour dater de la poterie et d'autres céramiques. Elle est fondée sur le principe suivant : lorsque l'on fait cuire une poterie, elle perd toute radioactivité propre. Puis, avec les années, elle réabsorbe la radioactivité ambiante, particulièrement si elle reste enterrée. Lorsqu'un échantillon de céramique est chauffé à une température de plus de 340° C, il rougeoie. Plus l'échantillon est ancien, plus le rougeoiement est vif. Lorsqu'on compare l'intensité du rougeoiement de l'échantillon avec celui de matériaux que l'on peut dater, les experts peuvent estimer l'âge de la poterie analysée.

Les contrefacteurs ont essayé de déjouer l'analyse par thermoluminescence de nombreuses façons. Dans un cas, un restaurateur colla ensemble plusieurs fragments de tasses et de soucoupes anciennes, puis il les recouvrit d'une fine couche de céramique pour en faire un taureau persan. D'autres restaurateurs utilisèrent des fragments authentiques, de peu de valeur, et les assemblèrent pour donner l'apparence d'un modèle de grand prix.

DATATION AU CARBONE 14

Une autre technique importante, la datation au carbone 14, est fondée sur un principe exactement opposé à celui de la thermoluminescence. Tous les matériaux organiques contiennent une petite proportion de l'isotope radioactif du carbone : le carbone 14. Une fois le matériau transformé en objet, la quantité de carbone 14

Le dossier du faussaire

LA SCIENCE RATTRAPE DOSSENA

On a utilisé la thermoluminescence pour prouver que plusieurs sculptures « anciennes » étaient en fait l'œuvre d'Alceo Dossena (voir p. 50). L'une d'elles était le corps de Diane, en terre cuite, que l'on pensait avoir exhumée d'un site étrusque, en 21 pièces séparées. Des doutes s'étaient élevés relativement vite, lorsque Dossena, avouant qu'il était un faussaire, avait produit une photographie des pièces assemblées, prise dans son atelier. Mais ceux qui défendaient l'authenticité de la statue prétendirent qu'il s'agissait d'un « trucage photographique ». Finalement, en 1968, on utilisa une roulette dentaire pour prendre un tout petit échantillon de l'une des pièces. Bien entendu, la thermoluminescence confirma que la statue n'avait que 40 ans d'âge.

Le dossier du faussaire

FAUSSE ŒUVRE D'ART, VRAIE ESCROQUERIE

Il est possible que l'usage d'un faux en art ne soit pas découvert avant de nombreuses années, si toutefois on le découvre jamais. L'auteur de l'escroquerie se procure une copie de grande qualité, en même temps que des documents d'origine lui permettant de duper l'expert, qui va fournir un certificat véritable, mais ce certificat lui-même peut être un faux. Le faussaire qui détient le tout va assurer l'œuvre pour un montant important et l'enfermer dans le coffre d'une banque. C'est maintenant le document d'assurance qui est la preuve de la valeur de l'œuvre, et des investisseurs sont invités à en acheter des parts. Peu d'entre eux verront l'œuvre de leurs propres yeux. En effet, celle-ci est bien gardée, sous clé, dans une banque. En réalité, cette œuvre a peut-être déjà été retirée du coffre et revendue ailleurs sur le marché.

présente dans le matériau originel se désintègre avec le temps. Si on analyse la quantité de carbone 14 présente dans un objet, les scientifiques peuvent faire une estimation relativement exacte de son âge.

On ne peut pas utiliser la datation au carbone 14 pour des objets datant de moins de 50 ans d'âge, mais elle donne des résultats fiables sur des spécimens datant jusqu'à 40 000 ans. Toutefois, si on veut procéder à cette analyse, il faut détruire un fragment de l'objet de la taille d'un timbre-poste. Cela constitue un dommage significatif, c'est pourquoi on utilise rarement cette datation pour des objets d'art.

D'autres méthodes scientifiques ont été développées récemment pour détecter les faux, ou pour authentifier les œuvres d'art. Celles-ci peuvent se révéler très onéreuses, et, dans certains cas, il peut n'exister qu'un seul spécialiste de cette technique.

PEINTRE, FAUSSAIRE ET COUPABLE

Le faussaire français, Francis Lagrange (1894-1964) étudia la peinture ; il était connu sous le nom de « Flag » par ses amis. Dans les années qui suivirent la Première Guerre mondiale, Lagrange survécut pendant un certain temps en vendant de l'art pornographique, mais en 1926, il gagna un prix à un concours pour le dessin d'un nouveau timbre-poste français. Ceci attira l'attention de la pègre, dont un membre lui offrit 20 % des recettes, s'il voulait réaliser la copie de timbres rares, recherchés par les philatélistes. Il accepta et devint assez sûr de lui pour commencer à imiter des billets de 100 $.

Un jour, son contact dans le milieu lui amena un marchand qui avait un client américain décidé à acquérir une œuvre de Fra Lippo Lippi (1406-1469). La difficulté résidait dans le fait que la majorité des œuvres de Lippi se trouvaient dans les plus grands musées. Toutefois, il existait un triptyque d'autel, dans la cathédrale de Reims, dans le nord-est de la France.

Pendant deux mois, Lagrange travailla dans un grenier, transformé en studio, loué près de la cathédrale, copiant l'œuvre avec soin, dans tous ses détails les plus délicats. Ce que celui-ci ignorait, c'est que ses associés criminels avaient l'intention de voler l'original et de le remplacer par la copie.

Tout se passa bien jusqu'en 1929. Lors du krach de la bourse américaine, l'acquéreur de l'original fut obligé de vendre l'œuvre. Le triptyque faisait partie de la liste des œuvres publiées au catalogue d'une vente publique à Londres, à la stupéfaction du directeur du Musée de Reims. Il vint à Londres, convaincu qu'il pourrait

dénoncer l'œuvre comme étant un faux, mais on l'assura qu'il s'agissait bien de l'œuvre authentique. A son retour à Reims, le directeur fit examiner l'œuvre conservée dans son musée, et il s'avéra rapidement qu'il s'agissait d'une copie.

L'ÎLE DU DIABLE

Pendant ce temps, le milieu avait attiré Lagrange à Paris et s'arrangea pour le faire arrêter comme faux monnayeur. En 1931, il fut condamné à dix ans de détention au bagne de Cayenne, en Guyane française. Il s'en échappa en 1938, mais fut bientôt repris et conduit à l'Ile du Diable où il reprit la peinture. Libéré en 1946, il s'établit à Cayenne où, à part trois années supplémentaires de prison pour escroquerie, (mais pas pour contrefaçon), il continua à peindre.

Un américain, visitant Cayenne, s'intéressa à l'œuvre de Lagrange, ce qui le persuada de venir s'installer aux Etats-Unis. Là-bas, il organisa des expositions et publia son autobiographie : Flag à l'Ile du Diable (1961). Il revint finalement à Cayenne où il mourut en 1964.

Ce qu'il advint du triptyque de Lippi demeure un mystère. L'original fut renvoyé en France, mais le musée de Reims fut endommagé pendant la Seconde Guerre mondiale et ne fut jamais rouvert. On dit que même cet « original » fut analysé comme étant un faux et qu'il existe toujours, conservé dans la cave d'un musée de Paris.

Le flamboyant artiste espagnol Salvador Dali (1904-1989) avait un sens pernicieux de la malice. Peu avant sa mort, et sachant exactement ce qu'il faisait, Dali signa des centaines de feuilles de papier vierge. Ce qu'il en adviendra dans le futur troublera sans doute les historiens d'art pendant de nombreuses années.

Le procès de Han van Meegeren comme collaborateur des Nazis et vendeur de trésors nationaux Hollandais. Il fut forcé d'admettre qu'il avait réalisé des copies d'une série de toiles de Vermeer.

L'HOMME QUI TROMPA GOERING

Han van Meegeren naquit en 1889 à Deventer, en Hollande, dans une grande famille catholique fervente. Il fit montre d'un considérable talent de peintre, et, avant l'âge de 30 ans, participa à deux expositions qui eurent beaucoup de succès. Toutefois, comme beaucoup d'artistes essayant de vivre de leur travail, il perdit ses illusions devant l'arrogance des experts, et en particulier devant celle du Dr Abraham Bredius.

En 1932, Van Meegeren déménagea dans le sud de la France. Il gagna raisonnablement sa vie en peignant des portraits, mais il passa les sept années suivant son arrivée en France à réfléchir tranquillement comment réaliser des copies de toiles du XVIIe siècle. Il mit au point un moyen de faire durcir la peinture neuve, en utilisant un mélange d'huile de lilas et de composants de Bakélite (une des premières formes de plastique), et de reproduire les craquelures de vieilles œuvres. Il acheta des toiles mineures du XVIIe siècle, en retira les couches superficielles jusqu'à découvrir le fond original, appliqua une couche de peinture et fit cuire les toiles dans un four. Les craquelures réapparurent, quoi que l'on ait peint par-dessus.

Pour éviter d'être découvert, Van Meegeren n'utilisa que les pigments dont disposaient les artistes au XVIIe siècle. De tels pigments étaient en général onéreux et difficiles à obtenir, mais il prit soin de les utiliser pour que ses toiles semblent authentiques. Il commença avec des copies de Terborch, Hals et Vermeer, en utilisant des éléments de leurs propres toiles. Une fois la technique maîtrisée, il cuisait la toile pour produire plus de craquelures encore et il passait de l'encre dans les fissures pour imiter la crasse des siècles.

Les experts en art pensaient que Vermeer (1628-1691) avait peint plusieurs toiles à sujet religieux entre 1654 et l'époque où il commença à peindre ses fameuses scènes d'intérieur. Ceux-ci pensaient que ces œuvres avaient été perdues, ou bien n'avaient jamais été découvertes. La seule œuvre identifiée était *Le Christ avec Marthe et Marie*, qui avait été authentifiée en 1901 par le Dr Bredius. En 1937, van Meegeren ébahit le monde de l'art en « découvrant » un nouveau Vermeer, *Les disciples à Emmaüs*. L'expert Bredius, âgé de 83 ans, accueillit la nouvelle avec joie, et le

Van Meegeren répond à ses accusateurs dans le box de la Cour hollandaise. Il fut condamné pour contrefaçon et mourut en prison peu après.

tableau fut vendu à la fondation Boymans pour la somme de 550 000 florins, dont Van Meegeren reçut les deux tiers. Mais la réussite financière ne représenta qu'une part de la satisfaction de Van Meegeren. Bredius avait été totalement dupé : en 1937, il écrivit : « C'est un moment particulièrement merveilleux pour un amateur d'art, lorsqu'il se trouve face à une œuvre d'un grand maître, jusque-là inconnue, que personne n'a touchée, sur sa toile d'origine, et sans aucune restauration, telle qu'elle quitta l'atelier du peintre. » Van Meegeren était maintenant un homme riche, mais il ne put résister à la tentation de continuer à produire des faux.

Entre 1939 et 1942, six autres « Vermeer » firent leur apparition. La Hollande était sous occupation allemande au début de 1940, et Van Meegeren vendit une toile, *La femme adultère*, au maréchal allemand nazi, Herman Goering. Le destin rattrapa finalement Van Meegeren après la libération de la Hollande, en 1945, lorsqu'il se retrouva accusé de collaboration, et pour avoir vendu des trésors nationaux. Il fut forcé d'avouer que la peinture était un faux. Il fut alors déclaré coupable d'escroquerie en 1947, et mourut quelques semaines plus tard.

ERIC HEBBORN, MAÎTRE FAUSSAIRE

L'un des faussaires les plus talentueux du XXe siècle fut un anglais appelé Eric Hebborn (1934-1996). Né à Londres, dans une famille violente et pauvre, il eut une enfance misérable. Après avoir mis le feu à son école, en signe de révolte, il fut envoyé dans un centre de redressement. Là, les éducateurs de Hebborn reconnurent ses talents de peintre et l'encouragèrent. Il fut finalement accepté à l'école des beaux-arts de la Royal Academy, où il obtint une médaille d'argent et une bourse pour aller étudier en Italie, à Rome.

Alors qu'il était encore étudiant, Hebborn travailla pour un restaurateur de tableaux nommé Georges Aczel. Il apprit, non seulement à nettoyer et à retoucher des tableaux, mais également comment produire des craquelures sur des surfaces nouvellement peintes et à imiter les effets de l'âge. Il découvrit également comment « améliorer » les toiles en leur ajoutant des petits détails. L'ajout d'une montgolfière à un paysage quelconque transformait celui-ci en un souvenir de l'époque des débuts de la conquête de l'air. Hebborn soutenait que si l'on peignait un chat en premier plan sur une toile, celle-ci devenait d'un coup plus recherchée.

Hebborn était sans aucun doute un maître artisan. Son livre, *Le Manuel du faussaire en art* (1997), fournit de nombreuses informations concernant la façon de se procurer du vieux papier pour copier des dessins, comment faire pour que l'encre utilisée paraisse ancienne, et quels outils utiliser pour que la contrefaçon semble vraiment authentique. Il décrit les pigments employés par divers vieux maîtres dans leur palette et comment les imiter. Il détaille le genre de panneau de bois ou la toile que ceux-ci auraient utilisés.

Membre actif de la communauté gay, Hebborn fit la connaissance de Sir Anthony Blunt, alors directeur du Courtauld Institute de Londres. On découvrit plus tard que Blunt était un espion et son titre lui fut retiré. Il est connu pour avoir authentifié au moins deux des faux produits par Hebborn. S'il fit cela en toute innocence ou non, cela reste encore douteux. D'autres experts furent indubitablement trompés.

Ci-contre : beaucoup d'œuvres d'art anciennes vendues aux touristes sont en fait des faux. Cette statuette de la reine Tetisheri fait partie de la collection des faux du British Museum.

A gauche : la copie de la toile de Vermeer *La femme adultère* faite par Van Meegeren est examinée par les experts pendant son procès.

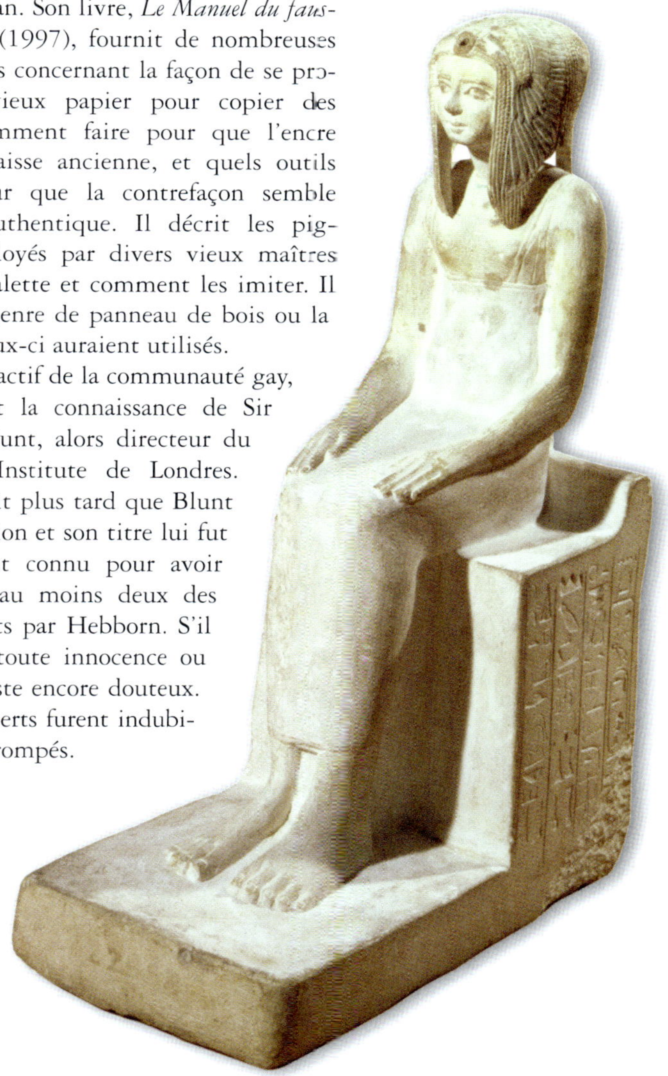

Hebborn vint s'établir à Rome où, comme beaucoup d'autres faussaires, il découvrit que ses propres toiles n'étaient pas bien reçues par les critiques. Dans les années qui suivirent, il produisit plus de 1000 dessins, qu'il attribua à une gamme étendue de vieux maîtres. Il fit également des sculptures en bronze, et peignit des toiles qui passèrent pour des œuvres de Corot, Boldini, Augustus John et David Hockney. Il ouvrit une petite galerie d'art et vendit ses faux, qui trouvèrent leur chemin jusque dans les collections du British Museum, de la Bibliothèque Pierpont Morgan, de la National Gallery à Washington et dans d'innombrables collections privées. Hebborn devint riche et vécut la grande vie au sein de la communauté gay de Rome.

La carrière de Hebborn connut un échec temporaire en 1978, lorsque Colnaghi, le respectable marchand londonien, réalisa qu'un certain nombre de dessins qu'il avait vendu à la Bibliothèque Pierpont Morgan et à la British National Gallery étaient des faux, fabriqués par Hebborn. Découvert, Hebborn annonça qu'il inonderait le marché avec 500 dessins supplémentaires. Pour tromper plus encore les experts, il déclara effrontément dans son autobiographie *Attiré par les ennuis* (1991), qu'il était le créateur de nombre d'œuvres considérées aujourd'hui encore comme authentiques.

« Le faux n'existe pas », écrivait Hebborn. « Il n'existe que de faux experts et leurs faux certificats. » Il fut retrouvé dans une rue de Rome, le 8 janvier 1996, le crâne défoncé

« Il n'existe que de faux experts et leurs faux certificats. »

ERIC HEBBORN

Eric Hebborn, contrefacteur d'un nombre inconnu d'œuvres d'art. Même démasqué il menaça d'inonder le marché d'autres faux.

Le dossier du faussaire
TOM KEATING ET SES « SEXTON BLAKES »

De dix-sept ans plus âgé qu'Eric Hebborn, le Londonien Tom Keating (1917-1984), une fripouille ô combien sympathique, poursuivit une carrière de faussaire à succès. Ce qui est remarquable dans le cas de Keating, c'est qu'il ne s'embarrassa pas, comme Hebborn, d'utiliser des matériaux authentiques. Comme il l'écrivit plus tard dans son livre *Le Devenir du faux* (1978), concernant certains des dessins qu'il produisit : « J'ai utilisé le pastel, l'encre sépia, la cire et le vernis... sauf que mes produits étaient de production synthétique moderne. » Dans l'argot vernaculaire londonien, il décrivit ses œuvres comme des « Sexton Blakes » jeu de mot sur le mot faux « fake ».

A l'âge de 27 ans, Keating fut réformé de la Royal Navy, mais ce n'est que six ans plus tard qu'il obtint une bourse pour étudier l'art en vue d'un diplôme. Il ne l'obtint pas, toutefois, et ne put être nommé au poste de professeur qu'il espérait. Il passa les quelques années suivantes à travailler comme restaurateur d'art, années pendant lesquelles il apprit bien des techniques douteuses utilisées par Hebborn.

Puis, sous le prétexte de protester contre l'exploitation des artistes par les marchands, Keating devint un contrefacteur. Au cours des vingt années suivantes, il contrefit l'œuvre de plus de 100 artistes différents, dont Rembrandt, Goya, Turner, Van Gogh, Degas, Monet et Sisley.

Tom Keating avec l'une de ses peintures, attribuée à John Constable.

par un instrument contondant, et mourut trois jours plus tard. La mort de Hebborn fit écho à celle de Pier Pasolini, le cinéaste italien, assassiné à l'extérieur de Rome par un prostitué masculin en 1975.

COPIER « LE GOUV'NEUR »

En 1965, Keating fut blessé au dos et ne put se déplacer pendant un certain temps. Il décrivit comment il commença à produire plusieurs dessins à l'aquarelle du dessinateur anglais Samuel Palmer (1805-1881), qui avait vécu à Shoreham, dans le Kent, et auquel il faisait toujours référence comme « le gouv'neur ».

« Je prenais ma planche à dessiner ainsi qu'une liasse de papier vierge, et je commençais à dessiner, très rapidement, dans le

À gauche : Tom Keating au travail sur l'un de ses « Sexton Blakes ». Contrairement à Van Meegeren, il utilisait des matériaux synthétiques modernes, mais ils ne furent pas détectés.

Le dossier du faussaire

QUELQUES FAUSSAIRES MODERNES

CHANG DIA CHEN (Chinois, 1899–1983)
Au cours de sa longue vie, Chang fut tour à tour bandit, moine bouddhiste et le peintre d'environ 30 000 toiles, dont la plupart étaient des contrefaçons. On estime qu'il existe une contrefaçon de la main de Chang dans les collections les plus importantes d'art chinois au monde, telles que celles de la Freer Gallery à Washington D.C., du Boston Museum of Fine Arts et du British Museum.

WILLIAM BLUNDELL (Australien, né en 1947)
On lui impute la production d'environ 4000 contrefaçons, la plupart d'entre elles de peintres australiens. Blundell copia également des œuvres de Monet, Picasso et Jackson Pollock.

GUY HAIN (Français, actif dans les années 1990)
Hain se procura des moulages en bronze d'œuvres du sculpteur Auguste Rodin (1840–1917) qui avaient été légalement produits par la fonderie Rugier, mais il remplaça la signature moderne du fondeur par celle de son grand-père, pour suggérer que ces bronzes avaient été fondus avec l'approbation de Rodin. Il fut emprisonné en 1997, mais poursuivit ses activités, incluant dans ses contrefaçons les œuvres d'autres artistes, jusqu'à ce qu'il soit à nouveau arrêté en 2001. On estime qu'il existe actuellement 6000 contrefaçons de Hain en circulation.

JOHN MYATT (Anglais, né en 1946) Après avoir été professeur d'art et écrivain de chansons pop, Myatt, qui avait désespérément besoin d'argent, publia en 1986 une annonce dans un journal anglais où il proposait des « faux authentiques » pour 250 £. L'un de ses clients était John Drewe (voir p. 84) qui lui commanda une toile de l'artiste français Albert Gleizes (1881-1953), pour laquelle il falsifia les documents de provenance. Il vendit l'œuvre pour la somme de 25 000 £, dont Myatt reçut la moitié. Myatt, qui utilisait une peinture en émulsion moderne (qui ne ressemblait en rien à celle utilisée pour les toiles qu'il copiait), trompa néanmoins les experts avec 200 œuvres attribuées à des maîtres modernes de renom. L'ex-compagne de Drewe informa la police des activités des deux hommes, en 1995, et les deux faussaires furent condamnés à une peine de prison pour escroquerie. Les enquêteurs calculèrent que Drewe avait gagné environ 250 0000 £, somme dont Myatt ne reçut que 100 000 £.

style du « gouv'neur », rajoutant un couple de moutons ici, un berger là, la lune, les arbres et l'église de Shoreham. Quelquefois, j'ajoutais l'image sacrée du Christ, quelquefois une grange et quelquefois un pont à trois arches... »

« J'offris certains dessins aux enfants qui avaient été si bons pour moi lorsque j'étais allongé, à cause de mon dos. Je pense qu'ils en fourguèrent quelques-uns dans les boutiques de brocante locales, mais j'aime à penser qu'ils en gardèrent un ou deux, et qu'ils sont toujours suspendus sur leurs murs, maintenant qu'ils ont grandi. Je prenais rarement la peine de les encadrer : je donnais simplement des feuilles de papier avec des dessins de Palmer dessus. J'en ai donné à toutes sortes de gens, par exemple à l'employé de la compagnie du gaz venu relever le compteur, à une connaissance occasionnelle, ou même à des gens que je ne connaissais pas du tout, j'en ai même envoyé à la famille et à des amis comme cartes de Noël – Je pense qu'ils les ont jetés au panier à l'Epiphanie. »

Keating était venu s'installer dans le Norfolk en 1965, avec une de ses anciennes élèves, Jane Kelly. Tous deux créèrent une petite affaire de restauration et de nettoyage de tableaux. Quelques-uns de ses faux Samuel Palmer furent toutefois vendus par Jane à des marchands londoniens. En 1976, Geraldine Norman, correspondante à Londres du Times pour les ventes d'art, commença une enquête sur l'histoire des faux Samuel Palmer qui étaient apparus sur le marché. Son enquête la mena d'abord à Jane Kelly, puis à Keating. On le persuada d'avouer, lors d'une conférence de presse, et il avoua également avoir copié nombre d'autres œuvres. La consternation régna dans tout le marché d'art londonien.

Keating devint un héros populaire, et les accusations portées contre lui en 1977 furent abandonnées quelque temps plus tard en raison de son état de santé. Il gagna un prix de télévision pour une série de causeries sur de grands artistes et leurs méthodes de travail. Il était sur le point de commencer une nouvelle série lorsqu'il mourut en 1984. Une vente posthume de ses œuvres rapporta la somme de 274 000 £, environ sept fois plus que l'estimation initiale attendue. Ce succès doit être attribué à la popularité de Keating lui-même, car peu de ses peintures, à l'exception de quelques-unes d'après Samuel Palmer, peuvent être considérées, après un examen minutieux, comme étant effectivement dans l'esprit des artistes auxquels elles ont été attribuées.

S'EN SORTIR IMPUNÉMENT

Il est remarquable de constater que peu de faussaires modernes d'œuvres d'art, lorsqu'ils

A gauche : l'une des trois statuettes de *Guerriers étrusques* que l'on croyait dater du VIe au Ve siècle avant J.-C., acquise par le New York Metropolitan Museum entre 1915 et 1921. Une analyse détaillée effectuée en 1960 révéla que les statuettes étaient des faux. Ci-contre : l'homme qui produisit les faux, Alberto Fioravanti, était encore en vie. Il prouva en être le contrefacteur en produisant le pouce manquant à l'une des statuettes.

Le dossier du faussaire

LE CAS EMBARRASSANT DU SARCOPHAGE « ÉTRUSQUE »

En 1871 le British Museum acheta à un marchand italien appelé Alessandro Castellani, une très importante collection d'objets classiques. Le British Museum se trouva très embarrassé lorsqu'il s'avéra que beaucoup d'entre eux étaient des faux.

La pièce maîtresse de la collection était un sarcophage de terre cuite, de grandeur nature, apparemment du VIe siècle avant J.-C. Castellani l'avait acheté à un certain Pietro Pennelli, qui disait l'avoir déterré à Cevetri, en Etrurie. Le sarcophage était en morceaux, mais le musée consacra deux années entières pour le réassembler. Puis, en 1875, le frère de Pietro, Enrico, affirma qu'il avait réalisé lui-même cette pièce importante. La controverse fit rage autour de son authenticité pendant de nombreuses années.

Beaucoup de détails auraient dû rendre les conservateurs immédiatement suspicieux. La nudité du personnage mâle était tout à fait inhabituelle. La pose des personnages ne ressemblait à aucune œuvre connue et, de plus, le personnage féminin semblait porter des dessous du XIXe siècle ! On démontra également que l'inscription se trouvant sous le couvercle avait été copiée d'une broche en or se trouvant au Louvre. Pourtant, pendant soixante ans, le British Museum préféra considérer l'œuvre comme authentique, et celle-ci ne fut retirée de l'exposition qu'en 1935. Malheureusement, de nombreux livres sur l'art étrusque avaient déjà inclu des photos de ce sarcophage.

furent démasqués et eurent avoué, furent poursuivis pour escroquerie. Cela résulte probablement du fait qu'ils ont vendu leurs œuvres par l'intermédiaire de marchands, scrupuleux ou non. Ceux-ci, pour avoir réclamé des sommes bien plus élevées à leurs clients, se trouvent dans une position légale des plus précaires. Lorsqu'un marchand réputé apprend qu'une œuvre vendue par ses soins est un faux, il est de bonne règle qu'il rachète l'œuvre et accepte la perte. Les marchands moins scrupuleux vont essayer de louvoyer, mettant l'acheteur au défi de prouver que l'œuvre est un faux, ce que l'acheteur peut ne pas avoir envie de faire. Il est assez ironique de remarquer que de nombreuses œuvres se retrouvent sur le marché de l'art et peuvent encore atteindre des prix élevés, alors même que l'on sait ou que l'on suspecte qu'il s'agit de faux.

LE VICE ANGLAIS

Il est intéressant de noter que beaucoup de ceux décrits comme « maîtres faussaires » de la seconde moitié du XXe siècle, étaient des Anglais. Ceci est dû au fait que Londres demeure la capitale mondiale du marché de l'art, et que les principales sociétés de vente aux enchères sont basées à Londres, avec des bureaux dans les principales villes du monde.

Les œuvres offertes par les marchands londoniens requièrent parfois une restauration soigneuse, que seuls des artisans hautement qualifiés peuvent réaliser. Une grande partie de l'apprentissage de la restauration d'œuvres d'art consiste à étudier les méthodes et le style des vieux maîtres. Eric Hebborn ainsi que Tom Keating travaillèrent tous deux pour des restaurateurs d'art londoniens, et tous deux prétendirent que leurs contrefaçons étaient une protestation contre les profits élevés réalisés par les marchands.

Il ressort clairement de ces deux histoires que le faussaire est rarement celui qui gagne « le pactole ». Le faussaire travaille, souvent pour une maigre pitance, alors que le marchand, qu'il soit vraiment trompé ou consciemment malhonnête, est celui qui réalise le bénéfice le plus important. S'il fallait une preuve de ce que nous venons d'affirmer, la carrière de Elmyr de Hory, considéré de loin comme le faussaire le plus important du XXe siècle, viendrait conforter largement cette affirmation.

ELMYR DE HORY, LE PRINCE DU CHARME

Les Hongrois sont particulièrement connus, parmi tous les peuples, pour leur charme et leur habileté à s'en servir. Parmi eux, personne ne fut plus charmant que le faussaire Elmy de Hory. Né en 1906, il prétendait être issu d'une famille de grands propriétaires terriens du centre de la Hongrie. Révélant quelques dons comme artiste, de Hory fut envoyé à Budapest pour étudier dans une école d'art, et à l'âge de 18 ans, il poursuivit ses études à l'Akademie Heimann à Munich.

Deux ans plus tard, il se rendit à Paris et étudia sous la direction du peintre français Fernand Léger (1881-1955). Artiste pauvre et tirant le diable par la queue, il employa (du moins il le prétendit) tout son charme à faire la connaissance de chaque artiste et écrivain à Montparnasse, le quartier de Paris où vivaient et se regroupaient les artistes et les écrivains.

En 1938, de Hory retourna à Budapest pour quelque raison, et il se retrouva en 1941 dans un camp de concentration allemand, où il fut sérieusement battu par la Gestapo. Il échoua dans un hôpital à l'extérieur de Berlin.

Un jour, remarquant que les grilles de l'hôpital étaient restées ouvertes, il marcha calmement vers la sortie, et après de nombreuses aventures, revint une nouvelle fois à Paris en 1945, à temps pour la fin de la Seconde Guerre mondiale. Il recommença à peindre, vendant ce qu'il pouvait à de riches connaissances. Puis, en avril 1946, la veuve du coureur de course automobile anglais Sir Malcolm Campbell lui rendit visite dans sa petite chambre. Apercevant un dessin au trait que de Hory avait fait d'une tête de jeune fille, elle demanda, « n'est-ce pas un Picasso ? »

Il se contenta de soupirer tragiquement et accepta de le lui vendre à contrecoeur. Lady Campbell n'avait pas fini de franchir le seuil que d'un bond, il avait réalisé sept dessins semblables.

UNE ASSOCIATION LUCRATIVE

Maintenant la fortune souriait à de Hory. En effet, dans la période suivant immédiatement la guerre, l'œuvre de Picasso (1881-1973) suscita une véritable passion parmi les collectionneurs. Picasso pouvait produire un dessin caractéristique aussi rapidement que de Hory, et il était prolifique dans sa production. Elmyr confia à Jules Chamberlin, un de ses amis proches dont le père avait été

Elmyr de Hory (1906-1976), probablement le faussaire le plus prolifique et le plus connu du XXe siècle.

Après qu'il fut découvert, Elmyr de Hory espéra que son renom lui permettrait de vendre ses propres toiles, mais il n'eut que peu de succès pendant sa vie.

un collectionneur connu, qu'il pouvait reproduire sans effort un Picasso. Chamberlin lui suggéra une association, ils vendraient le travail de Elmyr comme étant le reste de la collection de son père.

Deux études de silhouettes de « Picasso » furent vendues au directeur du Musée des Beaux-Arts à Bruxelles, Belgique, et d'autres

De Hory fut forcé de quitter rapidement Los Angeles, lorsque le marchand Frank Perls le jeta hors de sa galerie, convaincu que les dessins apportés par de Hory étaient des faux.

furent dispersées à travers l'Europe. A ce moment éclata l'inévitable dispute avec Chamberlin à propos de la répartition du butin, et Elmyr continua sa route seul.

On retrouve de Hory à Rio de Janeiro, où il prospéra rapidement comme peintre de portraits. Il se lassa bientôt du Brésil et, après avoir obtenu un visa de trois mois pour les Etats-Unis, il se rendit à New York.

De là il partit pour Hollywood, où il fut connu sous le nom de Baron de Hory, et où il commença à vendre une série de faux Picasso. Lassé de Picasso, il s'essaya à copier des dessins de Matisse et Renoir : « Je vendis sur le champ trois nus à l'encre et au crayon de Matisse (dans une galerie élégante de Beverly Hills), après cela, le propriétaire m'acheta toujours immédiatement ce que je lui proposais. Il les revendait aux gens du cinéma avec un bénéfice de 500 %. »

Toutefois, de Hory fut obligé de quitter précipitamment Los Angeles quand le marchand Frank Perls le jeta hors de sa galerie, convaincu que les dessins apportés par de Hory étaient des faux. De Hory retourna à New York, mais il commençait à paraître son âge, à se teindre les cheveux et, peut-être était-ce là l'ennui le plus grave, était sans papiers.

Son charme était également en train de pâlir. Une de ses connaissances new-yorkaises se rappelle : « Il était un peu obnubilé par sa vie sexuelle, et cela devenait un peu ennuyeux. Il ne pouvait pas s'empêcher d'émailler sa conversation de noms de gens connus et de se lancer à tout propos dans des digressions à

propos du baron ceci ou du jeune prince cela, avec lequel il avait couché à Paris, Cannes ou Kitzbühel. »

Vers la fin de 1952, de Hory retourna à Los Angeles, avec l'intention d'abandonner les faux pour vendre sa propre peinture. Il fut bientôt en manque d'argent liquide et ne connaissait qu'une manière de s'en procurer. Avec un compagnon, il revint à New York, où il vendit à un marchand français de passage trois dessins de « Matisse » à raison de 500 $ pièce. Les deux hommes se rendirent ensuite à Miami. De là, de Hory, sous le nom de L.E. Raynal, écrivit à des galeries et à des musées situés dans tous les Etats-Unis, annonçant qu'il avait une œuvre à vendre, un dessin, une gouache, une aquarelle ou une petite huile de Matisse, Picasso, Braque, Derain, Bonnard, Degas, Vlaminck, Modigliani ou Renoir. En l'espace de deux ans, il avait vendu environ 70 dessins et peintures à New York, Philadelphie, St. Louis, Chicago, Seattle, Baltimore, Washington D.C., Boston, Cleveland, Detroit, Dallas et San Francisco, le tout pour une somme qu'il affirma être supérieure à 160 000 $.

L'ÉTAU SE RESSERRE

Apprenant que le FBI et le marchand Frank Perls posaient des questions à son sujet, de Hory fit l'acquisition d'un passeport au nom de L.E.Raynal et s'échappa à Mexico City.

Et voilà ! **Elmyr de Hory pouvait produire une copie passable d'un dessin de Magritte en dix secondes, mais il reconnut avoir un problème pour lui donner un air authentique. En effet, le trait de Magritte était interrompu chaque fois que l'artiste levait les yeux de son chevalet pour regarder le modèle ; travaillant à partir de son imagination seule, de Hory avait tendance à garder ce trait continu.**

Mais il eut des problèmes avec la police locale et revint une fois de plus à New York. A sa façon si typique, il organisa une soirée, et prétendit plus tard que Marilyn Monroe avait été l'une des invités. Mais un autre participant à cette soirée allait se révéler être un problème pour lui, et ceci pour le restant de ses jours. Son nom était Ferdinand Legros, un jeune homme mince, vêtu pauvrement, moitié Grec et moitié Français.

On estime que si les milliers d'œuvres d'art répandues par de Hory dans le monde avaient été vraies, elles auraient une valeur de plus de 60 millions de $.

Legros lui proposa une association. Il vendrait les faux peints par de Hory, en prenant 40 % et en lui laissant 60 %. Mais de Hory découvrit bien vite que, tandis qu'il devait rester dans un hôtel de seconde classe pour produire ses faux, Legros et un bon à rien franco-canadien de ses amis nommé Real Lessard, habitaient le meilleur hôtel de la ville. Après six mois de disputes régulières et violentes, de Hory décida de rentrer en Europe. Il s'établit à Rome et recommença à peindre. Sous le nom de Joseph Boutin, il eut un modeste succès lors d'une exposition personnelle à Milan.

En 1960 il fit une visite nostalgique à Paris, où le triste personnage de Legros le traqua. Legros lui demanda s'il avait des faux à vendre. De Hory répondit que tout ce qu'il avait gardé était entreposé dans un coffre à l'hôtel Winslow à New York. Legros partit aussitôt, téléphona à l'hôtel en se faisant passer pour de Hory et annonça qu'un jeune homme du nom de Ferdinand Legros viendrait prendre le contenu du coffre dans une semaine.

Pendant ce temps, tout à fait ignorant de ce qui se tramait, de Hory retourna à Rome. Il découvrit qu'il lui était impossible de vivre de sa propre peinture, et en un mois, il avait réuni un portefeuille de pastels de Renoir et Degas, d'aquarelles de Chagall et Derain, et de dessins de Matisse. Il prit sa voiture et se rendit en Suisse, en Allemagne et en Hollande pour vendre ce lot. Finalement, il décida de se fixer sur la petite île d'Ibiza, aux Baléares, au large de la côte est de l'Espagne. Il était connu des autorités locales sous le nom de Joseph Elmyr Dory-Boutin.

Il ne put résister longtemps à l'attrait de Paris, et c'est là qu'il retrouva Legros et Lessard. Ils étaient maintenant bien habillés et avaient l'air manifestement prospères. Sans que de Hory le sache, Legros avait vendu le contenu de son coffre et s'était établi comme marchand à succès. Legros lui proposa à nouveau une association : de Hory retournerait sans tarder à Ibiza, où Legros lui ferait parvenir une pension régulière, en même temps que sa part du prix qu'il pourrait obtenir pour ses faux. En 1963, Legros fit ce qui sembla un geste particulièrement généreux, en faisant construire pour Elmyr une belle maison au-dessus de la mer à Ibiza, avec un grand atelier.

Legros pouvait payer cela sans peine maintenant que Lessard et lui étaient devenus riches. La deuxième moitié du XXe siècle avait vu un boom sans précédent sur le marché de l'art. Les Etats-Unis, en particulier, semblaient remplis d'hommes riches qui, sachant que les prix montaient, pouvaient être aisément persuadés que l'art était un investissement sûr et une niche contre les impôts. Le plus gros client de Legros était, de loin, le millionnaire texan Alger Hurtle Meadows, président de General American Oil. Il avait dépensé environ 1 million de $ à Madrid pour quelques Goyas discutables, et entre 1964 et 1966, Legros lui vendit 46 œuvres, toutes réalisées par de Hory, dont la moitié au moins étaient des huiles.

Toutefois, alors qu'ils étaient à Dallas, Legros et Lessard eurent une grave dispute, et Meadows commença à se méfier des deux lascars. Il demanda à un groupe d'experts, deux d'entre eux ayant déjà émis des doutes à propos de de Hory, d'examiner sa collection. Les experts déclarèrent unanimement qu'il s'agissait de faux.

Legros s'échappa immédiatement vers Paris et réclama immédiatement de nouvelles peintures à de Hory, qu'il s'empressa de mettre en vente dans la petite ville française de Pontoise. Un employé de l'hôtel des ventes, pensant qu'une peinture décrite comme ayant été exécutée en 1906 par Maurice Vlaminck (1876-1958) paraissait un peu sale, commença à la nettoyer. Il fut plus que surpris lorsqu'un peu de ciel bleu partit sur le chiffon. La peinture était encore fraîche. La nouvelle répandit un vent de panique dans le monde de l'art. Toutes les œuvres vendues par Legros et par de Hory lui-même étaient-elles des faux ?

Les faux de Elmyr de Hory se vendent actuellement jusqu'à 20 000 $ et on trouve même des faux de ses faux !

L'EXIL D'IBIZA

Rassemblant tout ce qu'il pouvait de son stock, Legros s'enfuit en Egypte mais fut arrêté en Suisse en avril 1968. Elmyr s'était également enfui, mais apprenant l'arrestation de Legros, il retourna à Ibiza. Elmyr se dit que ses faux les plus célèbres ayant été faits à l'extérieur de l'Espagne et qu'aucun faux n'ayant été vendu là-bas, il n'avait commis aucune infraction selon la loi espagnole.

Toutefois, à son retour à Ibiza, de Hory fut arrêté pour des faits mal établis, et passa deux mois dans une prison locale. On lui accorda sa chaise longue, ses livres, ses somnifères, ses vêtements et autres éléments de confort personnel. On raconte même qu'il gardait son stock de boissons dans un réfrigérateur de l'Hôtel de Ville voisin. Il fut libéré en octobre 1968 et informé qu'il devait quitter le territoire espagnol pour un an, qu'il passa au Portugal.

Pendant ce temps, un autre résident d'Ibiza, Clifford Irving, (que nous rencontrerons à nouveau au chap. 31) publia un livre intitulé *Faux*, à partir de ses nombreuses conversations avec de Hory. Orson Wells fit ensuite son film *F pour faux*, dans lequel Irving et de Hory furent représentés.

Pendant les huit années qui suivirent, de

Le dossier du faussaire

UNE PROVENANCE SENTIMENTALE

Les contrefaçons d'œuvres d'art se vendent beaucoup mieux lorsqu'elles sont accompagnées de documents d'authentification. Un jour, par exemple, Réal Lessard rendit visite à Kees van Dongen (1877-1968) déjà âgé, il lui demanda d'authentifier une version, réalisée par Elmyr de Hory, d'un portrait de femme qu'il avait peint soixante ans auparavant. L'artiste, alors âgé de plus de 80 ans, jeta un œil sur le tableau et, les larmes aux yeux, raconta à Lessard combien la femme du tableau avait été belle et combien de fois il lui avait fait l'amour pendant la réalisation du portrait.

Un sketch de John Drewe, (ci-dessus à droite) au tribunal pendant son procès pour escroquerie. Il fut reconnu coupable, en même temps que John Myatt qui était l'auteur des contrefaçons. Un de ses amis de classe, Daniel Stoakes, (ci-dessus à gauche) qui avait joué, involontairement le rôle de marchand pour Drewe, fut déclaré non coupable.

Hory mena une vie précaire, figure populaire au sein de la communauté des expatriés. En 1976, il apprit que Legros, échappé de Suisse pour se réfugier au Brésil, avait été extradé vers la France et condamné à deux ans de prison pour avoir abusé Alger Meadows. De Hory risquait lui aussi l'extradition et, en décembre, il prit une dose fatale de somnifères à son domicile.

JOHN DREWE

Drewe était un faussaire de documents. Le fait qu'il falsifia les certificats de provenance des toiles du faussaire John Myatt, justifie la place faite à son histoire dans ce chapitre.

Né John Cockett en 1948, dans le Sussex, au sud-est de l'Angleterre, il changea son nom en Drewe en 1965. Encore enfant, il vivait dans un monde de rêve qui n'était qu'à lui. Drewe prétendit plus tard avoir étudié la physique pendant six ans à l'Université de Kiel en Allemagne, où il n'existe aucune trace, ni de sa présence, ni d'une quelconque obtention de diplôme. Il prétendit également avoir enseigné pendant un an à l'université du Sussex. La seule chose que l'on sache à propos de Drewe jusqu'en 1980 est qu'il occupa brièvement un poste administratif à l'Agence Britannique de l'Energie Atomique. Au début des années 1980, il enseigna la physique dans une école privée à Londres. Puis en 1986, il lut l'annonce de John Myatt, l'appela au téléphone et se présenta comme le « Professeur Drewe », physicien nucléaire. Il passa commande de plusieurs « faux authentiques » de Myatt.

Le dossier du faussaire
BERENSON ET DUVEEN, DES ASSOCIÉS MALINS

Bernhard Berenson (1865-1959) né en Lithuanie, fut élevé à Boston. Il devint un expert reconnu de la Renaissance Italienne. Il avait d'ailleurs acheté beaucoup d'œuvres de cette période pour lui-même. Avec l'enviable réputation de « fake buster », détecteur de faux, il devint le conseiller du marchand anglais Joseph Duveen (1869-1939). Duveen accéda plus tard à la pairie pour son aide à la construction de salles supplémentaires à la Tate Gallery et au British Museum.

La devise de Duveen était : « L'Europe a les œuvres d'art, l'Amérique a l'argent. » Avec l'authentification de Berenson, il put vendre des centaines d'œuvres d'art à Andrew Mellon, J.P. Morgan, aux Rockefellers, au Metropolitan Museum of Art de New York, et à beaucoup d'autres prestigieux collectionneurs américains. Ce n'est qu'en 1986 que l'écrivain Colin Simpson publia son livre, *Des associés malins*. Ayant eu accès à des archives jusqu'alors impossibles à consulter, Simpson put démontrer qu'un accord secret avait existé entre Berenson et Duveen. Le mécanisme en était très simple : Berenson touchait une grosse commission après la vente d'une toile dont il avait certifié l'authenticité. Ce qui le rendit très riche.

Le marchand d'art anglais Joseph Duveen a été élevé au rang de Lord Duveen pour son legs au Musée de Londres.

Berenson connaissait tous les faussaires et contrefacteurs en Italie, où il vécut la plus grande partie de sa vie, Simpson soutient qu'il authentifia de nombreuses sculptures comme étant l'œuvre de Lorenzo Ghiberti (1378-1455) ou de Antonio Rossellino (1427-1479), tous deux artistes de la Renaissance hautement prisés, alors que ces œuvres étaient en fait de la main de Giovanni Bastianini.

Simpson cite beaucoup d'autres cas d'œuvres qui furent « améliorées » pour en augmenter la valeur. Par exemple, une toile représentant une femme d'âge moyen, en deuil, attribuée à Sebastiano Mainardi (décédé en 1513) fut « restaurée » pour révéler une jeune fille dans une robe à la mode, ou un prétendu portrait de Giorgione, que son ami, le restaurateur d'art Luigi Grassi, avait fait parvenir à Berenson. Aujourd'hui, on se pose beaucoup de questions dans le monde à propos de chaque œuvre authentifiée par Berenson et vendue par Duveen.

Bernhard Berenson fut, pendant toute sa vie, un expert reconnu de l'art de la Renaissance. Il était propriétaire d'une magnifique villa à Florence, en Italie. A sa mort en 1959, la villa, la stupéfiante collection d'art qu'elle abritait et sa magnifique bibliothèque, furent léguées à l'Université de Harvard. Le tout est aujourd'hui administré en tant que centre d'études de la culture italienne de la Renaissance.

Drewe révéla bientôt à Myatt que Christie's avait accepté une de ses toiles, et l'artiste, presque totalement démuni, se trouva embringué dans une histoire de dupes. Sur l'insistance de Drewe, il commença rapidement à produire des œuvres dans le style de nombreux maîtres : Giacometti, Nicolas de Stael, Braque, Ben Nicholson, Matisse et beaucoup d'autres. Myatt avoua plus tard « J'étais flatté de penser que j'étais quelqu'un d'important. » Au début, pour prouver la provenance des faux qu'il vendait, Drewe fabriqua des lettres de propriétaires qui n'existaient pas, ou persuadait des connaissances de se faire passer propriétaires. Puis il élabora un plan qui devait causer des ravages dans les archives de l'art à Londres. Il prétendit qu'il était un expert à la recherche des œuvres d'art tombées aux mains des nazis pendant la Seconde Guerre mondiale, et il s'introduisit dans les bibliothèques de l'Institut d'Art Contemporain, de la Tate Gallery et du Musée Victoria et Albert. Une fois sur place, il falsifia et fabriqua des centaines de documents destinés à établir de façon irréfutable la provenance des peintures de Myatt.

Alan Bowness, ancien directeur de la Tate Gallery à Londres et beau-frère du peintre anglais Ben Nicholson, fut trompé jusqu'à authentifier deux des « Nicholson » de Myatt. Non que ces toiles fussent des exemples particulièrement bons de l'œuvre de l'artiste, mais, dit-il, Drewe avait produit une documentation sur leur provenance qui semblait absolument indiscutable.

Le « Giacometti » de Myatt fut vendu pour 175 000 $. Drewe avait inséré une photographie de la toile dans le catalogue d'une exposition de 1955 aux archives de la Bibliothèque Nationale d'Art. Ainsi que le précise Mélanie Clore, directrice du département d'art moderne chez Sotheby's : « Vous allez aux archives de la Tate Gallery, vous étudiez le catalogue du stock des années 1950 de la galerie la plus célèbre de Londres, et vous trouvez la peinture, reproduite en noir et blanc. Vous ne pouvez pas faire plus de zèle que cela. »

Les directeurs de la Tate Gallery et du Musée Victoria et Albert furent forcés d'admettre qu'ils ne pourraient peut-être jamais savoir l'étendue des falsifications réalisées par Drewe dans leurs archives. Au Musée d'Art Moderne de New York, un programme de collation minutieuse des peintures et des archives a été entrepris. Un porte-parole du musée a rapporté : « Cela prendra probablement des années avant que le travail soit complètement terminé. »

Une toile authentique de Alberto Giacometti (1901-1966), un autoportrait datant de 1921, actuellement au Kunsthaus de Zurich, en Suisse.

Le dossier du faussaire

LE FAUSSAIRE TROMPÉ

Le faussaire d'art italien Ilicio Federico Ioni amena un jour une peinture siennoise authentique du XVIe siècle, afin d'obtenir un certificat d'authenticité de Bernhard Berenson. Berenson dit « Faites savoir au sieur Ioni qu'il devient tous les jours un meilleur faussaire », Ioni rétorqua : « C'est toujours la même chose, lorsque je lui apporte un faux, il devient authentique, et lorsque je lui amène une œuvre authentique, elle devient un faux ! »

We the People

CHAPITRE 3

FAUX PAPIERS

La copie et la falsification de documents sont parmi les plus anciennes activités criminelles. Bien que réalisées en général dans un but frauduleux, ces activités peuvent parfois être plus malicieuses que criminelles.

Parmi les plus anciens « documents » découverts figurent les annales de familles nobles de l'Egypte ancienne, peintes sur les murs de leurs tombes pour rappeler leurs œuvres. Beaucoup de ces peintures murales, pour rester charitables, exagèrent un peu. Certaines racontent même carrément des mensonges. Aux temps modernes, les documents établissant la généalogie d'une personne peuvent être falsifiés, surtout si une question d'héritage entre en jeu. On peut, de même, falsifier des testaments, des lettres de crédit, des reconnaissances de dettes et des reçus, des connaissements, des certificats d'origine pour les œuvres d'art, des autographes, des références professionnelles – la liste en est infinie. Dans la plupart des cas, les contrefaçons correspondent à de banals cas de fraude qui ont lieu presque tous les jours. Bien plus intéressante se révèle la falsification littéraire.

Ci-contre : William Ireland (1775-1835), connut un bref succès dans les années 1790 avec ses faux « Shakespeare ».

A gauche : l'original de la constitution américaine (1787), écrite à la plume d'oie. L'examen au microscope de faible puissance permet de détecter aisément une copie ultérieure écrite à la plume de métal.

Une histoire du début de l'Eglise chrétienne, écrite par Eusèbe de Césarée, comprenant le texte de lettres prétendument écrites par le Christ – plus de cent ans après sa mort.

Un des plus anciens exemples connus de fausse correspondance apparaît dans l'histoire du début de l'Eglise chrétienne, écrite par Eusèbe de Césarée (264-340 après J.-C.). Cette histoire est fondée sur une correspondance prétendument échangée entre le roi Abgar d'Edesse et le Christ. Mais cette histoire pose un petit problème : en effet, Abgar ne régna pas avant le Ie siècle après la mort du Christ.

La politique de l'église à ses débuts se fondait sur un document falsifié, connu sous le nom de « donation de Constantin ». Il est possible que ce document ait été écrit à Rome durant le VIIIe siècle. Ce texte se présentait comme l'autorisation donnée par l'empereur Constantin (274-337) au pape Silvestre I (314-335) d'établir la suprématie de l'Eglise romaine sur toutes les autres églises. Ce document fut utilisé pendant des centaines d'années pour justifier le pouvoir papal et fut incontesté jusqu'au XVe siècle.

L'HOMME DE FORMOSE

Quelques-uns des exemples les plus intéressants de faux littéraires apparurent en Angleterre durant le XVIIIe siècle. En 1704, fut publié à Londres un livre intitulé *Une description historique et géographique de Formose*. Le nom de l'auteur, certainement un pseudonyme, était donné comme étant « Georges Psalmanaazaar ». Formose, (« une île sous la domination de l'empereur du Japon », telle que décrite sur la page de titre) est une île véritable (aujourd'hui Taïwan) mais, à l'époque de la parution du livre, pratiquement personne ne la connaissait en Occident, hormis quelques marchands hollandais.

Le livre se vendit bien. Il était illustré d'une douzaine de bonnes gravures, et décrivait les us et coutumes, les cultures, l'habitat et les mines d'or de l'île. Il comprenait des détails sur la langue « formosane », à lire de droite à gauche, et une reproduction de son alphabet. Il comprenait également le récit de la conversion de l'auteur au christianisme, avec des critiques

La politique de la jeune Eglise chrétienne était en fait fondée sur un faux, connu sous le nom de « Donation de Constantin ».

sur l'activité des missionnaires jésuites en Extrême-Orient.

Mais qui était donc « Psalmanazar » ? (comme l'orthographiaient ses contemporains). Il semble qu'il soit né en France en 1679, qu'il parlait le français, le latin et l'anglais, de même que le « formosan ». Il affirmait avoir passé de nombreuses années à

Georges Psalmanaazaar prétendait posséder une connaissance approfondie de l'île de Formose (actuellement Taïwan) et inventa une « langue formosane ».

La page de titre de la *Description de Formose* de Psalmanaazaar, « illustrée par plusieurs gravures ». Le livre fut publié à Londres en 1704 et suscita un grand intérêt de la part du public.

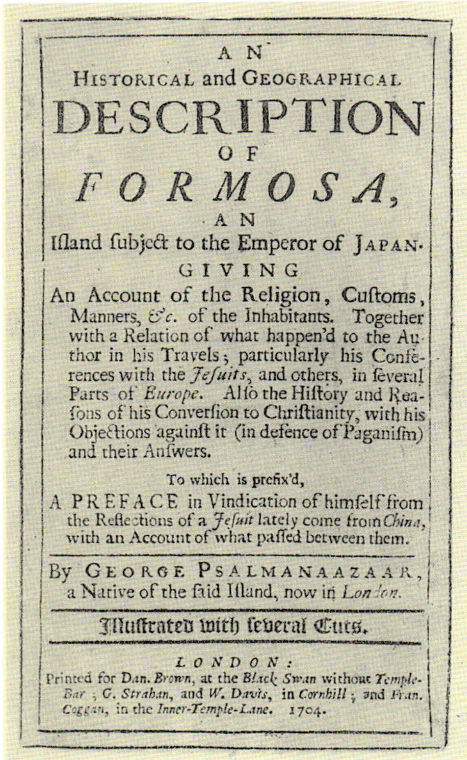
AN
HISTORICAL and GEOGRAPHICAL
DESCRIPTION
OF
FORMOSA,
AN
Iſland ſubject to the Emperor of JAPAN.
GIVING
An Account of the Religion, Cuſtoms, Manners, &c. of the Inhabitants. Together with a Relation of what happen'd to the Author in his Travels; particularly his Conferences with the *Jeſuits*, and others, in ſeveral Parts of *Europe*. Alſo the Hiſtory and Reaſons of his Converſion to Chriſtianity, with his Objections againſt it (in defence of Paganiſm) and their Anſwers.
To which is prefix'd,
A PREFACE in Vindication of himſelf from the Reflections of a *Jeſuit* lately come from *China*, with an Account of what paſſed between them.
By GEORGE PSALMANAAZAAR, a Native of the ſaid Iſland, now in *London*.
Illuſtrated with ſeveral Cuts.
LONDON:
Printed for *Dan. Brown*, at the *Black Swan* without *Temple-Bar*; *G. Strahan*, and *W. Davis*, in *Cornhill*; and *Fran. Coggan*, in the *Inner-Temple-Lane*. 1704.

Formose, mais après avoir voyagé pendant quelque temps en Europe à l'âge de 22 ans, avec ce qu'il disait être un faux passeport japonais. En 1702, il s'engagea dans un régiment écossais stationné en Flandres (actuellement la Belgique) et attira bientôt l'attention de l'aumônier du régiment, William Innes. Les deux hommes concoctèrent un bref rapport sur les voyages et les expériences de Psalmanazar. Innes envoya le tout à l'évêque de Londres, Henry Compton. Peu de temps après, on demanda à Innes d'amener le jeune homme en Angleterre.

Dès leur arrivée, les deux complices offrirent à l'évêque une traduction du catéchisme en formosan. Compton fut ravi et impressionné. On fit venir l'archevêque de Canterbury, ainsi que le distingué Sir Hans Sloane de la Royal Society. Le doyen de Christ Church, à Oxford, invita Psalmanazar à rester pendant six mois, au cours desquels il finit la rédaction de son livre.

Malgré son succès populaire, le livre avait ses détracteurs. L'un des plus virulents était un missionnaire jésuite en visite en Angleterre, le père Fontenay. Il releva que les éléments véridiques dans le livre avaient probablement été extraits d'un ouvrage rédigé par un missionnaire hollandais appelé Candidius. Pendant un an ou deux, on fêta néanmoins Psalmanazar dans la bonne société de Londres, et il fit suivre son premier livre d'un second, intitulé *Dialogue entre un Japonais et un Formosan*.

A cette époque, William Innes, tirant gloire de la célébrité de Psalmanazar, s'était fait nommer aumônier général auprès de l'armée britannique au Portugal. Sans l'appui de Innes, le jeune Psalmanazar eut quelques difficultés à poursuivre son imposture. Dès 1710, il était déjà largement considéré comme étant un mauvais plaisant et un imposteur. Il cessa d'inventer des langues et des histoires imaginaires et devint écrivain. Il contribua à de longs articles à l'*Histoire Universelle* (1745), écrivit une *Histoire générale de l'impression*, et finalement ses *Mémoires*, qui furent publiées un an après sa mort en 1763.

Vers la fin de sa vie, Psalmanazar était devenu une figure bien considérée de la société londonienne. Tobias Smolett en fit un personnage de sa nouvelle, *Humphrey Clinker* (1771), et on affirmait que le Dr Samuel Johnson disait de lui qu'il était « l'homme le meilleur qu'il ait jamais rencontré ». Les deux hommes eurent de nombreuses conversations pendant lesquelles Johnson écoutait poliment, sans jamais interrompre son interlocuteur. « Il m'aurait semblé contredire un évêque » disait-il.

CONTREFAÇONS DE POÉSIE ANCIENNE

George Psalmanazar était encore en vie lorsque James Macpherson (1736-1796) créa à nouveau l'événement dans les cercles littéraires britanniques, avec sa soi-disant traduction de l'œuvre du poète gaélique du IIIe siècle, Ossian. La révolte manquée des clans des Highlands, en 1745, pour soutenir le « Bonnie Prince Charlie », prétendant Stuart au trône, avait été suivie d'un intérêt grandissant pour les coutumes écossaises. Cet intérêt fut à son apogée avec le renouveau du costume traditionnel écossais, lancé par l'écrivain Sir Walter Scott (1771-1832), et avec l'enthousiasme témoigné par Albert, prince consort de la reine Victoria, pour tout ce qui était écossais.

Macpherson était le fils d'un fermier vivant près d'Inverness, dans le Nord-Est de l'Ecosse. Il parlait le gaélique local et on lui demanda de traduire certains poèmes d'Ossian qui avaient été réunis par l'auteur dramatique et écrivain écossais John Home. Macpherson soutint qu'une simple traduction en anglais était insuffisante et produisit quinze fragments qui furent envoyés à Hugh Blair professeur de littérature à l'Université d'Edimbourg.

Ils furent publiés en 1760 sous le titre de : *Fragments de poésie ancienne rassemblés dans les Highlands*, et Blair annonça qu'on pouvait en trouver davantage, « si un encouragement était donné ».

Une souscription fut ouverte, et Macpherson y répondit avec un poème épique *Fingal*, en 1761, suivi de *Temora*, en 1763. Ces deux œuvres comprenaient les fragments déjà publiés, mais le reste était largement le fruit de l'imagination de Macpherson. Avec la nostalgie du « Bon Sauvage » qui déferlait alors sur la littérature européenne, les poèmes touchèrent la corde romantique des lecteurs. Une version italienne parut en 1763, et une traduction en allemand parut l'année suivante. On racontait que Napoléon les lisait régulièrement. Des versions furent publiées en danois, hollandais, polonais, russe, espagnol et grec.

Le problème était que personne n'avait jamais vu les originaux en gaélique. Une des raisons du voyage dans les Highlands

James Macpherson, fils de fermier écossais, fabriqua des traductions de poèmes gaéliques prétendument écrits par le barde du IIIe siècle, Ossian.

Ossian, le légendaire poète guerrier irlandais, fils de Finn MacCool, dont on prétend qu'il vécut en 250 avant J.-C. environ. Son nom devint très connu vers 1760-1763, lorsque James Macpherson publia ce qu'il prétendait être une traduction des contes du barde et qui fut plus tard identifiée comme étant de sa propre main.

entrepris par le Dr Samuel Johnson avec James Boswell, en 1773, était d'ailleurs de les rechercher. Johnson conclut donc : « Ni l'éditeur, ni l'auteur, ni qui que ce soit d'autre n'a jamais pu montrer l'original. D'où peut-il bien provenir ? Les textes sont trop longs pour avoir été retenus de mémoire, et le langage n'était autrefois pas écrit. L'auteur a sans doute inclus des noms figurant dans les histoires populaires, et a également pu traduire quelques ballades de la tradition orale. »

Johnson se trompait lorsqu'il affirmait qu'il n'existait rien d'écrit, mais il récusa néanmoins l'œuvre de Macpherson qu'il qualifia d'« insolence » et d'« audace entêtée ».

En dépit des doutes émis par certains lecteurs, Macpherson continua de soutenir que les sources originales existaient. De nombreuses années passèrent avant qu'il fût généralement admis que l'œuvre d'Ossian avait été contrefaite. Macpherson s'engagea dans une carrière politique et fut nommé en 1764 géomètre en chef de Floride. Il entra au parlement britannique en 1780 et mourut chez lui à Inverness en 1796. Il fut enterré, à ses frais, dans l'abbaye de Westminster.

LA RECONNAISSANCE VINT TROP TARD

Un autre poète, plus jeune encore, fit surface en 1762. Il s'agit du jeune Thomas Chatterton (1752-1770), alors âgé de 10 ans, né à

Bristol, dans l'Ouest de l'Angleterre, orphelin après la mort prématurée de son instituteur de père.
Ses propres poèmes ne manquaient pas de mérite, mais il fit bien vite de faux manuscrits du XVe siècle, prétendument l'œuvre d'un prêtre, Thomas Rowley. Chatterton avait accès à beaucoup de documents anciens, conservés à l'église Sainte Mary Radcliffe de Bristol, où son oncle était sacristain. Il copia leur style et leur orthographe.

A l'âge de 15 ans, Chatterton était apprenti chez un avocat de Bristol. Il passa son temps libre en écrivant des articles pour les journaux locaux, en poursuivant sa propre œuvre poétique et en créant d'autres faux manuscrits de « Rowley ».

Ces manuscrits suscitèrent l'intérêt de deux antiquaires de Bristol. Chatterton satisfit la vanité de l'un d'eux en inventant son arbre généalogique.

En avril 1770, Chatterton décida de chercher fortune dans le monde littéraire de Londres, mais il découvrit que les écrivains locaux avaient déjà dénoncé ses manuscrits comme étant des faux.

De désespoir, il prit de l'arsenic et mourut dans sa mansarde à Holborn, le 24 août. Ce fut seulement après sa mort que les poètes louèrent son talent. Parmi d'autres, William Wordsworth l'appelait « le garçon merveilleux », et John Keats lui dédia son poème *Endymion*.

L'ÉTONNANT BARON

Il existe encore une autre supercherie littéraire publiée au cours du XVIIIe siècle en Angleterre. Il s'agit des *Aventures du baron de Munchausen*, éditées en 1786.

Thomas Chatterton, âgé seulement de 17 ans en 1770, étendu mort après son suicide dans la mansarde où il logeait dans le quartier de Holborn à Londres. Cette toile fut réalisée en 1856 par Henry Wallis, dans la pièce même où Chatterton se donna la mort.

L'intrépide baron de Münchausen, soulevé par une chaîne de canards dans une illustration typique de ses *Aventures*. Celles-ci sortirent en fait de l'imagination de Eric Raspe, géologue sans le sou. Beaucoup de contes de Raspe étaient écrits dans un langage semi-scientifique qui ajoutait à leur caractère plausible.

Cette œuvre peut être considérée comme une escroquerie, bien qu'il n'y eût pas de préjudice financier, car il existait un véritable Hieronymus, Karl Friedrich, Freiherr von Münchausen (1720-1797), vivant à l'époque.

Le baron avait servi dans l'armée russe, comme beaucoup d'autres Allemands, pendant la guerre contre les Turcs en 1738-1740. Münchausen était un chasseur passionné, et, après s'être retiré dans ses terres en 1760, il devint localement célèbre comme conteur de récits humoristiques à propos de sa vie de soldat et de chasseur.

Il est fort possible que l'auteur des fausses *Aventures*, Rudolph Erich Raspe (1737-1794), ait personnellement connu le baron, et il est certain que ses anecdotes lui étaient familières. En effet, Raspe était né tout près du domaine de Münchausen. Il fut endetté pendant une bonne partie de sa vie, bien qu'il eût écrit, après sa sortie de l'université, un livre de géologie vite considéré comme un classique. En 1767, Raspe fut nommé curateur d'une collection de gemmes d'une grande valeur, qui appartenait au comte Frederick de Hesse-Cassel, et il commença à voler certains de ces gemmes pour payer ses dettes. Lorsque ses vols furent découverts, Raspe s'enfuit d'Allemagne. Il arriva en Angleterre en 1775.

La renommée de son livre de géologie lui assura d'être élu membre de la Royal Society, et il fut l'inventeur d'un nombre important d'améliorations dans l'exploitation des mines. Il fut l'un des premiers à défendre les poèmes d'Ossian écrits par Macpherson. Le talentueux Raspe traduisit également des pièces de théâtre et écrivit une histoire de la peinture à l'huile.

Lorsqu'un mandat d'arrêt allemand fut délivré à l'encontre de Raspe, la nouvelle fut très vite connue à Londres et il fut exclu de la Royal Society. Pour vivre, il commença à publier des récits fictifs à propos de Münchausen, sous le couvert de l'anonymat. L'édition récapitulative de 1786 était intitulée, *Gulliver revisité, Campagnes, Voyages et Aventures sportives du baron Munnikhousen communément prononcé Munchausen, ainsi qu'il les a racontés autour d'une bouteille, entouré par ses amis.*

Seules, quelques-unes des histoires relatées par Raspe et ses éditeurs sont de Münchausen lui-même. D'autres sont issues de légendes populaires des siècles passés, réunies dans un journal allemand que Raspe avait lu. D'autres sont issues d'authentiques mémoires de voyages, et l'histoire du voyage du baron sur la lune fut inspirée de l'histoire vraie de l'ascension en ballon effectuée par les frères Mongolfier en 1783. Toutefois le style de l'écriture était typique de Raspe lui-même. Il écrivait sur un ton sec, semi-scientifique qui rendait crédibles les incidents les plus extraordinaires qu'il relatait. Huit éditions, avec des ajouts, virent le jour avant même la fin du siècle.

Le livre fut bientôt traduit en allemand, et l'infortuné baron en souffrit personnellement. Des foules de curieux

Un portrait imaginaire du baron, ainsi qu'il apparaissait sur la page de titre d'une des nombreuses éditions de l'œuvre de Raspe. Le véritable Münchausen n'avait rien à voir avec les aventures publiées, et il souffrit de leur publication.

affluèrent à son domaine, espérant entendre d'autres histoires incroyables. Sa femme bien aimée mourut, et il se transforma d'un conteur jovial en un solitaire morose. Bien qu'il se remaria plus tard dans sa vie, son compagnon le plus proche était son fidèle garde-chasse, qui mourut lui aussi en 1797. Raspe était déjà mort à cette date, et sa paternité littéraire des *Aventures du baron de Munchausen* ne fut révélée qu'en 1847.

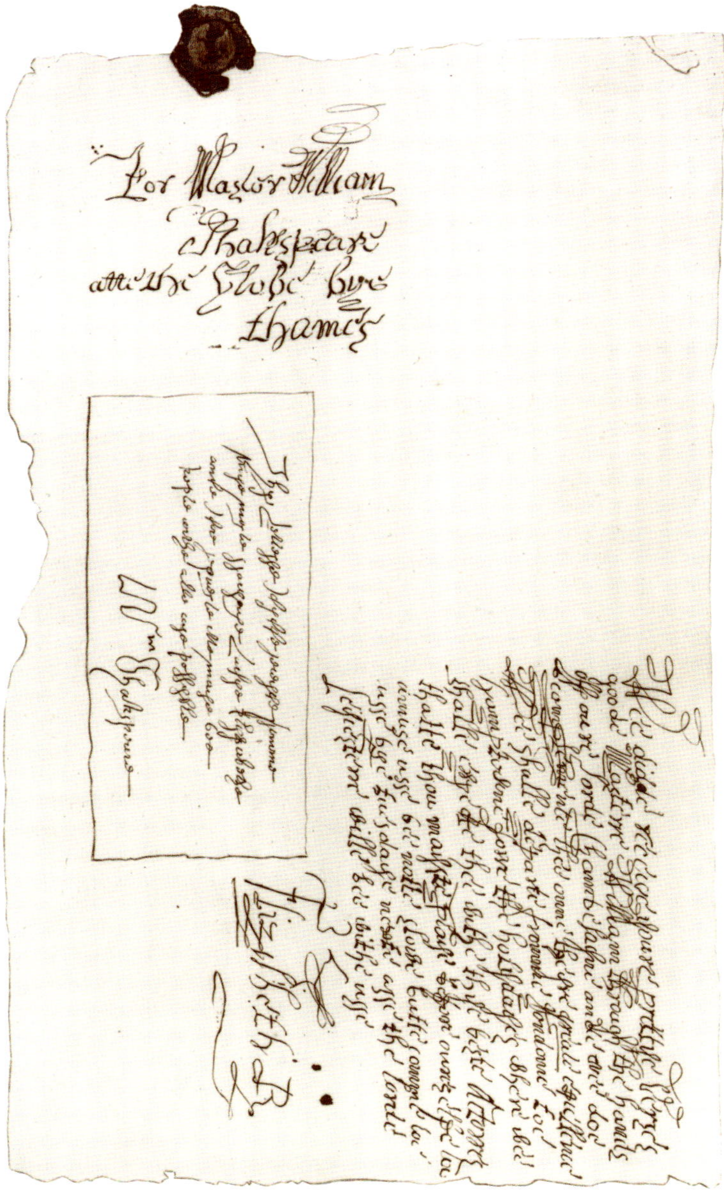
For Master William Shakespeare atte the Globe bye Thames

Une lettre de la reine Elisabeth I à William Shakespeare, en fait une contrefaçon de William Ireland en 1794. Il ajouta une note prétendue écrite par l'auteur littéraire lui-même.

SHAKESPEARE DÉCOUVERT

Peut-être la renommée de James Macpherson, ou même l'appréciation posthume de Chatterton, inspirèrent-elles William Henry Ireland (1775-1835). Son père Samuel était un marchand de livres rares et de gravures à Londres. Il était également un grand admirateur de l'œuvre de William Shakespeare. Au début de 1794, Ireland se rendit avec son père à Stratford-upon-Avon, lieu de naissance de Shakespeare. Il y rencontra un certain John Jordan, poète local, qui racontait quantité d'anecdotes douteuses concernant l'auteur dramatique.

De retour à Londres, Ireland commença à travailler pour un avocat qui possédait quelques parchemins anciens. Il fabriqua un faux acte d'hypothèque entre William Shakespeare et un acteur nommé John Heminge – qui avait réellement existé, en utilisant un morceau de parchemin d'un vieux contrat de location. Il se servit également d'un cachet de cire et copia l'écriture manuscrite d'un acte notarié du début du XVIIe siècle. Il contrefit la signature de William Shakespeare en la copiant d'un des livres de son père. Le collège de Heralds fut trompé par le faux et accepta d'authentifier le document.

Pendant les quelques mois qui suivirent, Ireland contrefit une foule de documents, tous écrits sur des pages vierges découpées dans des livres vieux de 200 ans. Ils comprenaient deux drames historiques « récemment découverts », des révisions d'autres pièces de théâtre, une lettre de la reine Elisabeth à Shakespeare, une correspondance entre l'auteur dramatique et le comte de Southampton, ainsi qu'une lettre d'amour adressée à Anne Hathaway, la femme de Shakespeare. Ireland prétendit avoir découvert les documents, alors qu'il triait des papiers au domicile d'un « Mr H. », qui désirait garder l'anonymat.

Le dossier du faussaire

LE MYSTÉRIEUX MR H.

Il est possible que William Henry Ireland révéla un trait d'esprit inattendu, lorsqu'il attribua ses découvertes aux papiers de Mr H. Pendant des siècles, les érudits discutèrent pour savoir qui était « Mr W. H. », l'homme à qui Shakespeare avait dédié ses *Sonnets*.

L'un des nombreux portraits imaginaires de Shakespeare.

Le père de William, Samuel Ireland, fut ravi de monter une exposition de ces trouvailles au début de 1795, et la société londonienne se pressa pour les voir. James Boswell, le biographe écossais du Dr Johnson, tomba à genoux et embrassa « les reliques ». Mais les gens de lettres exprimaient déjà des doutes. Au mois de décembre suivant, tout était découvert. On découvrit une signature authentique de John Heminge, et celle-ci ne ressemblait pas du tout à celle figurant sur l'acte d'hypothèque.

La presse commença à attaquer les Ireland pour ce qu'ils appelèrent « un abus de confiance grossier et outrageant ». William Henry mit en scène la transcription d'une des « nouvelles pièces de théâtre » : la tragédie de *Vortigern*, dont la première eut lieu le 2 avril 1796 au Drury Lane Theatre. Une seule représentation en fut donnée : la salle comble hua l'intrigue trop alambiquée et la

John Payn Collier trompa les spécialistes de Shakespeare pendant de nombreuses années avec ses faux, en ajoutant le nom de Shakespeare à des documents qui étaient par ailleurs authentiques.

faiblesse de l'écriture. Le public s'écroula de rire, pendant le dernier acte, lorsque l'acteur principal, John Kemble, déclama : « Lorsque cette parodie grotesque cessera... »

A la même époque, un spécialiste de Shakespeare, Edward Malone, publia une description détaillée des faux écrits par Ireland. Le coupable avoua tout, peu après, dans *Un récit authentique sur les manuscrits de Shakespeare*. Lorsque le tapage prit finalement fin, Ireland trouva un travail honnête chez un éditeur londonien. Il s'éteint à Londres le 17 avril 1835.

LES CONTREFAÇONS DE COLLIER

Si on peut considérer les exploits de Ireland comme sans conséquences, on commença à voir apparaître quinze ans plus tard des faux Shakespeare d'une nature beaucoup plus sérieuse. Ils furent l'œuvre de John Payne Collier (1789-1883), spécialiste et critique de Shakespeare respecté. Alors encore adolescent, il acheta une édition du XVIIe siècle des pièces de théâtre de Shakespeare et devint plus tard un expert en littérature médiévale anglaise. En 1831, il publia *Une histoire de la poésie dramatique anglaise à l'époque de Shakespeare*. Bien que ce livre contint un riche matériel documentaire, Collier ne put résister à l'envie d'y ajouter des détails inventés par ses soins. L'un d'entre eux était l'addition du nom de Shakespeare à une liste d'acteurs qui avaient fait une demande pour rénover un théâtre à Londres. La date de ce document était antérieure de sept ans à tout document connu jusqu'alors, mentionnant Shakespeare.

Le British Museum examina le volume de « Perkins » en détail et révéla qu'on pouvait apercevoir des traces de crayon sous l'encre de beaucoup de modifications manuscrites.

Quatre ans plus tard, Collier publia *Faits nouveaux concernant la vie de Shakespeare*, contenant encore plus de détails inventés. Dans cette œuvre, il faisait état de nouvelles « découvertes » intéressantes : la preuve qu'*Othello* avait été joué devant la reine Elisabeth en 1602, une ballade contemporaine qui aurait pu servir d'inspiration à Shakespeare pour *La Tempête*. Collier commença à falsifier certains documents historiques existants, ajoutant le nom du dramaturge à certaines lettres et actes notariés. Il fonda la Shakespeare Society, qui publia ces découvertes et d'autres encore.

Collier publia une édition annotée des pièces de théâtre, qu'il affirma être fondée sur des additions manuscrites jointes à une des premières éditions. Il publia également *Une vie de Shakespeare* (1844) qui contenait elle aussi de nombreuses inventions. Tout ce travail était très généralement apprécié, mais certains érudits commencèrent à émettre des doutes. Joseph Hunter, conservateur au Public Records Office, était tout particulièrement critique, et un des membres de la Shakespeare Society alla jusqu'à prétendre que Collier était un faussaire.

En 1852, Collier annonça sa plus grande « découverte », un vieux volume de pièces de théâtre qui contenait des milliers d'annotations manuscrites. La ponctuation, ainsi que les directives concernant la mise en scène avaient été changées, des lignes de texte avaient été barrées ou modifiées, remplacées par des ajouts comportant jusqu'à neuf lignes. Ces modifications étaient-elles l'œuvre d'un acteur, identifié par Collier sous le nom de Thomas Perkins, rédigées à la demande de Shakespeare lui-même ? Pour pousser plus loin encore sa supercherie, Collier prétendit plus tard avoir trouvé les notes, depuis longtemps perdues, que le poète Samuel Taylor Coleridge (1772-1834) avait prises pour ses conférences sur Shaklespeare. Pour les détracteurs de Collier, ce fut la goutte qui fit déborder le vase. En 1859, Sir Frederick Madden, du British Museum, examina le volume de « Perkins » en détail et révéla que l'on pouvait apercevoir des traces de crayon sous l'encre de beaucoup de modifications manuscrites. Ce ne fut que sur son lit de mort, en septembre 1883, que Collier avoua enfin ses faux, avec une « amère et sincère repentance ».

DES FAUX VRAIMENT AUDACIEUX

Il est impressionnant de constater à quel point les faussaires pensent pouvoir tromper leur monde. Constantin Simonides (1820-1867) était né sur l'île grecque de Symi. Jeune homme, il alla étudier dans un ancien monastère du Mont Athos. Ce monastère détenait de nombreux manuscrits extrêmement anciens, et Simonides apprit la copie et en fit d'excellentes imitations. Aux environs de 1845, il partit pour Athènes, emmenant avec lui un grand nombre de manuscrits. Certains étaient des copies d'originaux, d'autres étaient des faux patents.

A Athènes, Simonides annonça qu'il avait découvert un trésor de manuscrits, de la main d'écrivains grecs et byzantins, jamais publiés, en fait totalement inconnus. Il prétendit même posséder une copie de l'œuvre d'Homère, auteur de l'*Iliade* et de l'*Odyssée*. Les érudits n'ont jamais pu s'entendre sur l'époque où vécut Homère, ou même sur le fait de savoir s'il a véritablement existé. Si l'on avait pu prouver que le manuscrit présenté par Simonides était authentique, il remonterait à plus de 2400 ans. Simonides réussit à le vendre au roi de Grèce.

Le dossier du faussaire

COLLIER ÉTAIT-IL INNOCENT ?

Dans son livre sur Collier *La Fortune et les yeux des hommes*, le professeur Dewey Ganzel suggéra que les traces de crayon trouvées dans le volume « Perkins » avaient été faites par Sir Frederick Madden lui-même, et que Collier était innocent. Il compare certaines des annotations du texte avec le même mot écrit par Madden dans ses carnets.

Le mot « begging » écrit dans la marge du volume Perkins.

Le mot « begging » tel qu'il apparaît dans le journal de Madden de 1856.

Le mot « god » tel qu'il apparaît à deux endroits du volume Perkins,

et « god » écrit dans le journal de Madden.

A droite : les dernières minutes du faussaire anglais, le Dr William Dodd (1729-1777), alors que le geôlier l'attend pour le conduire à l'échafaud. Homme d'Eglise distingué, Dodd fut un des chapelains royaux pendant onze ans. En 1777, il contrefit un titre d'une valeur de 4200 £, au nom d'un de ses anciens élèves, Lord Chesterfield, et fut condamné à mort.

En 1849-1850, Simonides publia deux livres entièrement imaginaires. L'un était attribué à un certain « Eulyrus Pylareus » ; l'autre était l'histoire d'une école philosophique imaginaire « l'école d'Appoloniade de Symi ». Deux spécialistes de la Grèce antique publièrent sans tarder un article pour dénoncer ces œuvres comme étant des faux, et Simonides fut obligé de quitter la Grèce.

UNE RÉPUTATION EN RUINE

Simonides arriva en Allemagne, puis en Angleterre, vendant ses manuscrits à des spécialistes sans méfiance. Alors qu'il était en Angleterre, il publia un livre *Fac-similé de certaines parties de l'Evangile selon Saint-Mathieu, et des Epîtres de Saint-Jean et Judas* qu'il prétendit avoir trouvé « écrits sur un papyrus du Ie siècle » dans une collection privée de Liverpool. Sa réputation douteuse l'ayant précédé, l'imposture fut immédiatement dénoncée, bien qu'il n'ait jamais été possible de prouver indubitablemnt qu'il s'agissait d'un faux.

Une fois encore, Simonides fut forcé de s'exiler, cette fois vers Alexandrie, en Egypte, où il vendit des manuscrits aux touristes, jusqu'à sa mort en 1867.

CONTREFAIRE POUR LA FRANCE

Un quasi-contemporain de Simonides s'avéra encore plus audacieux que lui. Un français du nom de Denis Vrain-Lucas (1818-1888) était le fils d'un paysan de Châteaudun. Lucas se rendit à Paris après avoir travaillé pendant un certain temps dans un cabinet d'avocats. Un marchand de manuscrits rares l'engagea, et Lucas ne tarda pas à devenir un remarquable copiste. A la mort du marchand, Lucas acquit une partie de son stock et découvrit qu'il pouvait vendre de fausses copies aussi bien que des originaux.

A peu près à cette époque, un nouveau bibliothécaire, Michel Chasles (1793-1880), venait d'être nommé à l'Académie Française. Scientifique distingué, il désirait ardemment augmenter les collections de la bibliothèque. Le destin voulut qu'un collègue le mît en rapport avec Lucas en 1861. Lucas, voyant poindre une opportunité, lui débita le conte selon lequel il avait trouvé par hasard des papiers appartenant à un descendant déjà âgé d'un comte du XVIIIe siècle, qui avait été obligé de les vendre.

En 1867, Chasles annonça qu'il possédait des lettres écrites par le mathématicien français Blaise Pascal (1623-1662) à un de ses collègues, le scientifique Robert Boyle (1627-1691), membre éminent de la Royal Society à Londres. Ces lettres prouvaient que Pascal était censé avoir découvert les règles de la gravitation universelle environ trente ans avant leur publication par Sir Isaac Newton en 1687. Certains membres de l'académie étaient ravis à l'idée qu'un Français avait fait cette découverte, une

Le dossier du faussaire

« JE SUIS L'AUTEUR DE CETTE CONTREFAÇON ! »

Une fois démasqué comme faussaire, Simonides réalisa ce qui est peut-être son affirmation la plus éhontée. En 1844, le spécialiste allemand de la Bible, Konstantin von Tischendorf, découvrit dans le monastère de Sainte-Catherine au Mont Sinaï, un manuscrit du IVe siècle connu aujourd'hui sous le nom de Codex Sinaiticus. Le Codex contenait des parties de la Bible en grec ; Tischendorf publia un fac-similé, mais ne révéla pas où se trouvait l'original. Peu après, Simonides prétendit que le manuscrit était un de ses faux.

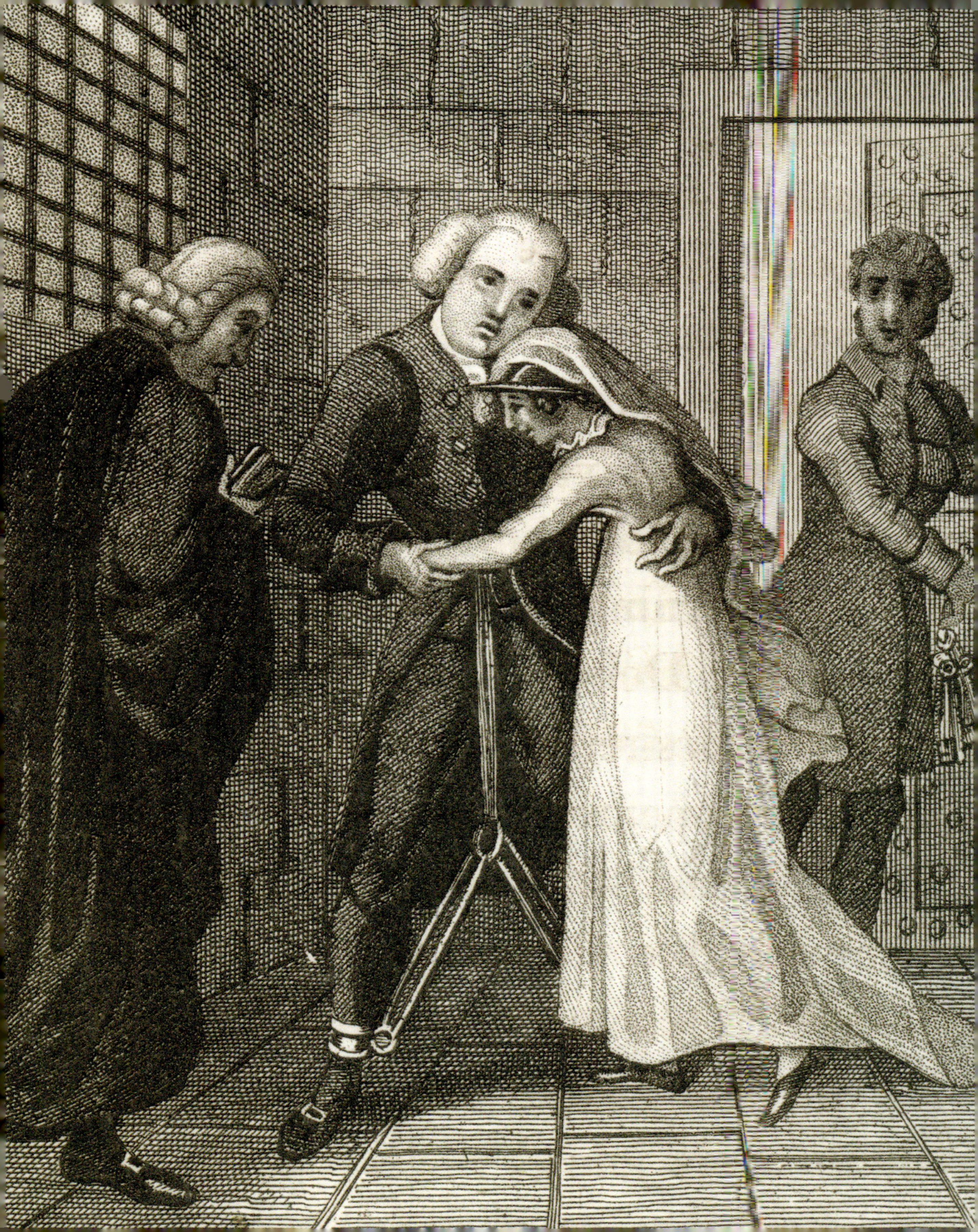

Un des 27 320 documents historiques contrefaits à Paris, France, par Denis Vrain-Lucas. C'est une lettre du mathématicien français Blaise Pascal, adressée à l'astronome déjà âgé, Galiléo Galilei. Cette lettre, datée apparemment de 1633, si elle avait été authentique, aurait été écrite par Pascal alors qu'il était âgé de 10 ans.

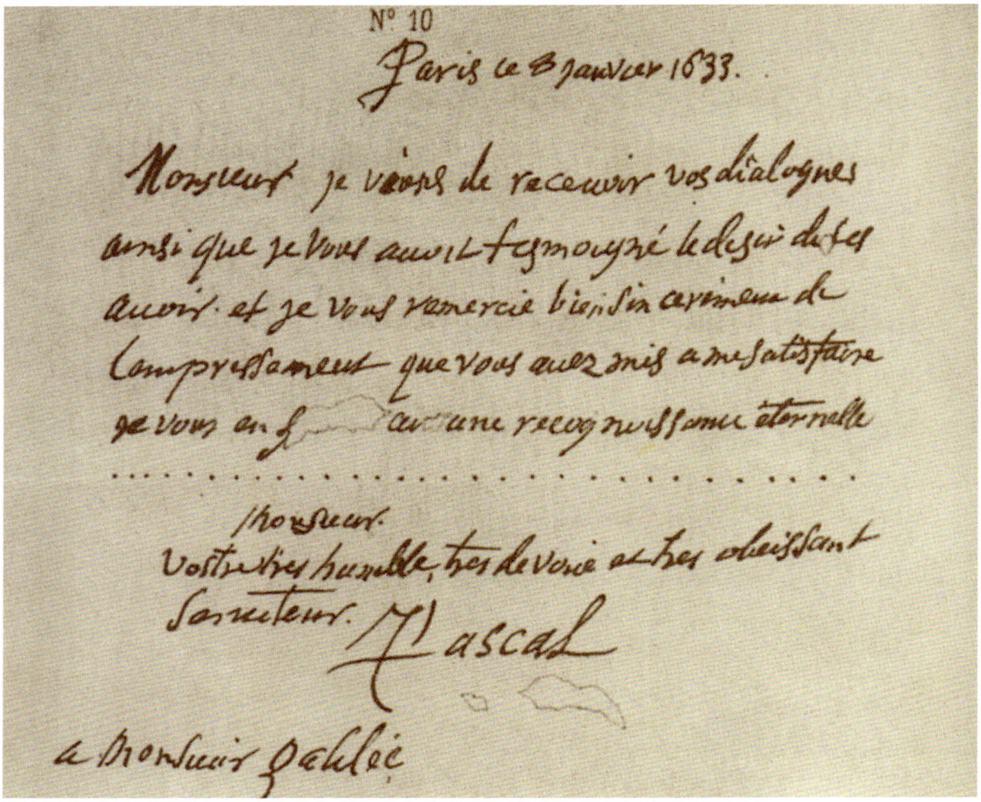

N° 10

Paris le 8 janvier 1633.

Monsieur je viens de recevoir vos dialogues ainsi que je vous avait tesmoigné le desir de les avoir et je vous remercie bien sincerement de lempressement que vous avez mis a me satisfaire je vous en [illegible] aurai une recognoissance eternelle

. . . .

Monsieur.

Vostre tres humble, tres devoué et tres obeissant serviteur. Pascal

a Monsieur Galilée

génération avant le génie anglais. Toutefois, d'autres scientifiques plus expérimentés, firent remarquer que, dans les écrits connus de Pascal, rien ne laissait présager qu'il ait compris les mathématiques nécessaires à cette découverte. Bien entendu, en Angleterre, cette nouvelle fut réfutée avec la dernière vigueur. Finalement, lorsque de nombreuses anomalies furent découvertes dans le texte des lettres, Chasles avoua qu'il avait toujours suspecté qu'il s'agissait de faux.

ANCIENS CORRESPONDANTS LITTÉRAIRES

Le procès de Lucas eut lieu à Paris, en février 1870. Il était accusé d'avoir vendu 27 320 documents historiques. On découvrit que, emporté par ses succès, Lucas avait produit un grand nombre d'écrits manifestement faux. Au nombre de ces écrits, on comptait des lettres d'Alexandre le Grand (356-323 av. J.-C.) adressées au philosophe Aristote, d'autres de Cléopâtre à Jules César, d'autres encore de Lazare, de Charlemagne et de Galilée. Il y avait même des lettres de Marie Madeleine : « Vous trouverez la lettre dont je vous ai parlé, qui m'a été envoyée par Jésus Christ quelques jours avant sa Passion. » Il est fascinant de réaliser que ces lettres avaient toutes été écrites en français, sur du papier, inconnu en Europe avant le XIVe siècle. Il fut condamné à deux ans de prison. Chasles admit qu'il avait donné environ 170 000 francs au faussaire pour les documents, mais il maintint que Lucas lui avait affirmé que les plus anciens originaux avaient été réunis à l'abbaye de Tours au VIIIe siècle, puis traduits en français par l'écrivain François Rabelais (1494-1553). Chasles ne fut pas condamné pour fraude délibérée, et il mourut, encore respecté, dix ans plus tard.

CONTREFAIRE
DES ÉDITIONS ORIGINALES

Jusqu'au XIXe siècle, on achetait des livres, y compris des livres rares et anciens, plus pour leur contenu que pour leur rareté. Vers 1870 environ, le public avait changé sa façon de considérer les livres. Un intérêt s'était fait jour pour la collection des éditions originales. Souvent, l'imprimeur testait le marché avec une première édition

Le dossier du faussaire
DE LUNA BYRON

Le Major George Gordon de Luna Byron (mort en 1882) affirmait être le fils illégitime du poète Lord Byron (1788-1824) et d'une comtesse espagnole. Il servit dans l'armée anglaise, en Inde, mais en 1841, il se retrouva comme fermier à Wilkes-Barre, Pennsylvanie. Il se rendit en Angleterre, acheta un certain nombre de lettres de son « père », tout en copiant d'autres de ses lettres à la même occasion.

De Luna annonça qu'il était en train de préparer une biographie en trois volumes de Byron, mais en 1849, il vendit une grande partie des lettres, en même temps que d'autres lettres qu'il prétendait avoir été écrites par Shelley et Keats, puis il prit le bateau pour New York. Une fois arrivé, se prétendant toujours le fils de Lord Byron, il essaya vainement de faire publier ces lettres.

En 1852, un livre contenant les lettres de « Shelley », par de Luna, fut publié à Londres et de Luna fut bientôt démasqué. Un des lecteurs remarqua qu'un passage était la copie exacte d'un article que son père avait écrit quelques années auparavant. Le stock total de livres fut retiré de la vente en raison de l'accusation de faux. De Luna quitta une fois de plus l'Angleterre, mais n'abandonna jamais sa prétention de parenté. La controverse se poursuit jusqu'à nos jours pour déterminer quelles lettres vendues par de Luna étaient authentiques et lesquelles étaient fausses.

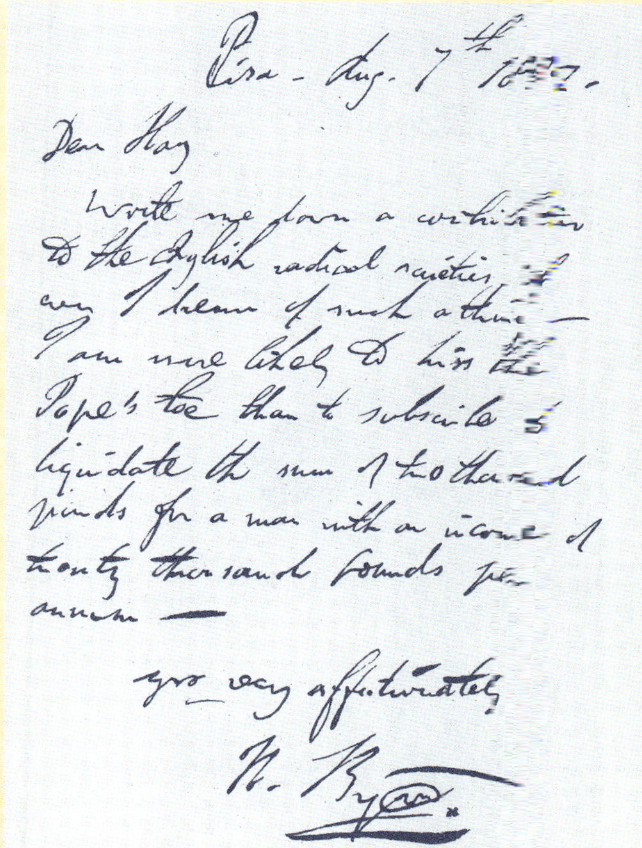
Pisa – Aug. 7th 1822.

Dear Hay

Write me down a contributor to the English radical societies if ever I heard of such a thing — I am more likely to kiss the Pope's toe than to subscribe to liquidate the sum of two thousand pounds for a man with an income of twenty thousand pounds per annum —

yrs very affectionately

N. Byron

Une des lettres supposées contrefaites par de Luna Byron. Ecrite en 1822, de Pise en Italie et destinée à un certain capitaine Hay, la lettre est dans le style caractéristique de Byron : « Je préfère embrasser le doigt de pied du pape plutôt que de souscrire… la somme de deux mille £ pour un homme jouissant d'un revenu de vingt mille… »

Une édition originale moderne, le livre de J. K. Rowlings Harry Potter et la pierre philosophale fut publiée en 1997. En 2002, cinq ans seulement après la parution du livre, une édition originale a été vendue aux enchères par Sotheby's pour 10575 £ (presque 20000 $).

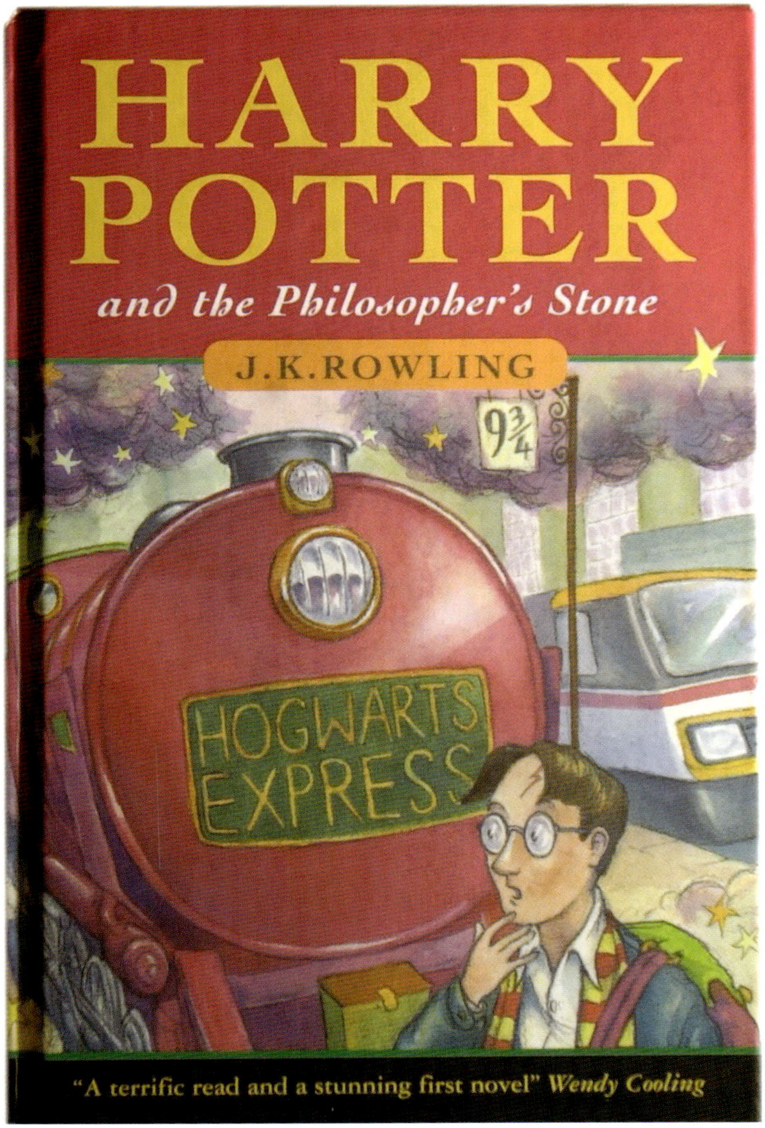

d'un livre, comportant un nombre limité de copies. Cela signifiait que ces exemplaires de la première édition deviendraient rapidement rares. De nos jours, même un roman populaire contemporain peut atteindre, en édition originale, des prix élevés lors d'une vente aux enchères. Le premier James Bond de Ian Fleming, *Casino Royale*, publié en 1953 en est un bon exemple.

Les tout premiers collectionneurs d'éditions originales avaient toutefois encore un intérêt pour l'importance des œuvres en tant qu'ouvrages littéraires. Le plus souvent, il s'agissait de membres de sociétés littéraires, consacrées à l'œuvre d'un auteur particulier, et ces sociétés publiaient des fac-similés d'éditions originales que les membres n'avaient pas les moyens d'acquérir autrement. Un exemple de ces sociétés était celle qui se consacrait à l'œuvre du poète Percy Bysshe Shelley (1792-1822). Vers 1886, elle confia à Thomas James Wise (1859-1937) la réimpression de ses poèmes. L'imprimeur choisi par Wise pour ce travail était Richard Clay et fils, de Bungay, Suffolk, dans l'Est de l'Angleterre. Au début, les méthodes de Wise furent simples. Il imprimait, en plus de l'édition du fac-similé des œuvres du poète commandée par la Shelley Society, des exemplaires supplémentaires, sur du papier de meilleure qualité, qu'il vendait pour son propre compte. Il demanda ensuite aux imprimeurs sans méfiance de mettre sur la page de titre, une date de publication antérieure. Ce qu'il faisait, en fait, était de fabriquer une « édition originale » qui n'avait jamais existé. Pendant l'année 1887 seulement, Wise réimprima 33 £ et opuscules de Shelley, ainsi qu'une compilation inconnue de ses poèmes, apparemment publiée par une société littéraire américaine, en réalité fictive.

Personne ne suspectait les activités de Wise, et il acquit vite la réputation d'un collectionneur de livres anciens, au crédit duquel on pouvait porter des « découvertes » passionnantes. Wise eut bientôt un complice du nom de H. Buxton Forman (1842-1917). Editeur littéraire expérimenté, Forman donna à Wise de nombreux conseils utiles, et Forman publia lui-même de fausses éditions de poésie de Tennyson. Les deux hommes produisirent ensemble toute une gamme de fausses éditions originales de George Eliot, Elisabeth et Robert Browning, Swinburne et Ruskin, parmi d'autres.

Dès avril 1888, Swinburne écrivit à Wise, déniant toute connaissance d'un opuscule dénommé *Cléopâtre*, daté de 1866, que Wise

Les deux faussaires invétérés des éditions originales du XIXe siècle : H. Buxton Forman (à gauche) et Thomas J. Wise.

lui avait montré. Comme il s'agissait d'un faux, cette dénégation n'avait rien de surprenant, mais Wise garda l'information pour lui et Swinburne n'eut aucune raison de le suspecter.

Forman et Wise travaillèrent ensemble pendant douze ans. En 1890, ils contrefirent l'œuvre de William Morris, *Les Deux Côtés de la rivière*, qui datait de 1876. En 1896, ils produisirent une contrefaçon du livre de Tennyson *Le Dernier Tournoi*, daté de 1871. Leur dernière collaboration connue fut une impression du livre de Rudyard Kipling, *Le Fardeau de l'homme blanc*, reproduit à partir de sa publication dans le *Times* de Londres.

Wise constitua à la même époque une grande collection de livres anciens, à son domicile, qu'il appela, la Bibliothèque Ashley. Il achetait et vendait, trouvant des collectionneurs, particulièrement aux États-Unis, par l'intermédiaire de son marchand Herbert Gorfin. Sa réputation semblait inattaquable. Il fallut attendre 1934, alors que Wise n'avait plus que trois ans à vivre, pour que deux marchands de livres anglais, John Carter et Graham Pollard, émettent des soupçons. En feuilletant des catalogues de vente, ils remarquèrent que des « ouvrages très rares » avaient été fréquemment proposés à la vente au cours des années 1920.

L'ENQUÊTE DE CARTER ET POLLARD

Les deux marchands de livres décidèrent de se concentrer sur un opuscule en particulier. Il s'agissait d'une collection de 43 sonnets écrits par Elisabeth Barrett Browning, la femme de Robert Browning. L'origine de l'opuscule était une histoire charmante. Selon la chronique, un matin, Elisabeth avait glissé quelques papiers dans la poche de son mari. Il découvrit qu'il s'agissait de poèmes d'amour qui lui étaient dédiés. Il s'arrangea pour qu'ils soient imprimés à titre privé. Ils ne furent publiés qu'en 1850, en même temps qu'une édition des œuvres d'Elisabeth, mais l'opuscule était daté de 1847.

Carter et Pollard démontrèrent bientôt que le papier sur lequel était imprimé l'opuscule contenait de l'alfa, utilisé pour la première fois en 1861, et de la pulpe chimique de bois, introduite dans la fabrication du papier à partir de 1874. Pour mettre un point final à leur argumentation, ils découvrirent que le papier utilisé était du « Clay's N° 3 Long Primer », que les imprimeurs avaient acheté en 1876. En examinant d'autres livres, Carter et Pollard découvrirent que le texte comportait, à certains endroits, des différences avec les éditions originales connues, et que ces différences provenaient d'éditions postérieures. Il semble que Forman ait commis des négligences.

Carter et Pollard publièrent leurs découvertes dans un livre *Une enquête sur la nature de certains opuscules du XIXe siècle* (1934). Ils prirent soin de ne pas accuser Wise directement, mais leurs preuves le visaient directement. A ce moment-là, toutefois, il n'y eut aucune insinuation concernant la Bibliothèque Ashley et son contenu. Après

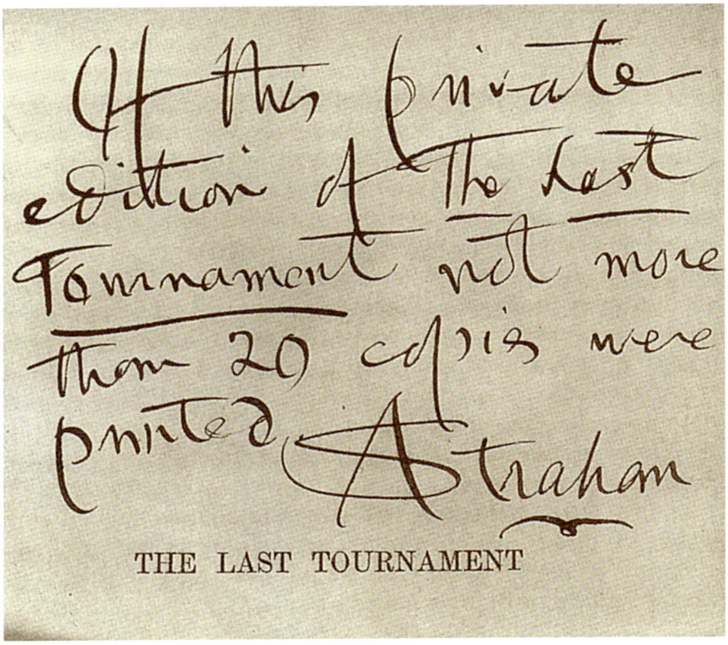

L'« édition privée » du *Dernier Tournoi de Tennyson*, est une contrefaçon de Forman et Wise, réalisée en 1896 et datée de 1871.

sa mort, la veuve de Wise vendit la bibliothèque au British Museum, qui fit une découverte troublante. En tant que collectionneur respecté, Wise avait eu accès aux étagères de livres anciens du musée. On découvrit qu'il avait volé des pages de volumes rares pour compléter les exemplaires imparfaits de sa propre collection.

LA CARTE DE VINLAND

La question de savoir qui furent les premiers Européens à poser le pied en Amérique du Nord reste posée. Deux sagas islandaises racontent que des marins vikings atteignirent la côte qu'ils appelèrent Vinland aux environs de l'an 1000. Des spécialistes discutèrent pendant de nombreuses années de l'emplacement exact de l'accostage. En 1965, la Yale University Press publia un livre qui décrivait une carte ancienne, sur parchemin, donation récente à la Beinecke Library de Yale. On avançait que la carte avait été dessinée en 1430 par un moine à Bâle, en Suisse, et aurait été en fait la copie d'une carte encore antérieure. Une inscription en latin, dans le coin supérieur gauche donnait une brève description du voyage des Vikings.

La carte, attachée à un document qui n'avait rien à voir avec elle, montrait le continent de l'Europe, l'Afrique du Nord, l'Asie et l'Extrême-Orient, en même temps que l'Islande et le Groenland, le tout avec des détails relativement fidèles. A l'est se trouvait une île dénommée Vinland, sa côte marquée par une énorme crique, avec une rivière coulant depuis un grand lac.

Les spécialistes affirmèrent presque aussitôt qu'il s'agissait d'un faux récent. Il faut

Le dossier du faussaire

SIGNATURES PRÉSIDENTIELLES

On estime que la signature d'Abraham Lincoln a été contrefaite plus souvent que toutes les autres, bien que celles d'autres personnages importants de l'histoire américaine le furent presque autant. Par exemple celles de George Washington, Benjamin Franklin et Andrew Jackson. Ceci est une authentique signature.

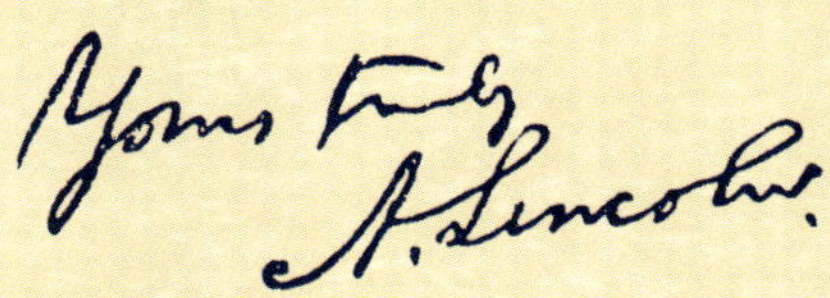

reconnaître que sa provenance était obscure. Un marchand de New Haven, Connecticut, l'avait achetée à un vendeur italien. On n'en savait guère plus à son sujet. Si elle était authentique, elle attestait une connaissance de la côte Est des Etats-Unis antérieure d'au moins un demi-siècle au voyage de John Cabot de 1497, et antérieure d'un siècle entier aux voyages de Giovanni da Verrazzano en 1524 et Jacques Cartier en 1534-1542.

Dans son effort pour trancher de l'authenticité de la carte, le Smithsonian Institute tint une conférence sur le sujet en 1966, mais chacun des experts présents avait sa propre opinion. Yale décida donc de faire examiner la carte par Walter McCrone, qui était considéré comme « le spécialiste mondial de la microanalyse ». Celui-ci révéla que les lignes d'encre noire étaient superposées à des lignes d'une encre jaunâtre, ce que Mc Crone suggéra être un effort pour donner l'effet de l'âge. L'analyse d'un minuscule échantillon d'encre révéla des traces d'anatase, une forme de dioxyde de titane, pigment blanc moderne produit pour la première fois par la Titanium Corporation of America aux environs de 1920. Yale accepta ces conclusions, et ses experts décidèrent que la carte était un faux. La controverse ne prit pas fin pour autant. En 1986, des physiciens de l'Université de Californie à Davis, employèrent une technique analytique appelée (PIXE) émission de rayons X provoquée par des particules, et conclurent qu'il n'existait aucune raison pour que l'encre ne contienne pas de l'anatase naturel. C'était aussi l'avis d'un des experts en étude des matériaux au Smithsonian Institute.

Le dossier du faussaire

LES FAUSSAIRES DE DOCUMENTS AMÉRICAINS

ROBERT SPRING (1813-1876) né en Angleterre. Alors qu'il était un jeune homme, il ouvrit une librairie à Philadelphie et ne tarda pas à vendre des centaines de copies de fausses lettres de George Washington. Il fut condamné pour faux en 1869.

JOSEPH COSEY (1887 – début des années 1950) était né Martin Conneely à Syracuse, New York. Après plusieurs condamnations criminelles qui le conduisirent dans la prison de San Quentin en Californie, il commença à contrefaire la signature de Benjamin Franklin en 1929. Cosey contrefit également les signatures de John Adams, James Monroe, Patrick Henry, George Washington, Abraham Lincoln, Edgar Allan Poe, Mark Twain, Walt Whitman et beaucoup d'autres. Sa contrefaçon la plus audacieuse fut celle d'un brouillon de la déclaration d'Indépendance de la main de Thomas Jefferson. Cosey fut arrêté en 1937 et passa une année de plus en prison, ce qui ne l'empêcha pas de continuer à produire des faux jusqu'à sa mort.

HENRY WOODHOUSE (1884-1970), né Mario Casalegno à Turin en Italie. Il quitta l'Italie pour les Etats-Unis en 1905, et fonda vers 1910 un journal à succès, *Flying*. Devenu un homme riche dans les années 1920, Woodhouse commença à collectionner les documents rares, puis il en fît des contrefaçons. Bien que les experts puissent aisément reconnaître ses copies des signatures authentiques de Lincoln, il trompa de nombreux collectionneurs innocents. Woodhouse ne fut jamais condamné pour activité criminelle.

CHARLES WEISBERG (mort en 1945) eut la réputation d'être un des faussaires les plus doués de l'écriture de Lincoln. Il purgea de nombreuses peines de prison et mourut dans une prison de Lewisburg en Pennsylvanie.

JOHN LAFLIN (né au Nebraska, mort en 1970) fut un des faussaires de documents les plus prolifiques du XXe siècle. Il est notoire qu'il produisit un « récit personnel avec Sainte Anne » prétendument écrit par Jose Enrique de la Pena, un document que l'on pensa longtemps être une relation rare de la bataille d'Alamo. Récemment, on a suggéré qu'un autre document concernant la bataille d'Alamo (1836), la lettre « Isaac Millsaps » (détenue par l'Université de Houston) serait également un faux de Lafflin. Ses contrefaçons de l'écriture de Lincoln furent nombreuses. Certaines d'entre elles sont bizarrement écrites en allemand, une langue que Lincoln ne connaissait pas bien. On ignore si Lafflin purgea jamais une peine de prison.

De même que beaucoup de lettres prétendument de la main de George Washington, Robert Spring contrefit également cette lettre de Benjamin Franklin.

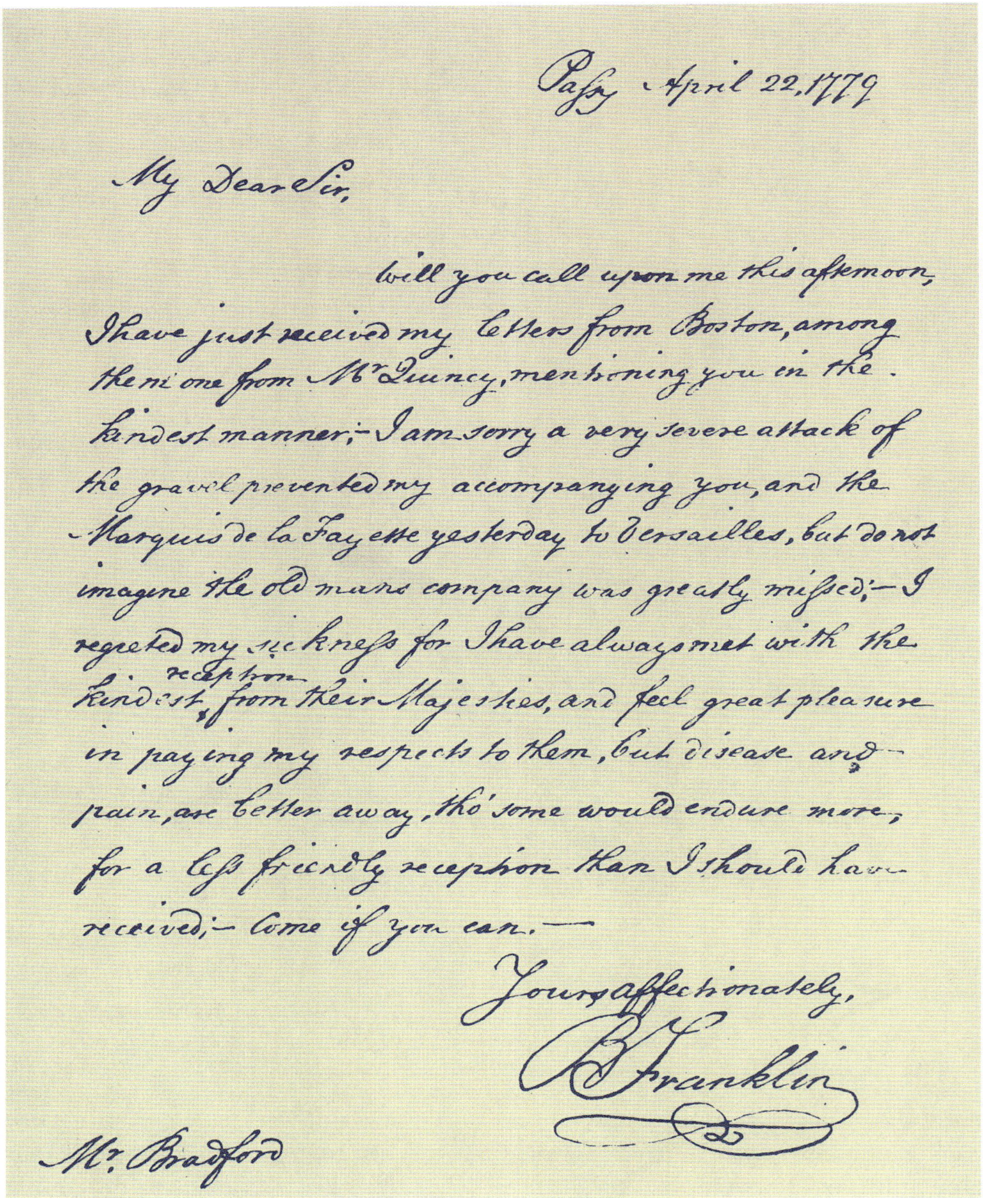

Passy April 22,1779

My Dear Sir,

Will you call upon me this afternoon, I have just received my letters from Boston, among them one from Mr Quincy, mentioning you in the kindest manner;- I am sorry a very severe attack of the gravel prevented my accompanying you, and the Marquis de la Fayette yesterday to Versailles, but do not imagine the old mans company was greatly missed;- I regreted my sickness for I have always met with the kindest reception from their Majesties, and feel great pleasure in paying my respects to them, but disease and pain, are better away, tho' some would endure more, for a less friendly reception than I should have received;- Come if you can.—

Yours affectionately,

B Franklin

Mr Bradford

En 2002, on publia des rapports sur d'autres voies de recherches. Un article dans le journal *Radiocarbon* annonça qu'une datation au carbone établissait une date aux environs de 1434, déterminant ainsi l'âge du parchemin. Au même moment, un article de scientifiques britanniques, dans le journal *Analytical Chemistry*, confirmait que l'encre utilisée était moderne.

Nous en sommes là pour le moment. On s'accorde à dire qu'un faussaire astucieux avait certainement utilisé un morceau de parchemin ancien, déplaçant la controverse sur la composition des encres. Le multimillionnaire Paul Mellon paya une somme estimée à 1 million de $, en 1957, pour le livre contenant la carte. Les assureurs l'ont récemment

La carte de Vinland. La partie en haut à gauche pourrait représenter une portion de la côte Est de l'Amérique du Nord, avec la rivière St Laurent coulant depuis le lac Ontario, jusqu'au détroit de Long Island. Au dessus, une inscription en latin relatant brièvement le voyage des Vikings.

Si la carte de Vinland est authentique, elle atteste d'une connaissance de la côte Est de l'Amérique du Nord antérieure d'au moins un demi-siècle au voyage de John Cabot en 1497.

évalué à 25 millions de $. Pourra-t-on un jour prouver sans aucun doute son authenticité ou établir qu'il s'agit d'un faux ?

LE « JOURNAL DE JACK L'ÉVENTREUR »

A l'automne de 1888, et pendant trois mois, l'East End de Londres connu un état proche de la panique. Un tueur en série, parcourait les rues, la nuit. Entre le mois d'août et le mois de novembre de cette année, cinq femmes, toutes des prostituées notoires, étaient assassinées et brutalement mutilées. La police avait reçu une lettre, soi-disant envoyée par le meurtrier et écrite à l'encre rouge, l'identifiait comme étant « Jack l'Eventreur ». Par la suite, il n'y eut plus de meurtre, et on ne sut jamais, de façon indubitable, qui était véritablement ce tueur. Jusqu'à ce jour, le cas n'est pas résolu. Pendant plus d'un siècle, des « éventrologues » ont avancé le nom de nombreux coupables possibles, parmi eux le petit-fils de la reine Victoria, le Duc de Clarence, de même que le peintre anglais Walter Sickert (1860-1942).

En 1991, Michael Barett, vendeur de ferraille à la petite semaine de Liverpool, Angleterre, annonça qu'il possédait un journal de 63 pages, écrit sur les feuillets d'un album de l'époque victorienne, qui résolvait enfin le mystère, et qui expliquait également pourquoi les meurtres avaient soudainement cessé. C'était un ami, décédé depuis, qui lui avait cédé le livre.

Cette découverte était liée à une autre fameuse affaire de meurtre de l'époque victorienne. Le 11 mai 1889, James Maybrick, un marchand de coton de Liverpool faisant commerce avec les Etats-Unis, mourait après avoir souffert pendant plusieurs semaines. Sa femme Florence, originaire des Etats-Unis, de 23 ans plus jeune que son mari, fut reconnue coupable de l'avoir empoisonné à l'arsenic et condamnée à la prison à vie. Elle persista à clamer son innocence et fut libérée après quinze années passées en prison. Florence Maybrick mourut aux Etats-Unis en 1941.

On savait que Maybrick prenait régulièrement de l'arsenic comme aphrodisiaque et, en 1887, Florence avait découvert que son mari avait une maîtresse. Elle trouva sa consolation dans les bras d'un ami de Maybrick, Alfred Brierley, relation que son mari découvrit en mars 1889. L'accusation de Florence reposait sur l'achat d'une douzaine de papiers tue-mouches contenant de l'arsenic et la découverte dans sa chambre d'un paquet portant la mention ARSENIC : POISON POUR CHATS.

L'affirmation surprenante contenue dans le journal était que James Maybrick avait été « l'Eventreur » et que, ayant découvert l'infidélité de sa femme, il avait exprimé sa douleur en assassinant brutalement des prostituées lors de ses voyages occasionnels à Londres. Sa mort, en mai 1889, expliquait pourquoi les meurtres de l'Eventreur avaient cessé. Il était même suggéré qu'il avait demandé lui-même à Florence de mettre fin à ses jours.

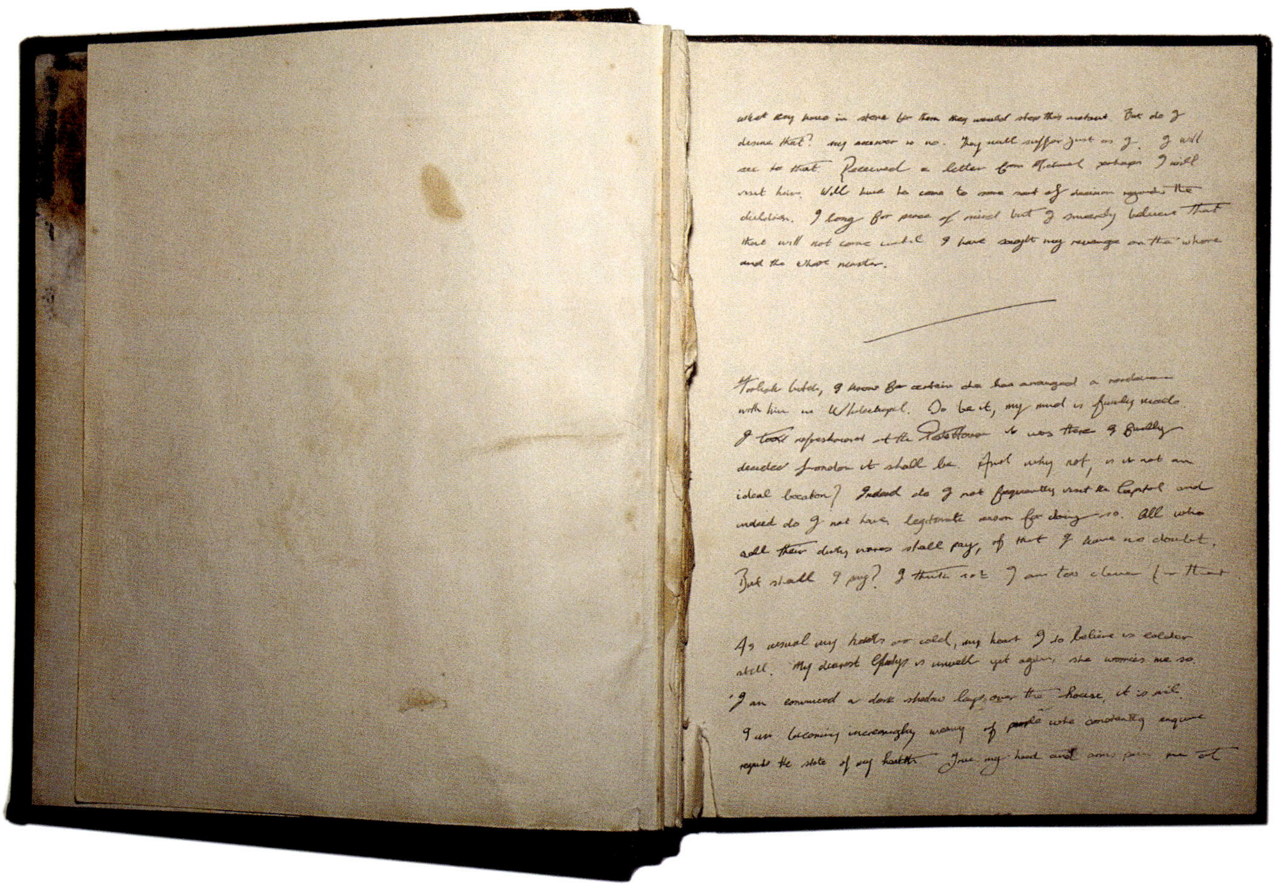

Une page du journal récemment « découvert » de James Maybrick, dans lequel il s'identifie à Jack l'Eventreur, le meurtrier en série qui a défrayé la chronique en 1888 à Londres. Le meurtrier n'a jamais été formellement identifié. La plupart des experts considèrent l'allégation de Maybrick comme fausse.

James Maybrick, un riche négociant en coton qui suggéra qu'il était Jack l'Eventreur. Le journal dans lequel il admettait ses crimes, publié en 1993, fut reconnu plus tard comme faux.

Le Journal de Jack L'Eventreur, accompagné d'un texte par Shirley Harrison fut publié en 1993. Dans son introduction, l'éditeur décrivit les mesures prises pour prouver l'authenticité du journal. Parmi celles-ci, un témoignage du Dr David Forshaw de l'hôpital psychiatrique Maudsley à Londres et une analyse de l'encre par le Dr Nicholas Easthaugh. Le Dr Forshaw considérait que le contenu du journal était tout à fait cohérent, si on considère l'état d'esprit d'un fou, tueur en série. Quant au Dr Easthaugh, il précisait dans son rapport que rien dans l'encre utilisée ne pouvait laisser penser qu'il s'agissait d'une encre moderne.

Parmi les nombreux « éventrologues » consultés, chacun avait sa propre théorie sur l'identité de l'Eventreur, et ils n'arrivaient pas à se mettre d'accord. On suggéra que seuls la police et le meurtrier étaient au courant de certains détails, mais comme ceux-ci furent rendus publics en 1987, ce n'était plus un secret. Les doutes les plus évidents s'élevèrent, en raison des fautes de grammaire flagrantes, ainsi que des fautes d'orthographe et du fait que le style du texte n'avait pas l'air de correspondre à la bonne époque. L'écriture ne ressemblait pas non plus aux seuls exemples connus de l'écriture de Maybrick, trouvée sur le certificat de mariage et sur son testament. L'éditeur repoussa ces critiques en affirmant que le testament était un faux.

L'affirmation surprenante du journal était que James Maybrick était « L'Eventreur », et qu'il avait en fait exprimé sa peine, à la nouvelle de ses infortunes conjugales, en assassinant des prostituées lors de ses voyages occasionnels à Londres.

Avant sa publication aux Etats-Unis, le journal fut soumis à deux experts graphologues : L'un d'eux, Maureen Casey Owens, avait été pendant vingt-cinq ans expert en documents du département médico-légal de la police de Chicago. Celle-ci conclut qu'il s'agissait d'un faux. En 1994, Michael Barrett avoua avoir fabriqué le journal. Il dit avoir acheté le vieil album dans un vide grenier et l'encre dans un magasin de fournitures pour loisirs. Plus tard, il se rétracta, ce qui ajouta encore à la confusion.

Une enquête permit de conclure que l'encre utilisée était de l'encre noire Diamine pour manuscrits, contenant un faible pourcentage de chloroacétamide comme conservateur. Des rapports d'analyses postérieurs furent contradictoires, mais un des laboratoires affirma avoir trouvé six fois ce produit chimique. Pour compléter la confusion, un expert américain, qui prétendait pouvoir déterminer l'âge de l'encre en observant le degré d'imprégnation dans le papier, avança une date, 1921, avec une marge d'erreur de douze ans en plus ou en moins. Si ses estimations sont correctes, le journal s'avère être un faux de façon évidente, sans pouvoir être l'œuvre de Barrett. Ce rapport mis à part, l'écriture et l'analyse chimique impliquent Barret selon toute vraisemblance.

L'EXAMEN DE DOCUMENTS SUSPECTS

Des documents faux ou contrefaits peuvent être de nature très différente. Ceux qui les examinent doivent posséder une vaste expérience sur les diverses manières de les produire. Si on doit établir des preuves devant un tribunal, l'expert doit remplir toutes les conditions requises d'un expert médico-légal appelé à donner son témoignage. Mais c'est rarement suffisant pour établir un petit point de similitude ou une différence entre le document suspect et un document authentique. On doit considérer de nombreux points de comparaison pour avoir une réponse convaincante.

De même que pour les contrefaçons d'œuvres d'art, les deux critères à considérer avant tout sont la provenance et le style. Pour établir la provenance, le faussaire affirmera en général qu'il a découvert le document parmi d'autres vieux papiers. C'est pourquoi la vérification de l'histoire du document, de ses propriétaires successifs, de son origine première, est très difficile à établir et laissera place à un grand doute. Il convient ensuite de faire l'analyse du style de l'auteur présumé. Mais le plus important reste l'analyse scientifique des matériaux utilisés, car celle-ci utilise la plupart des techniques que nous avons décrites aux chapitres précédents.

Un document particulier peut avoir été écrit à la main, généralement à l'encre, mais quelques fois au crayon, sur du parchemin, du vélin ou du papier. Lorsque le document est présumé ancien, un examen au microscope peut être suffisant. Mais,

Détails d'un psautier enluminé, sur vélin, provenant du monastère de Suben, en Autriche, datant d'environ 1200.

dans la plupart des cas, l'analyse suppose le prélèvement d'un petit échantillon d'encre pour permettre une analyse par des moyens spectrographiques, par la datation au carbone 14 ou par l'activation de neutrons.

LES PREMIÈRES ENCRES

Les premières encres étaient faites de carbone, sous la forme de noir de fumée ou de suie, mélangés à de la gomme et de l'eau. Comme le carbone ne déteint pas avec l'âge et ne peut être blanchi par des produits chimiques, il restera noir pendant des siècles.

Toutefois, le carbone ne reste que sur la surface du matériau et peut être enlevé en grattant de façon accidentelle ou volontaire.

Au IIe siècle de notre ère, un nouveau type d'encre fut développé, et demeura encore en usage jusqu'à la fin du XIXe siècle. Cette encre était préparée en mélangeant un extrait de noix de galle et de sulfate de fer. Elle était un peu corrosive, et « mordait » avec le temps dans le parchemin : il était ainsi difficile de la gratter une fois qu'elle était fixée. De plus, elle avait tendance à tourner au brun rouille lorsque le fer contenu dans l'encre s'oxydait. Pour vaincre cet effet de brunissage, on ajouta plus tard des teintures telles que l'indigo.

L'ENCRE DE VOTRE STYLO

Les teintures d'aniline synthétique furent développées après 1856 et furent bientôt utilisées dans les encres. Aujourd'hui la plupart des encres sont composées de produits synthétiques. Celles que l'on utilise dans les stylos à bille sont épaisses et huileuses, semblables à de l'encre d'imprimerie, alors que celles utilisées dans les stylos feutres sont à base de dérivés du pétrole.

STYLET, PLUME D'OIE OU DE MÉTAL

A part l'analyse de l'encre, un expert cherchera des preuves concernant l'instrument d'écriture utilisé. Les anciens utilisaient un stylet, un pinceau ou un calame de roseau. Puis, jusque tard dans le XVIIIe siècle, les écrivains utilisaient essentiellement la plume d'oie. A l'origine, celles-ci avaient une pointe large, ressemblant à un burin, mais plus tard, elles furent affûtées jusqu'à devenir une pointe. Les plumes de métal apparurent en 1780, mais ne furent pas largement utilisées au cours des cinquante années qui suivirent. Puis, dans l'ordre, vinrent les plumes d'or, les stylos à plume et une variété d'autres stylos. L'examen au microscope peut souvent révéler l'instrument d'écriture utilisé, qui se révèle être dans de nombreux cas de faux d'un usage postérieur à l'époque supposée du document original.

Les authentiques documents anciens sont uniques et de grande valeur. Malheureusement, pour en tester l'authenticité, les experts n'ont parfois pas d'autre choix que d'endommager légèrement le document, pour retirer un petit échantillon du matériau utilisé. La datation au carbone 14 est utilisée pour tester le parchemin et le vélin. Il est possible d'utiliser des analyses complémentaires pour déterminer les propriétés particulières d'un papier.

L'identification du type de plume utilisé pour écrire un document peut s'avérer très utile pour détecter un faux. Les stylos à plume modernes et les porte-plume avec une plume de métal, « grattent » plus que les plumes d'oies utilisées aux siècles précédents, ce qui se détecte au microscope.

Il existe beaucoup de façons de voir si l'encre utilisée sur le papier est réellement ancienne. Sur une grande partie des nouveaux papiers l'encre laisse des traces profondes.

Quelques fois, le simple fait de placer un papier sous des rayons ultra-violets permet de prouver que le papier a été fabriqué trop récemment pour être authentique, ainsi que nous le décrivions dans le chapitre 2, et dans le cas du *Journal de Hitler*. Lorsqu'on dispose d'un nombre suffisant d'exemplaires, comme dans le cas de l'enquête de Carter et Pollard sur le folio de Wise décrit p. 107, on peut justifier de la destruction partielle de l'un d'eux pour vérifier que le tout est un faux.

Il est possible de déterminer si l'encre utilisée sur le papier est vraiment ancienne. De l'encre sur un papier de bonne qualité donne une impression de quelque chose de vif. Toutefois, lorsque le papier est d'abord traité pour avoir l'air vieux, il devient également plus absorbant. Une encre, quelle qu'elle soit, appliquée à la surface va s'étaler légèrement et sembler « floue » sous le microscope. Les experts vérifient également si on a utilisé un buvard, et de quelle façon. Par exemple, avant la découverte du papier buvard, on utilisait du sable fin pour absorber l'excès d'encre, et, en principe, on devrait en retrouver de petites particules. On vérifie l'usage du papier buvard par le fait que l'encre présente un dégradé du début du document à la fin : en effet, l'encre fraîche de la fin sera plus absorbée que celle du début qui a commencé à sécher. L'encre fraîche peut également présenter de légères bavures.

Le dossier du faussaire

IL N'EN EXISTE PAS DEUX IDENTIQUES

L'examen de l'écriture d'un document, peut procurer de nombreux indices. Tout comme John Payne Collier, de nombreux faussaires, surtout s'ils contrefont une signature, commencent par un léger contour au crayon pour guider le stylo. Ce contour est rarement complètement gommé, et un examen au microscope peut également révéler le gommage. D'autres faussaires, tracent une signature sur une table lumineuse. Dans ce cas, on peut souvent découvrir de légères hésitations dans le mouvement du stylo. Toutefois, la preuve évidente d'une fausse signature est qu'elle ressemble exactement à une signature authentique. Une duplication exacte révèle le faux à coup sûr : il n'existe pas deux signatures identiques écrites de la main de la même personne.

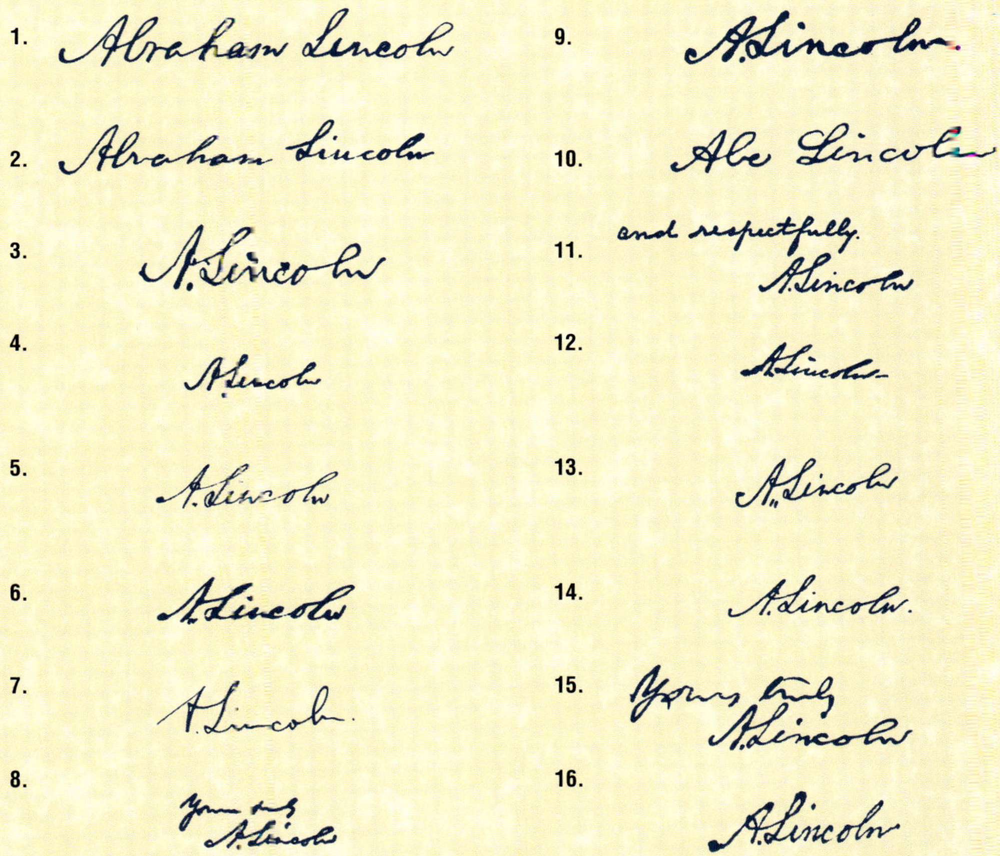

La signature du président Abraham Lincoln continue à attirer les faussaires. Dans cette collection, seules les références 1 et 13 sont authentiques. La grande similitude avec la signature authentique des autres exemplaires est une indication très sûre de contrefaçon.

De nos jours, lors d'une enquête de contrefaçon d'écriture, il est généralement suffisant de faire examiner le document par un expert graphologue pour détecter des différences infimes entre la structure des lettres du document en question et celle du document authentique. S'il y a un suspect, ces caractéristiques se retrouveront en examinant un exemplaire de son écriture normale. Toutefois, dans le cas de Clifford Irving (voir p. 121) qui contrefît plusieurs lettres et un contrat l'autorisant soi-disant à écrire la biographie du multi-millionnaire Howard Hughes, deux groupes d'experts furent trompés, et affirmèrent que l'écriture était authentique.

LES STANDARDS REQUIS

Lorsqu'on interroge un suspect à l'occasion d'une contrefaçon d'écriture, il est important d'obtenir des spécimens de son écriture personnelle pour évaluation et présentation de preuves au tribunal. Le cinquième amendement ne considère pas qu'il s'agit d'une incrimination par soi-même. Le suspect ne peut pas refuser de coopérer avec les enquêteurs.

Lors des enquêtes de police, ces spécimens sont appelés les « standards requis ». Quelques départements de la police utilisent des formulaires spéciaux pour les recueillir, avec des blancs pour le nom du suspect, son adresse, sa date de naissance, et ainsi de suite, de même qu'un blanc pour sa propre signature et un certain nombre de noms tels que Albert Johnson, Charles Quinn, et U. X. Zimmerman. Ceux-ci permettent d'obtenir des exemples des lettres majuscules et minuscules, de même que des combinaisons typiques de lettres. Au dos du formulaire, il existe un nombre d'adresses qui doivent être copiées, ainsi que des montants en chiffres. On demande enfin au suspect d'écrire un texte sous la dictée, à la main. Ceci permet de mettre en évidence une orthographe ou une ponctua-

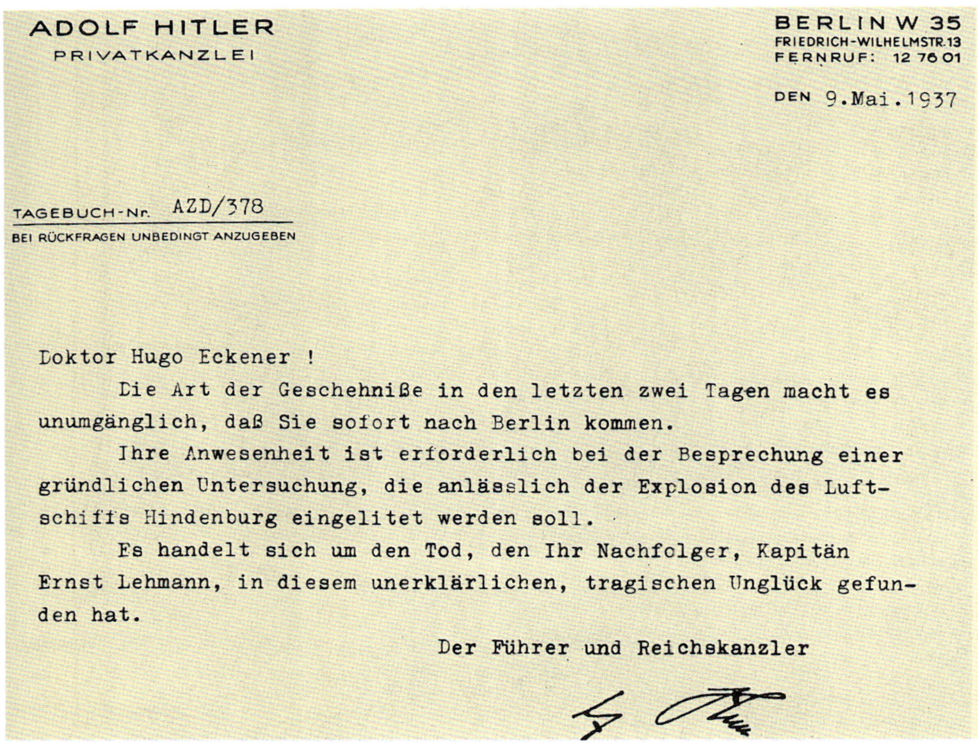
ADOLF HITLER
PRIVATKANZLEI

BERLIN W 35
FRIEDRICH-WILHELMSTR. 13
FERNRUF: 12 76 01

DEN 9.Mai.1937

TAGEBUCH-Nr. AZD/378
BEI RÜCKFRAGEN UNBEDINGT ANZUGEBEN

Doktor Hugo Eckener !

Die Art der Geschehniße in den letzten zwei Tagen macht es unumgänglich, daß Sie sofort nach Berlin kommen.

Ihre Anwesenheit ist erforderlich bei der Besprechung einer gründlichen Untersuchung, die anlässlich der Explosion des Luftschiffs Hindenburg eingelitet werden soll.

Es handelt sich um den Tod, den Ihr Nachfolger, Kapitän Ernst Lehmann, in diesem unerklärlichen, tragischen Unglück gefunden hat.

Der Führer und Reichskanzler

Une fausse lettre d'Adolf Hitler. Le faussaire a fabriqué une signature de Hitler et l'a imprimée en même temps que l'en-tête de la lettre. Il a ensuite tapé la lettre dans l'intervalle, en utilisant une machine de l'époque.

Le dossier du faussaire

ATTRAPER LE JOURNALISTE

Le roman *Couleurs primaires* paru en 1996, par Anonyme, n'était pas une contrefaçon, mais personne ne voulait admettre l'avoir écrit. Don Foster, professeur au collège de Vassar, utilisa son ordinateur pour comparer les mots inhabituels avec les écrits de 35 journalistes qui étaient parmi les principaux suspects. Foster identifia correctement Joe Klein comme en étant l'auteur. Le FBI fut impressionné par le succès de Foster et le consulta plus tard au sujet de plusieurs cas criminels.

Le journaliste Joe Klein admet devant la presse être l'auteur de *Couleurs primaires*.

tion spécifique, l'utilisation des marges, les espaces entre les mots et la manière dont chaque ligne est écrite.

LA « LETTRE COMMERCIALE DE LONDRES »

Lorsqu'on ne dispose pas d'un formulaire spécial, il arrive que l'on demande au suspect d'écrire, trois fois, un document appelé, *La Lettre commerciale de Londres*

> *Nos affaires de Londres sont bien, mais Vienne et Berlin sont calmes. Mr D. Lloyd s'est rendu en Suisse et j'espère en avoir de bonnes nouvelles. Il sera là-bas pour une semaine, Rue Zermatt, puis il se rendra à Turin et à Rome et rejoindra Col. Parry. Il arrivera à Athènes, en Grèce le 27 novembre ou le 2 décembre. Les lettres là-bas doivent être adressées : Boulevard King James 3580. Nous attendons Chas. E. Fuller mardi. Dr L. McQuaid et Robt. Unger, Esq., sont partis ce soir par le « Y.X » Express.*

Il existe un inconvénient à cet exemple requis. Le suspect peut essayer de déguiser

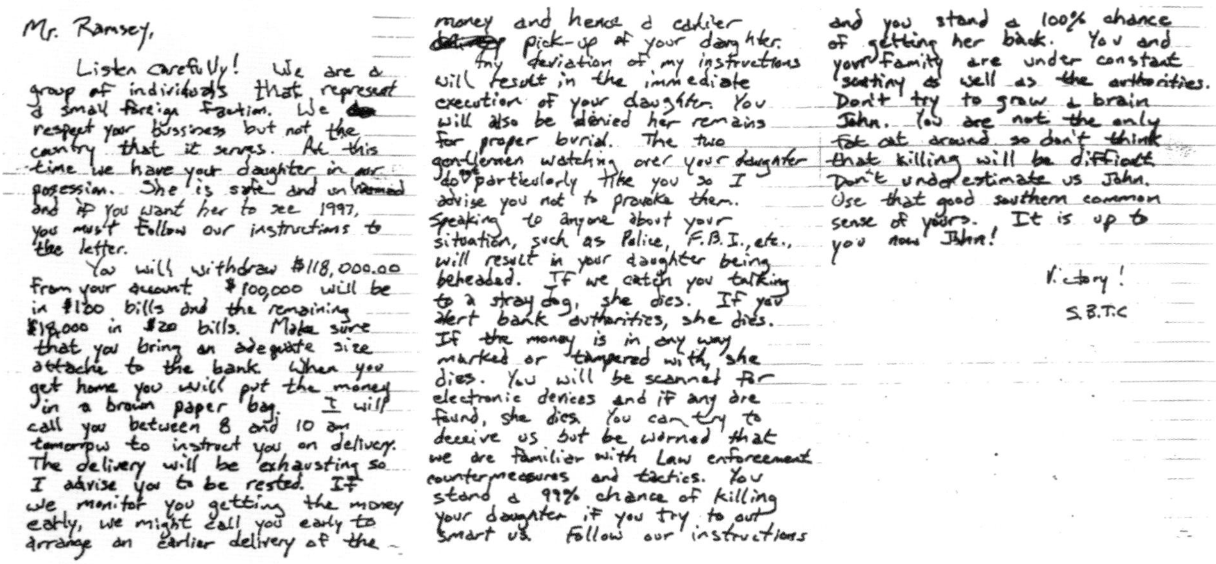

Mr. Ramsey,

Listen carefully! We are a group of individuals that represent a small foreign faction. We respect your bussiness but not the country that it serves. At this time we have your daughter in our posession. She is safe and unharmed and if you want her to see 1997, you must follow our instructions to the letter.

You will withdraw $118,000.00 from your account. $100,000 will be in $100 bills and the remaining $18,000 in $20 bills. Make sure that you bring an adequate size attache to the bank. When you get home you will put the money in a brown paper bag. I will call you between 8 and 10 am tomorrow to instruct you on delivery. The delivery will be exhausting so I advise you to be rested. If we monitor you getting the money early, we might call you early to arrange an earlier delivery of the money and hence a earlier ~~delivery~~ pick-up of your daughter. Any deviation of my instructions will result in the immediate execution of your daughter. You will also be denied her remains for proper burial. The two gentlemen watching over your daughter do particularly like you so I advise you not to provoke them. Speaking to anyone about your situation, such as Police, F.B.I., etc., will result in your daughter being beheaded. If we catch you talking to a stray dog, she dies. If you alert bank authorities, she dies. If the money is in any way marked or tampered with, she dies. You will be scanned for electronic devices and if any are found, she dies. You can try to deceive us but be warned that we are familiar with Law enforcement countermeasures and tactics. You stand a 99% chance of killing your daughter if you try to out smart us. Follow our instructions and you stand a 100% chance of getting her back. You and your family are under constant scrutiny as well as the authorities. Don't try to grow a brain John. You are not the only fat cat around so don't think that killing will be difficult. Don't underestimate us John. Use that good southern common sense of yours. It is up to you now John!

Victory!

S.B.T.C

La lettre de trois pages que la mère de la petite JonBenét Ramsey, assassinée à l'âge de 6 ans, prétendit avoir trouvée au pied des escaliers, dans sa maison. Certains experts pensent qu'il s'agit d'un faux.

son écriture, bien que les experts graphologues détectent en général des spécificités mineures qui ne peuvent être cachées. C'est pourquoi, si possible, les enquêteurs se procureront des « exemples collectés ». Il peut s'agir ici de n'importe quoi, depuis des lettres jusqu'à des demandes d'inscription rédigées ou signées par le suspect.

Lorsqu'il s'agit de contrefaçons dactylographiées, il est nécessaire de trouver la machine sur laquelle ces documents ont été produits. Chaque marque de machine a ses caractéristiques propres ; plus important encore, chaque machine a de façon presque certaine des caractères abîmés ou usés qu'il sera facile de repérer. Détecter des documents contrefaits sur un ordinateur ou n'importe quel autre moyen informatique peut être difficile. En effet, les ordinateurs ne présentent aucune de ces caractéristiques.

Les experts peuvent enfin examiner le texte d'un document écrit ou imprimé, et comparer son style avec celui de l'auteur présumé. Il peut y avoir des mots ou des phrases trop modernes, ou des références à des événements qui n'ont eu lieu qu'après la date supposée du document.

La sorte de mots que l'auteur utilise le plus souvent, ou la manière de construire ses phrases, peuvent être comparés avec un travail connu ou un écrit antérieur du suspect.

LE MEURTRE DE JONBENÉT RAMSEY

Le 26 décembre 1996, le corps de la petite JonBenét Ramsey, alors âgée de 6 ans, fut découvert dans le cellier de sa maison à Boulder, Colorado. Sa mère montra une lettre de trois pages, réclamant une rançon, qu'elle prétendit avoir trouvée au pied des escaliers quelques heures plus tôt. L'écriture déguisée de cette lettre et son style ont été l'objet d'un examen minutieux. Le Dr Andrew G. Hodges, qui a examiné le contenu de la lettre, pense qu'il s'agit d'« empreintes d'idées ». Il écrit : « J'ai examiné chaque mot, et j'ai pu lui donner chaque fois deux sens différents. » Il pense que le deuxième sens contient un message, codé de manière subconsciente. Parmi d'autres commentateurs, Hodges a déclaré que l'usage de certains mots et certaines phrases suggèrent que Madame Ramsey pourrait être elle-même la meurtrière.

UN APPAREILLAGE DE DÉTECTION D'ÉLECTRICITÉ STATIQUE

Lorsqu'on pense qu'un document est une contrefaçon moderne, on peut utiliser un équipement assez simple, connu sous le nom de ESDA (Appareil de détection d'électricité statique). Le principe de l'ESDA repose sur le fait que la pression sur le papier augmentera de façon permanente sa capacité à retenir une charge électrostatique. Ceci peut révéler toute marque faite sur une feuille de papier, produite lorsque l'on a écrit sur une feuille disposée au-dessus de celle-ci. Le document est placé sur un lit de métal poreux, et on dispose une fine feuille de Mylar transparent par-dessus. Le vide fait entre les deux feuilles les attire l'une contre l'autre et on fait alors passer un courant électrique entre les parois du « sandwich ». Les parties du document comportant une empreinte sont chargées d'électricité. On parsème alors un mélange de poudre d'encre de photocopie et de petites perles de verre sur le Mylar, qui révèle alors l'image par-dessous.

« L'AUTOBIOGRAPHIE » DE HOWARD HUGHES

Jusqu'à ce jour, Clifford Irving (né en 1930) prétend que l'imposture Hughes commença comme une blague. Un matin de décembre 1970, Irving se trouvait sur un bateau qui le ramenait à Ibiza, dans les Baléares espagnoles, où il vivait avec sa famille et où il venait d'écrire son livre Faux ! qui relate la carrière de Elmyr de Hory (voir chap. 2). Irving avait arrangé un rendez-vous avec un autre écrivain, Dick Suskind, lors d'un arrêt à Majorque.

Irving venait de lire un article dans le journal *Newsweek* à propos de Howard Robard Hughes, « le millionnaire invisible », qui se déclarait lui-même « l'homme le plus riche du monde », vivait comme un ermite

L'écrivain Clifford Irving, qui conçut une fausse autobiographie du multimillionnaire reclus Howard Hughes. Le canular échappa bientôt à son contrôle, et Irving fut finalement condamné pour escroquerie.

Vers la fin de sa vie, Howard Hughes devint pratiquement un reclus, il laissa l'administration de son immense fortune à la Hughes Tool Company.

au dernier étage de l'hôtel Désert Inn à Las Vegas (hôtel qu'il possédait), entouré d'une « garde prétorienne » constituée de Mormons. Hugues n'avait pas été vu en public pendant les quinze dernières années, et il ne communiquait avec son énorme réseau d'entreprises que par téléphone et par des mémos qu'il dictait. Il possédait également une cachette sur une île au large des Bahamas, et on suppose que Hughes s'y trouvait lors de la rencontre entre Irving et Suskind.

« Invisible » ? dit Suskind.

« Cela ne m'étonnerait pas qu'il soit mort. » Irving fut pris d'une soudaine inspiration. « Suppose que j'aille voir un éditeur, par exemple le mien, Mc Graw-Hill, et que j'invente une histoire disant que j'ai rencontré Hughes et qu'il m'a demandé d'écrire sa biographie autorisée ? »

La première idée de Irving était de concocter un « canular, une splendide farce dans laquelle éditeur et auteur collaboreraient », mais il estima que c'était impossible. Il décida toutefois d'écrire à son éditeur Beverly Loo, chez Mc Graw-Hill : « J'ai envoyé une copie de faux à Howard Hughes et j'ai, à ma grande surprise, reçu un mot de remerciements et de compliments de sa part. » Il se munit ensuite d'un bloc-notes jaune, du type de celui utilisé par Hughes, et utilisant comme modèle la photo d'une lettre figurant dans l'article du *Newsweek*, il se fabriqua trois contrefaçons de lettres qu'il s'adressa.

La première, datée du 10 décembre 1970, était une lettre de remerciements. La seconde, datée du 8 janvier 1971, n'était qu'une note brève : « J'ai reçu votre dernière lettre. J'ai pris note de son contenu et lui accorderais mon attention la plus sérieuse. » La troisième, datée du 20 janvier, était plus longue. Elle disait, en substance : « Je n'aimerais pas mourir sans avoir dissipé certains malentendus et sans avoir dit la vérité sur ma vie... je vous serais reconnaissant de me dire quand et comment vous désireriez commencer l'écriture de ma biographie... »

SANS RETOUR

Quelques jours plus tard, Irving s'envola pour New York et montra les lettres à Beverly Loo et à Albert Leventhal, un vice-président de McGraw-Hill. Ceux-ci lui offrirent immédiatement la somme de 100 000 $ à la signature du contrat, 100 000 $ à la livraison d'un manuscrit préliminaire et

300 000 $ lors de la réception du manuscrit définitif. Irving s'engageait maintenant non plus dans une simple farce, mais dans un énorme faux.

Pendant plusieurs années, il avait eu une relation en dents de scie avec Nina van Pallandt, qui faisait partie du duo de music folk Nina et Frederick. Irving et Van Pallandt s'étaient arrangés pour se rencontrer à New York et passer le week end à Nassau, lieu de la rencontre prévue avec Hugues, d'après les dires de Irving à MacGraw-Hill. Malheureusement, le couple ne trouva pas de vol pour Nassau et se rendit à Mexico à la place.

A l'aéroport de Mexico City, on photographia Irving à sa sortie d'un avion de la Eastern Airlines. A son retour à New York, il montra un carnet dans lequel il avait consigné deux rencontres qu'il affirma avoir eues avec Hughes. Il raconta que Hughes avait demandé à être appelé « Senior Octavio ». Irving prétendit que la photo de lui sortant de l'avion avait été prise par un des hommes de Hughes, pour pouvoir l'identifier. Irving amena également la copie d'un contrat entre lui et Hughes, entièrement fabriqué par ses soins.

L'avocat de MacGraw-Hill accepta le contrat, mais demanda que la signature de Hughes soit notariée. Ceci, bien sûr, s'avéra impossible. Il semblait que c'était la fin de la « farce », mais quelques jours plus tard,

Encore une fausse autobiographie de Howard Hugues. George Blagowidow, président de Best Books, Inc. pose à côté d'une pile d'exemplaires de *Ma vie et mes opinions* par Howard Hughes, édité par Robert P. Eaton à la librairie Brentano's à New York en janvier 1972.

Irving fut informé par Beverly Loo que la signature, puisqu'elle avait été faite en la présence de Irving, était acceptable, sans acte notarié.

Parmi les clauses du contrat stipulant le secret absolu, on pouvait lire: « L'argent sera déposé, comme accepté verbalement ou par écrit par H. R. Hughes, dans n'importe quelle banque de H. R. Hughes… »

La femme de Irving, Edith, était citoyenne suisse et avait un passeport suisse. Irving la prit en photo, coiffée d'une perruque noire, remplaça la photo originale de son passeport, effaça sa signature et lui demanda d'ajouter « H. R. Hughes ». Edith s'envola pour Zurich, où elle ouvrit un compte à ce nom, au Crédit Suisse.

Lorsque la parution imminente du livre fut annoncée en décembre, la société Hugues Tools a immédiatement démenti son authenticité.

Pendant ce temps, les dirigeants de McGraw-Hill, impressionnés par les pourcentages élevés réclamés par Hughes en droits subsidiaires, avaient approché le magazine *Life* et négocié la somme de 250 000 $ pour une publication en série dans le magazine. Irving obtint la permission de faire des recherches dans les dossiers de *Life*, et photographia en secret plus de 300 rapports détaillés que des correspondants avaient écrits sur Hughes, mais qui n'avaient pas été publiés. Pendant l'été chaud de 1971, Suskind et lui transpirèrent sur la falsification d'une série d'interviews avec le magnat reclus.

Fin août, le désastre menaça à nouveau. Beverly Loo téléphona pour dire qu'on avait offert un manuscrit de la biographie de Howard Hughes à un autre éditeur. Une autobiographie intitulée *Biographie telle que racontée à Robert Eaton*. Eaton était l'ex-mari de l'actrice Lana Turner. Les deux conspirateurs décidèrent que la meilleure stratégie était l'attaque. Ils s'envolèrent pour Palm Beach (assez près pour que Hughes ait pu s'y rendre en hélicoptère) et envoyèrent deux télégrammes à New York. Le premier établissait que Hughes avait entendu parler de l'accord avec *Life* et demandait maintenant le paiement de la somme de 1 000 000 $. Le second, contenait une dénégation de l'autorisation du livre de Eaton. A la mi-septembre, Irving et Suskind apportèrent 999 pages dactylographiées à McGraw-Hill, qui augmenta l'offre à 750 000 $, « mais pas un penny de plus ».

LES FAUX DE IRVING TROMPENT LES EXPERTS

En novembre, alors que Irving et Suskind terminaient la rédaction de leur livre, nouveau coup de téléphone de Beverly Loo, paniquée. Elle avait appris que le *Ladie's Home Journal* prévoyait de publier des extraits du livre de Eaton au mois de janvier suivant. Loo avait besoin de la permission immédiate de Hughes pour annoncer que McGraw-Hill était le seul éditeur d'une version autorisée de sa biographie. Irving composa alors une longue lettre de « Hughes », remplie d'amers reproches au sujet de l'incompétence de MacGraw-Hill, que *Life* soumit à l'expertise d'un graphologue. Celui-ci après l'avoir comparée avec une lettre authentique de Hughes conclut: « On peut affirmer que les deux exemples d'écriture ont été écrits par la même personne. Les chances que quelqu'un d'autre ait pu copier cette écriture sont inférieures à un million. »

Lorsque la sortie du livre fut annoncée, en décembre, la Hughes Tool Company en contesta immédiatement l'authenticité. De plus, le soir même, Hughes lui-même téléphona à Frank McCulloch, un reporter de *Life* qui l'avait interviewé en 1950. Le lendemain matin, des représentants de MacGraw-Hill rencontrèrent Irving et McCulloch. Le journaliste dit qu'il avait passé la

plus grande partie de la nuit à lire le manuscrit de Irving, et « si je devais parler devant une cour de justice, je devrais dire, que, d'après moi, le contenu n'a pu être donné à Cliff que par Howard ». Les éditeurs décidèrent de faire examiner les lettres de « Hughes » par un autre groupe d'experts en graphologie, qui conclurent à l'authenticité de ces lettres.

Dans un esprit de bravade, Irving se porta volontaire pour faire un test de détecteur de mensonge. Il devait prendre un vol de retour pour Ibiza, afin de passer Noël avec sa famille. Après un lourd déjeuner, et craignant désespérément de rater son avion, il prit place pour le test. Les résultats n'en furent pas concluants.

Hughes annonça alors qu'il donnerait une conférence de presse en réseau, la première depuis quinze ans, par téléphone, à un groupe de journalistes réunis dans un studio de télévision à Los Angeles.

Irving dit à la presse le lendemain matin que la voix enregistrée ne lui semblait pas être celle de Hughes. Un peu plus tard, l'inventeur « des empreintes vocales », Lawrence Kersta, put comparer l'enregistrement avec un autre enregistrement fait par Hughes trente ans auparavant devant un comité du Sénat. Kersta déclara que la voix enregistrée était sans aucun doute celle de Hughes.

Hughes possédait sa propre société d'enquêtes, Intertel, qui persuada le Crédit Suisse de lui révéler, en contravention avec la loi suisse sur le secret bancaire, que « H.R. Hughes » était une femme. On retrouva très vite Edith Irving à Ibiza. En février, Irving et Suskind furent convoqués tous deux à New York pour comparaître

Clifford Irving, sa femme Edith, et Dick Suskind officiellement accusés de délits allant de la fraude postale à l'escroquerie.

Les souvenirs de la période nazie continuent à fasciner les collectionneurs – et à inspirer les faussaires – plus de soixante ans après la fin de la Seconde Guerre mondiale.

devant deux grands jurys. Le dernier espoir de Irving était que Nina van Pallandt confirmerait qu'il avait bien rencontré Hughes à Nassau. Mais il fut bientôt déçu lorsqu'elle témoigna qu'il était resté avec elle à Mexico. Les conspirateurs décidèrent alors que le temps était venu pour eux d'avouer.

Le 16 juin 1972, Irving fut condamné à trente mois de prison, et Suskind à six mois. Edith fut condamnée à deux ans, avec seulement deux mois de sursis, mais elle fut ensuite condamnée à deux ans lors d'un procès à Zurich. Après sa libération, Irving poursuivit sa carrière d'écrivain, en publiant *La Farce*, à propos de son escroquerie.

LES « JOURNAUX DE HITLER »

Adolf Hitler mourut dans les ruines de Berlin, en Allemagne, en 1945, et beaucoup des membres de son entourage qui avaient survécu à la fin de la guerre furent exécutés à Nuremberg, l'année suivante. Il existe pourtant encore un marché pour des souvenirs nazis. Konrad « Konni » Kujau (1938-2000) fut l'un de ceux qui gagna le plus d'argent en répondant à cette demande. Il parvint presque à réaliser la plus vaste escroquerie aux documents des temps modernes.

Kujau était né à l'apogée du régime nazi, à Loebau, en Saxe. Après la fin de la Seconde Guerre mondiale, Loebau se trouvait en République Démocratique Alle-

mande, de 1946 jusqu'à 1991. En 1957, Kujau traversa la frontière et se réfugia en Allemagne de l'Ouest. Il mena une existence précaire pendant quelques années, où il fut condamné à de courtes peines de prison. Puis, avec sa femme Edith, il créa une affaire de lavage de vitres à Stuttgart. Aux alentours de 1969, il décida de se lancer dans le commerce de reliques nazies.

Par l'intermédiaire de sa famille restée en Allemagne de l'Est, Kujau fit paraître une annonce « recherche vieux jouets, casques, pots, pipes, poupées, etc. ». Pour supprimer toute activité commerciale reliée aux nazis, le gouvernement de l'Allemagne de l'Est avait interdit l'exportation de tels objets faits avant 1945. Kujau fut néanmoins bientôt « submergé » (ainsi qu'il l'affirma) de reliques qui étaient passées en Allemagne de l'Ouest en contrebande.

Vers 1974, son magasin était rempli de fusils et d'épées, de séries de médailles nazies, 150 casques, 50 uniformes, 30 grands drapeaux et bien d'autres articles encore. Pour demander des prix élevés, il commença à contrefaire des documents qui authentifiaient son stock. Par exemple, il prît un vieux casque rouillé de la Première Guerre mondiale et lui attacha une fausse étiquette, prétendument signée par Rudolf Hess, l'adjoint de Hitler. Cette étiquette affirmait que Hitler avait porté ce casque en 1917.

Kujau découvrit qu'il pouvait contrefaire non seulement l'écriture de Hitler, mais aussi ses peintures. De 1975 à 1980, Fritz Stiefel, riche propriétaire d'une société d'ingénierie, lui acheta 160 dessins, peintures à l'huile et aquarelles, 80 poèmes manuscrits, notes de discours et lettres, toutes prétendument écrites par Hitler.

En 1978, Kujau consulta un agenda du parti nazi de 1935 et copia la chronologie journalière des rendez-vous du Führer. Il utilisa un cahier d'écolier, un de ceux dont il avait fait l'acquisition à Berlin Est, et, d'une écriture apparaissant une copie passable de celle de Hitler, y reporta les entrées de l'agenda. Stiefel l'acheta très rapidement.

Konrad Kujau, né en Allemagne de l'Est, qui fit une petite fortune en vendant des contrefaçons de reliques nazies, mais dont on finit par découvrir qu'il était le faussaire des *Journaux intimes de Hitler*

Un journaliste du nom de Gerd Heidemann, fit son entrée dans cette histoire à ce moment-là. Celui-ci avait travaillé pour le magazine *Stern* à Hambourg, où il avait fait la connaissance d'anciens nazis. En janvier 1980, il rencontra Stiefel, qui lui montra, le *Journal de Hitler* et lui dit qu'il pouvait en exister 26 volumes en tout. Heidemann obtint le numéro de téléphone du marchand et l'appela à Stuttgart en janvier 1981. Kujau lui confirma l'existence des journaux. Il lui confirma également qu'il existait d'autres toiles et manuscrits, comprenant un troisième volume de *Mein Kampf* (l'histoire du début de la vie de Hitler) de même qu'un

Un exemplaire d'un numéro de 1983 du magazine allemand *Stern*, qui montre Kujau avec une de ses reliques et qui le décrit comme « l'homme qui découvrit les journaux intimes de Hitler ».

Kujau découvrit qu'il pouvait non seulement imiter l'écriture de Hitler mais aussi ses peintures.

opéra que Hitler aurait écrit dans sa jeunesse. Kujau affirma qu'un vieux général possédait tous ces documents, en Allemagne de l'Est, mais qu'il serait possible de les faire passer à l'Ouest en fraude.

Très excité, Heidemann s'assura la collaboration de Thomas Walde, le rédacteur de la partie historique du magazine *Stern*, et fit une offre de deux millions de marks pour le reste des journaux intimes.

Les deux hommes préparèrent un dossier détaillant la découverte et le présentèrent lors d'une réunion très secrète avec les dirigeants de Grüner et Jahr, propriétaires du Stern. Les dirigeants donnèrent immédiatement le feu vert pour le paiement de 85 000 marks pour chaque volume du journal, plus 200 000 marks pour le manuscrit de *Mein Kampf*, et une somme supplémentaire de 500 000 marks pour le reste de la collection de Kujau.

Le même soir, Heidemann s'envola pour Stuttgart. Il remit 200 000 marks en cash à Kujau, ainsi qu'un uniforme de parade qui avait appartenu à Goering, ce qui excita le marchand encore plus que l'argent. Il lui suffit de deux semaines pour terminer la contrefaçon des trois volumes suivants. Kujau fixa un sceau de cire rouge avec un aigle germanique sur les couvertures, et contrefit une étiquette, signée « Rudolf Hess » déclarant que les volumes étaient la propriété de Hitler. Il les manipula relativement brutalement pour leur donner un air ancien et usé, aspergea du thé sur certaines pages. Kujau s'envola ensuite pour Hambourg et livra les journaux à Heidemann. Les dirigeants de Grüner et Jahr étaient persuadés de leur authenticité et firent jurer le secret à tous ceux qui étaient au courant de l'affaire.

UNE AFFAIRE RENTABLE, DES DÉTAILS TERRE À TERRE

Pendant les deux années qui suivirent, Kujau contrefit les journaux restants. Une fois les faits vérifiés, il ne lui fallait que quelques heures pour remplir un volume. Il ne s'agissait souvent que d'une liste assez ennuyeuse de rendez-vous officiels ; d'autres entrées étaient des notes banales et des commentaires de peu d'intérêt historique. Et pour cela Grüner et Jahr payaient 200 marks le mot.

Un exemple d'entrée typique « Rencontre avec les leaders des Troupes d'Assaut en Bavière, distribution de médailles », et « Ne pas oublier les tickets pour les Jeux Olympiques pour Eva ».

Toutes les quelques semaines, Kujau téléphonait à Heidemann pour lui annoncer qu'une autre fournée de documents avait été passée en contrebande depuis l'Allemagne de l'Est, souvent à l'intérieur d'un piano. Heidemann réunissait une grosse somme en argent liquide et s'envolait pour Stuttgart pour prendre livraison des volumes. Mais ce que tout le monde ignorait, c'est qu'il ne donnait que 50 000 marks à Kujau pour chaque volume et qu'il gardait 35 000 marks pour lui-même. Après quelque temps, Heidemann annonça que le prix de chaque volume avait soudain augmenté et qu'il était maintenant de 200 000 marks, car le général fictif avait besoin de payer des pots de vin. Enfermés dans une spirale de cupidité, Grüner et Jahr autorisèrent les paiements.

PUBLIER LA FARCE

Grüner et Jahr décidèrent d'utiliser des extraits des journaux intimes, et de les publier dans *Stern*, au début de janvier 1983, au moment du cinquantième anniversaire de la venue au pouvoir de Hitler. Mais la tentation fut trop grande d'en vendre les droits. Courant février 1983, dans le plus grand secret, ils approchèrent *Newsweek* et *Times*, aux Etats-Unis, *Paris Match*, en France et *El Pais* en Espagne.

24 APRIL 1983 No 8285 Price 40p

THE SUNDAY TIMES

WORLD EXCLUSIVE: How the diaries of the Fuehrer were found in an East German hayloft

The secrets of Hitler's war

…ensational disclosures about Hitler's rise to …ower and his conduct of the Second World …ar are contained in 60 secret diaries which …ave been found after being hidden in an East …erman hayloft for nearly 40 years. The …unday Times today tells the full story of this …storic discovery.

The next extracts

MY FRIENDS AND ENEMIES

In the shadow of Adolf Hitler … Gert Heidemann, the reporter who discovered the diaries of the Fuehrer

Flashes of genius

La première page fatale du *Sunday Times* du 24 avril 1983. Bien qu'on eût déjà dénoncé les journaux comme étant des faux, la publication se poursuivit, et le tirage augmenta.

UN INDICE PRÉCOCE

Jusqu'alors on ne s'était pas beaucoup préoccupé de prouver l'authenticité des documents. Walde en avait envoyé quelques spécimens au département médico légal de la police en juillet 1982, mais celui-ci n'avait pas encore donné sa réponse. A la fin de mars 1983, toutefois, un expert de la police annonça que sur les neufs spécimens qu'il avait eus entre les mains, au moins six contenaient un agent de blanchiment du papier qui n'avait été utilisé qu'après 1946. Heidemann téléphona à Kujau, qui traita l'affaire par le dédain : il savait, affirmait-il, que cet agent de blanchiment du papier était utilisé depuis 1915. Ni Walde, ni Heidemann n'informèrent *Stern* du rapport de police.

Les droits de publication de l'histoire par épisodes furent offerts au *Times* de Londres. Le 1er Avril, (une date qui s'avérera significative) l'éditeur adjoint du *Times* de Londres téléphona à Hugh Trevor-Roper (Lord Dacre), l'un des administrateurs indépendants du journal. On demanda à Trevor Roper, auteur distingué des *Derniers jours de Hitler*, de donner son opinion sur les journaux intimes. Il s'envola pour Zurich, où les volumes se trouvaient dans les coffres d'une banque suisse, et déclara qu'il était convaincu par ce qu'il avait vu.

Rupert Murdoch, propriétaire de *Times Newspapers*, décida de commencer la publication dans le *Sunday Times* du 24 avril, *Stern* publierait le jour d'après, *Newsweek* le 26 avril et *Paris Match* le 17 avril. On ne put toutefois éviter une fuite sur la proximité de la publication. David Irving, un historien farouchement pro-Hitler, apparut à la BBC le 22 avril au soir et annonça que les journaux étaient des faux.

Trevor-Roper commença lui aussi à avoir des doutes, il téléphona à l'éditeur du *Times*. On appela Murdoch, qui était aux Etats-Unis. Sa réaction fut typique : « On se fiche de Dacre, publiez ! »

Les premiers épisodes des *Journaux intimes de Hitler* parurent en Grande-Bretagne, Allemagne, France et Etats-Unis, comme prévu. Le 2 mai, toutefois, Stern reçut enfin un rapport détaillé de l'Institut Fédéral d'Analyses Médico-Légales de Berlin. Les examens avaient révélé des traces d'un textile synthétique non produit de façon notable avant 1943, et une gomme polyester qui datait de 1953. Un expert graphologue, consulté par *Newsweek*, suspecta fortement que les journaux étaient des faux.

A l'annonce de ces nouvelles, Kujau s'enfuit de Stuttgart, mais se rendit à la police une semaine plus tard. Lorsqu'il apprit que Heidemann avait maintenu que Grüner et Jahr lui avaient payé la totalité des 9,3 millions de marks, Kujau avoua, prétendant que Heidemann avait toujours su que les journaux étaient des faux.

Kujau fut accusé d'avoir reçu en fraude 1,5 millions de marks, et fut condamné à quatre ans et six mois de prison. Heidemann

Le dossier du faussaire

LES JOURNAUX INTIMES DE MUSSOLINI

Les journaux de Hitler ne furent pas les premiers journaux d'un dictateur fasciste à être mis en vente. En 1957, une femme italienne, Amalia Panvini, et sa mère, âgée de 84 ans, présentèrent 30 volumes de ce qu'elles prétendirent être les journaux intimes de Benito Mussolini. Apparemment, le propre fils de Mussolini fut trompé, de même qu'un expert qui les examina et déclara : « Trente volumes manuscrits ne peuvent être l'œuvre d'un faussaire, mais celle d'un génie. »

Ruppert Murdoch, propriétaire de *Times Newspapers*, photographié au début des années 1980. Les journaux de Murdoch profitèrent d'une augmentation des ventes bien que *Les journaux intimes de Hitler* soient des faux.

fut accusé d'avoir volé 1,7 millions de marks, bien que le procureur soutint que le montant avait bien pu être de 4,6 millions de marks, il fut condamné à quatre ans et huit mois de prison. Plus de 5 millions de marks s'étaient envolés sans laisser de traces. Grüner et Jahr estimèrent que leur perte totale s'élevait à 19 millions de marks.

Ruppert Murdoch eut le dernier mot de cette affaire. Le tirage du *Sunday Times* avait augmenté de 60 000 exemplaires. « Après tout, nous travaillons dans le domaine du divertissement, dit-il. Le tirage a augmenté, et il est resté élevé. Nous n'avons pas perdu d'argent. »

LE PLASTIQUEUR MORMON

A son retour à Salt Lake City, Hofmann s'inscrivit comme étudiant en année préparatoire de médecine à l'Université de l'Etat de l'Utah. Quelque six mois plus tard, il montra à un ami une édition de 1688 de la Bible du roi James, et une feuille de papier pliée et collée qu'il lui dit avoir trouvée à l'intérieur. L'extérieur du papier portait les mots, écrit avec une encre très délavée : « Ces caractères ont été dûment copiés de ma main, à partir des plaques d'or, et donnés à Martin Harris... Joseph Smith Jr. »

Lorsque la colle fut ôtée, le papier se dépliait et révélait une page de symboles et de dessins. Il ressemblait en effet à la description d'un papier que Martin Harris (voir l'encadré) avait amené à New York pour y être examiné en 1828. Les anciens de l'Eglise déclarèrent que le document était authentique et récompensèrent Hofmann en lui offrant une édition originale du *Livre des Mormons*, et des pièces mormones anciennes d'une valeur de plus de 20 000 $. Il annonça aussitôt qu'il arrêtait ses études de médecine et qu'il s'établissait comme marchand de livres anciens.

Mark Hofmann en 1984, au faîte de sa carrière de marchand et de collectionneur. Il tient dans ses mains la première édition du *Livre des Mormons*.

Au début de 1981, Hoffman présenta deux autres documents mormons anciens et fut à nouveau récompensé : l'Eglise mormone lui offrit des objets d'une valeur supérieure à 20 000 $. L'année suivante, il proposait une déclaration, écrite au crayon sur du papier ligné, qui était un compte rendu signé par Martin Harris d'une vision où lui étaient apparues les plaques d'or de Moroni. Peu après, Hofmann dit avoir découvert une lettre datée de 1829, prétendument écrite par la mère de Joseph Smith. L'Eglise mormone authentifia les deux documents, et la presse commença à appeler Hofmann « le véritable Indiana Jones ».

Trois ans après s'être installé comme marchand, Hofmann vendait et achetait des livres et des autographes à grande échelle. Il affirmait avoir obtenu beaucoup de ses trouvailles en achetant des lettres de gens qui les avaient collectionnées pour les timbres poste anciens, mais qui n'étaient pas intéressés par leur contenu. Il partait une fois ou deux par mois à New York, pour assister à des ventes aux enchères chez Sotheby's ou Christie's et, lorsqu'il avait besoin de capital pour ses achats, il trouvait toujours de riches investisseurs parmi ses coreligionnaires mormons.

Hofmann affirma même qu'il était sur la piste du livre de 116 pages, le *Livre des Mormons* qui avait été perdu par Martin Harris. Au début de 1985, Hofmann confia à quelques-uns de ses amis proches qu'il avait trouvé le document manquant le plus célèbre de toute l'histoire américaine.

Le dossier du faussaire
LE LIVRE DES MORMONS

Joseph Smith (1805-1844) était né le troisième fils d'une famille pauvre de la Nouvelle Angleterre, établie à Fayette, New York. Des années plus tard, Smith fonda l'Eglise Mormone, connue également sous le nom d'Eglise de Jésus Christ des Saints des Derniers Jours. Il fondait ses enseignements sur la Bible et sur le *Livre des Mormons*, qu'il affirmait avoir reçu d'un ange en septembre 1823. L'ange, appelé Moroni, était sensé avoir montré à Smith quelques plaques d'or, gravées de caractères en forme de hiéroglyphes, cachées sur une colline, près de la ferme familiale. Selon les révélations supposées de Moroni, les plaques avaient été cachées là pendant 1400 ans. Finalement, le 22 septembre 1827, l'ange remit ces plaques à Smith, de façon temporaire, en même temps que deux pierres magiques, appelées Urim et Thummim pour lui permettre de déchiffrer les plaques.

Joseph Smith prêchant la foi mormone.

Smith publia son *Livre des Mormons* le 26 mars 1830. Ce livre racontait comment un groupe d'Israélites, conduits par un prophète appelé Lehi, avait quitté Israel pour se rendre en Amérique 600 ans environ avant l'ère chrétienne. Là-bas, ils s'étaient séparés en deux groupes opposés : les disciples du fils de Lehi, Nephi, et les disciples du frère de Nephi, Laman. Dieu avait maudit les Lamanites en raison de leur méchanceté, et leur avait donné la peau noire. Pendant des siècles ils furent en guerre avec les Nephites. Finalement les Nephites furent éliminés pendant une bataille en l'an 421, le seul survivant étant Moroni, dont le père avait été appelé Mormon et qui avait gravé les plaques d'or. Les 116 premières pages de l'œuvre, le *Livre de Lehi*, que Smith avait légué à son premier disciple, Martin Harris, furent toutefois perdues.

Il s'agissait du premier document imprimé dans les colonies américaines, en 1639: Une simple petite feuille de papier sur laquelle était rédigé *Le Serment d'un homme libre*, tel que juré par les premiers citoyens du Massachusett.

Cinquante exemplaires seulement avaient été imprimés, et tous étaient perdus, mais le texte était connu. Hoffman dit qu'il avait acheté quelques vieux papiers à la librairie Argosy Book Company, sur la 59e rue Est à New York et qu'il avait trouvé ce *Serment* parmi ces papiers. Il ressemblait beaucoup à un document postérieur du même imprimeur, le *Bay Psalm Book* de 1640, qui se trouvait à la Bibliothèque Municipale de

Ci-contre : un marchand qui réussit apparemment dans la vente de manuscrits anciens, Mark Hofmann pose devant le Tabernacle Mormon à Salt Lake City, Utah.

New York. Hofmann offrit le *Serment* à la bibliothèque du Congrès pour une somme de 1 million de dollars.

Parmi ceux qui avaient soutenu l'achat des « découvertes » de Hofmann par l'Eglise mormone, se trouvaient deux dirigeants d'une société de planning financier de Salt Lake City, J. Gary Sheets et Steve Christensen. En 1985, cette société rencontra de sévères difficultés financières et se mit en faillite. Hofmann, lui aussi, avait beaucoup de dettes et réfléchit à un moyen de détourner l'attention de ses propres problèmes.

A 7 heures du matin, le 15 octobre, un colis piégé explosa dans les mains de Christensen, à la porte de son bureau. A 9 h 45, une bombe similaire tuait la femme de Sheets, à son domicile. La police pensa que la bombe était dirigée contre son mari. Des agents du bureau de l'alcool, tabac et armes à feu (ATF), remarquant que les deux cibles étaient membres de la même société de planning financier, suggérèrent que le motif de cette attaque était une revanche liée à l'échec de cette dernière. Peu après 2 h 30 de l'après midi, le 16 octobre, Hofmann fut gravement blessé par l'explosion d'une troisième bombe, au moment où il ouvrait la porte de sa voiture garée sur Main Street, près du Tabernacle Mormon.

Alors qu'il était à l'hôpital, souffrant de graves blessures, Hofmann apparut comme une victime innocente, mais les enquêteurs, en cherchant le fabriquant de la bombe, tombèrent sur l'usine de gravure où la fausse plaque du *Serment* avait été fabriquée. La preuve était concluante. Après une audition préliminaire en mai 1986, on releva contre Hofmann les charges de meurtre et d'escroquerie. En janvier 1987, il passa aux aveux devant deux procureurs du bureau de l'Attorney Général du Comté et, le 23 janvier, répéta ses aveux devant le tribunal. Le juge rendit une sentence d'emprisonnement à vie.

D'AUTRES CONTREFAÇONS DE HOFMANN

Personne ne saura jamais combien de documents, parmi les livres et textes apparemment authentiques vendus par Hoffmann, étaient en fait des faux. En 1997, le manuscrit d'un poème jusqu'alors inconnu d'Emily Dickinson (1830-1886), fut vendu aux enchères par Sotheby's et acheté par la Bibliothèque Jones, dans la ville natale de la poétesse, Amherst, Massachusetts. Il s'avéra qu'il s'agissait d'un travail de Hofmann.

COMMENT ON DÉCOUVRIT L'ESCROQUERIE

Une fois qu'il eut décidé de contrefaire *Le Serment*, la première des choses que fit Hofmann fut d'organiser une « usine ». Il imprima une seule copie d'une ballade insignifiante, en vieux caractères, sur un morceau de papier qui avait l'air ancien et lui donna pour titre *Le Serment d'un homme libre* ; il l'évalua à 25 $ et le glissa dans la boîte aux bonnes affaires du magasin Argosy Company Store. Après avoir sélectionné quatre autres articles bon marché de la même boîte, il s'assura qu'on lui avait remis

A droite : la contrefaçon de Hofmann du *Serment d'un homme libre*, le premier document imprimé en anglais dans le *Nouveau Monde*.

THE OATH OF A FREEMAN.

I·AB·being (by Gods providence) an Inhabitant,
and Freeman, within the iuriſdictiō of this
Common-wealth, doe freely acknowledge my
ſelfe to bee ſubject to the governement thereof;
and therefore doe heere ſweare, by the great
& dreadfull name of the Everliving-God, that
I will be true & faithfull to the ſame, & will
accordingly yield aſſiſtance & ſupport therunto,
with my perſon & eſtate, as in equity I am bo-
und: and will alſo truely indeavour to maintaine
and preſerve all the libertyes & privilidges there-
of, ſubmitting my ſelfe to the wholeſome lawes,
& ordres made & ſtabliſhed by the ſame; and fu-
rther, that I will not plot, nor practice any evill
againſt it, nor conſent to any that ſhall ſoe do,
butt will timely diſcover, & reveall the ſame to
lawefull authoritee nowe here ſtabliſhed, for the
ſpeedie preventing thereof. Moreover, I doe
ſolemnly binde my ſelfe, in the ſight of God,
that when I ſhalbe called, to give my voyce
touching any ſuch matter of this ſtate, (in wh-
ich freemen are to deale) I will give my vote
& ſuffrage as I ſhall judge in myne owne con-
ſcience may beſt conduce & tend to the publick
weale of the body, without reſpect of perſonn-
es, or favour of any man. Soe help mee God in
the Lord Ieſus Chriſt.

une facture détaillée, avec la mention de chaque article, pour le montant de son achat: 51,42 $. De cette manière, il s'assurait de la « provenance du document ».

Hofmann fit ensuite des photocopies de plusieurs pages d'un fac-similé moderne du *Bay Psalm Book*, découpa des caractères, et les colla ensemble pour faire le texte du *Serment*. Il entoura le texte d'une bordure faite de « fleurs » d'imprimeur qui étaient également copiées du *Bay Psalm Book*.

Le collage fut ensuite à nouveau photocopié, et Hofmann en donna un exemplaire à un graveur pour en faire une plaque d'imprimerie en zinc. Comme l'original du *Serment* avait dû être imprimé avec des caractères en métal grossièrement fondus, Hofmann donna une forme un peu irrégulière à certaines des lettres en arrondissant légèrement leurs angles et en émoussant leur surface.

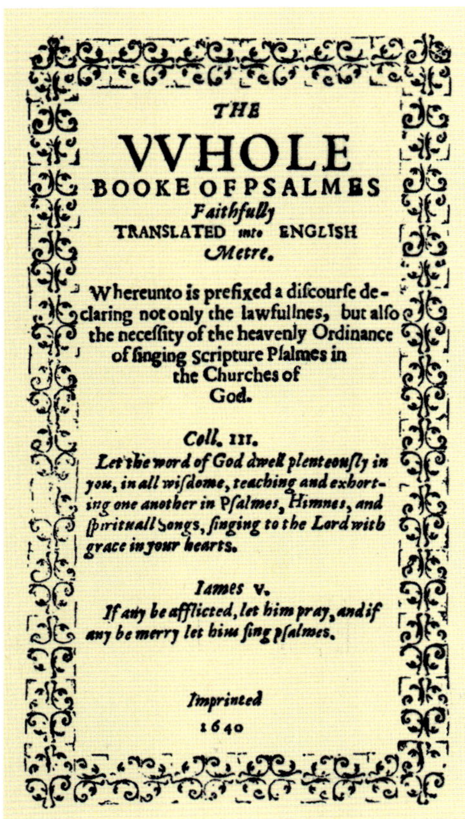
THE

VVHOLE

BOOKE OF PSALMES

Faithfully

TRANSLATED *into* ENGLISH

Metre.

Whereunto is prefixed a diſcourſe declaring not only the lawfullnes, but alſo the neceſſity of the heavenly Ordinance of ſinging Scripture Pſalmes in the Churches of God.

Coll. III.

Let the word of God dwell plenteouſly in you, in all wiſdome, teaching and exhorting one another in Pſalmes, Himnes, and ſpirituall Songs, ſinging to the Lord with grace in your hearts.

James V.

If any be afflicted, let him pray, and if any be merry let him ſing pſalmes.

Imprinted

1640

La page de titre du *Bay Psalm Book*. Hofmann fit des photocopies d'un fac-similé moderne pour l'utiliser dans sa contrefaçon du *Serment d'un homme libre*.

Pour fabriquer l'encre, Hofmann brûla un morceau de cuir du XVIIe siècle provenant de la reliure d'un livre, de manière à ce qu'une éventuelle datation au carbone 14 confirme que le document avait au moins 300 ans d'âge. Il mélangea la cendre avec de l'huile de lin et utilisa la page de garde d'un livre de la même époque. Pour ajouter encore à l'apparence de l'âge, il laissa des champignons se développer sur le papier, pour que se produisent les taches typiques d'un brun-jaune bien connu. Pour compléter la contrefaçon, il mit le papier dans une chambre à étincelles produisant de l'ozone qui oxyda et fit pâlir l'encre.

Après que de nombreux experts en documents historiques se fussent déclarés incapables de dire si *Le Serment d'un homme libre* était authentique ou non, ce document fut envoyé à l'Université de Californie à Davis, pour une analyse de l'encre dans un cyclotron géant, par activation de neutrons. A l'été 1986, les scientifiques déclarèrent qu'ils avaient comparé *Le Serment* avec une copie authentique du *Bay Psalm Book*, que l'encre utilisée semblait similaire dans les deux cas, et qu'ils ne voyaient par conséquent aucune indication d'escroquerie.

On demanda à William Flynn, un spécialiste en analyse de documents au laboratoire criminel de l'Etat d'Arizona, si un quelconque document écrit de Hofmann pouvait être un faux. Flynn examina les documents au microscope et fut étonné d'observer une légère craquelure à la surface de l'encre, qui n'était jamais apparue sur l'encre de documents que l'on savait authentiques. Il existait également des signes que le papier avait absorbés un peu d'encre, comme si celui-ci avait été trempé dans une solution quelconque et avait ensuite été séché.

Flynn mélangea un peu d'encre selon une formule ancienne, mais lorsqu'il s'en servit pour écrire, le résultat était noir et lisse, et non pas le brun passé du document de Hofmann. Le traitement avec une solution diluée d'hydroxyde de sodium (soude caustique) amena le texte écrit à une teinte cor-

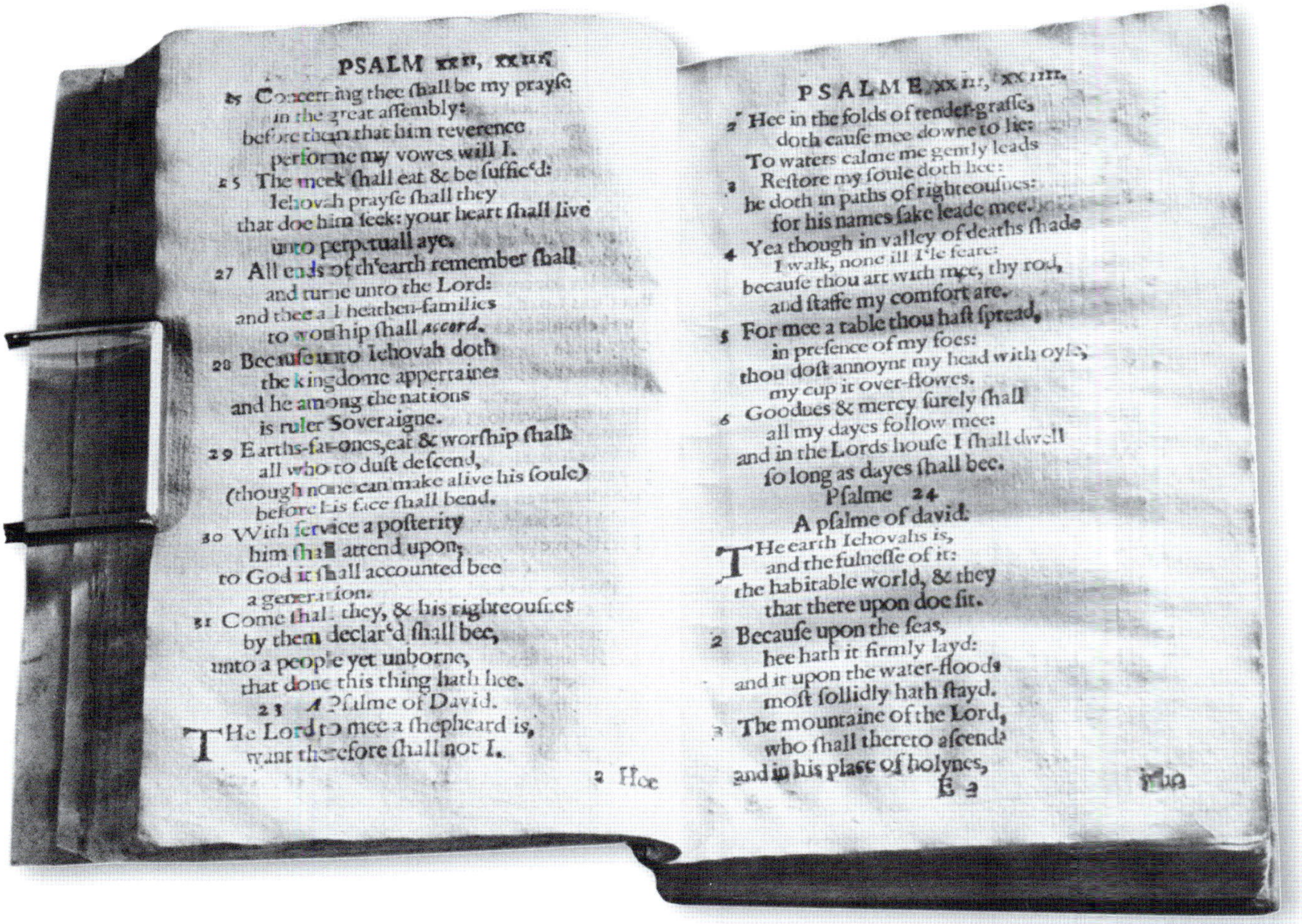
PSALM XXII, XXIII.
25 Concerning thee shall be my prayse
in the great assembly:
before them that him reverence
performe my vowes will I.
26 The meek shall eat & be suffic'd:
Iehovah prayse shall they
that doe him seek: your heart shall live
unto perpetuall aye.
27 All ends of th'earth remember shall
and turne unto the Lord:
and thee all heathen-families
to worship shall *accord*.
28 Because unto Iehovah doth
the kingdome appertaine:
and he among the nations
is ruler Soveraigne.
29 Earths-fat-ones, eat & worship shall:
all who to dust descend,
(though none can make alive his soule)
before his face shall bend.
30 With service a posterity
him shall attend upon,
to God it shall accounted bee
a generation.
31 Come shall they, & his righteousnes
by them declar'd shall bee,
unto a people yet unborne,
that done this thing hath hee.
23 A Psalme of David.
THe Lord to mee a shepheard is,
want therefore shall not I.
2 Hee

PSALME XXIII, XXIIII.
2 Hee in the folds of tender-grasse,
doth cause mee downe to lie:
To waters calme me gently leads
3 Restore my soule doth hee:
he doth in paths of righteousnes:
for his names sake leade mee.
4 Yea though in valley of deaths shade
I walk, none ill I'le feare:
because thou art with mee, thy rod,
and staffe my comfort are.
5 For mee a table thou hast spread,
in presence of my foes:
thou dost annoynt my head with oyle,
my cup it over-flowes.
6 Goodnes & mercy surely shall
all my dayes follow mee:
and in the Lords house I shall dwell
so long as dayes shall bee.
Psalme 24
A psalme of david.
THe earth Iehovahs is,
and the fulnesse of it:
the habitable world, & they
that there upon doe sit.
2 Because upon the seas,
hee hath it firmly layd:
and it upon the water-floods
most sollidly hath stayd.
3 The mountaine of the Lord,
who shall thereto ascend?
and in his place of holynes,
E 3 who

Deux pages de l'authentique *Bay Psalm Book*, qui montre la police de caractère du XVIIe siècle utilisée par Hofmann dans sa contrefaçon.

recte, mais aucune craquelure ne se produisit. Puis Flynn essaya un échantillon d'encre auquel il ajouta de la gomme arabique pour l'épaissir et la faire sécher plus rapidement. L'encre se craquela lors du traitement à l'hydroxyde de sodium. Flynn put alors conclure que 21 des 79 documents vendus par Hofmann à l'Eglise mormone étaient suspects.

LA FAUTE QUI TUE

Il revint au procureur du Comté, Théodore Cannon, imprimeur pendant dix-sept ans, l'honneur de révéler que *Le Serment* devait être une contrefaçon. Chaque lettre d'imprimerie est fondue sur un corps plus grand en hauteur que la distance entre le haut de la plus haute lettre (la hampe montante) et le bas de la plus basse lettre (la hampe descendante). Les hampes descendantes d'une ligne d'imprimerie ne peuvent donc pas rejoindre les hampes ascendantes de la ligne suivante. A plusieurs endroits, dans les documents imprimés de Hofmann, on pouvait voir à l'œil nu que ce n'était pas le cas.

Il y avait aussi la question de la bordure de « fleurs » qui entourait le texte. Une fois le texte d'imprimerie assemblé, il aurait dû être maintenu par de longues barres de métal avant la pose de la bordure tout autour. Hofmann n'avait pas pris cela en considération : l'espace vierge entre le texte et la bordure était donc insuffisant. Cela prouvait définitivement que *Le Serment* n'avait jamais pu être imprimé.

CHAPITRE 4

FAUX EN ARCHÉOLOGIE

Il est tentant de fabriquer un objet qui semble remonter à de nombreux siècles. Comme il n'existe aucune attestation antérieure de son existence, il est difficile de mettre en doute sa provenance.

Les gens qui fabriquent des faux « préhistoriques » prétendent habituellement les avoir déterrés, quelquefois en même temps que des objets authentiques. En fait, ainsi que l'ont démontré des archéologues amateurs armés de détecteurs de métaux, quelques-unes des découvertes les plus intéressantes ont été faites dans des régions où l'on n'avait jamais rien pensé trouver auparavant. Comme les faussaires en art, ces faussaires sont souvent animés par des motivations complexes et ne sont pas toujours concernés par le profit pécuniaire. En fait, comme ce fut le cas de Rouchomovsky et de « Flint Jack » (voir ci-dessous), ils ont pu fabriquer leurs faux par pure délectation pour leur propre talent. Certains, comme les artistes aigris se tournant vers la copie, cherchent à ridiculiser les experts. D'autres veulent accroître leur prestige personnel. D'autres encore semblent ne pas pouvoir s'empêcher de produire des contrefaçons, simplement pour le plaisir.

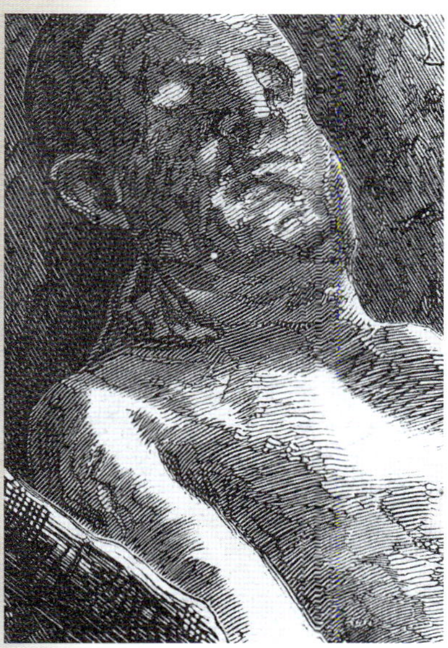

Ci-contre : une « esquisse d'artiste » du *Géant de Cardiff*, dans un journal.

A gauche : les falaises à Qumran, Israël, où furent découverts les manuscrits de la Mer Morte. Des rouleaux similaires, proposés à la vente en 1883 par Moïse Shapira, furent déclarés faux.

A droite : le jeune paléontologue Pierre Teilhard de Chardin (à l'extrême gauche) et Arthur Smith Woodward (près de lui) avec des travailleurs locaux sur le site de Piltdown en 1912.

TROUVER LE « MAILLON MANQUANT »

Il n'existe pas de plus fameux exemple de faux préhistorique que l'histoire du crâne de Piltdown. Charles Darwin (1809-1882) avait publié en 1871 *Les Origines de l'Homme*, un livre dans lequel il expliquait sa théorie, selon laquelle l'humanité avait évolué graduellement depuis des ancêtres proches des singes.

Quelque quinze ans auparavant, un squelette fossilisé qui ressemblait à celui d'un humain avait été découvert dans une grotte au fond d'un ravin du Néanderthal, non loin de Düsseldorf, en Allemagne. Deux squelettes supplémentaires furent découverts à Spy, en Belgique, en 1886. D'autres fossiles « d'hominidés » furent découverts à Java en 1891 et en Allemagne en 1907. Mais aucun de ces crânes n'avait l'apparence d'un crâne d'humain moderne et, pendant les premières années du XXe siècle, les anthropologues étaient obsédés par la perspective de trouver le « maillon manquant », permettant d'étayer la théorie de l'évolution.

En 1908, Charles Dawson, géologue amateur et juriste (1864-1916) prit possession d'un crâne humain brisé qui avait été sorti d'une carrière de cailloux à Piltdown, dans le Sussex, au Sud-Est de l'Angleterre. En 1912, accompagné par Arthur Smith Woodward, directeur du département de géologie au British Museum, Dawson déterra non loin de là un os de mâchoire qui ressemblait à celui d'un singe et qui avait encore une molaire.

En décembre 1912, les deux hommes présentèrent le crâne de « L'Homme de Piltdown » au cours d'une réunion agitée de la Société de Géologie à Londres. Woodward dit que le crâne était certainement celui d'un humain ; la mâchoire pouvait ressembler à celle d'un singe, mais les molaires étaient aplaties comme chez l'homme. Les découvreurs avaient trouvé également une hache de silex, un outil en os et des restes d'animaux, le tout indiquant que la trouvaille était vieille d'environ 500 000 ans.

Bien que Dawson gagna du prestige en donnant son nom à ce « maillon manquant », d'autres anthropologues émirent des doutes, suggérant que les deux parties du squelette provenaient d'espèces différentes et de différentes périodes. Les sceptiques furent réduits au silence, lorsqu'un squelette similaire fut découvert à deux miles environ de Piltdown en 1915. Quelques mois plus tard, Charles Dawson décédait.

La hache de silex avait également été tachée, et l'outil en os portait la marque d'un instrument de métal. C'était évident : « L'Homme de Piltdown » n'avait jamais existé.

Durant les années qui suivirent, d'autres squelettes d'hommes primitifs furent découverts dans différentes parties du monde. Certains étaient datés bien antérieurement au spécimen de Piltdown, et un fait devint clair : pendant plus d'un million d'années, les hominidés commencèrent par développer une mâchoire et des dents similaires à celles d'un homme moderne, et ce n'est que plus tard qu'ils développèrent un crâne plus grand. Quoi qu'il fut, « L'Homme de Piltdown » n'était pas le maillon manquant.

PAS UN HUMAIN, MAIS UN ORANG-OUTANG

En 1949, tout fut découvert. Au British Museum, Kenneth Oakley fut autorisé à examiner les spécimens pour mesurer combien ils avaient absorbé de fluor ambiant. Le résultat de ses recherches tendait à démontrer que les squelettes étaient bien plus récents que les restes d'animaux trouvés à leurs côtés. Une seconde batterie de tests montra que les mâchoires étaient encore plus récentes que les squelettes. Une analyse plus poussée révéla que le crâne avait été taché avec du sulfate de fer, que la mâchoire prove-

nait d'un orang-outang et avait été teintée avec du bichromate de potassium, et que la molaire avait été limée. La hache de silex avait, elle aussi été teintée, et l'outil en os portait les marques d'un instrument métallique. Il était évident que « L'Homme de Piltdown » n'avait jamais existé. En 1953, on révéla publiquement l'escroquerie.

En 1959, toute l'étendue de l'escroquerie fut révélée lorsqu'une datation au carbone 14 révéla une date encore plus récente pour le premier crâne. Au lieu d'être un fragment de squelette d'un homme préhistorique, il se révéla n'être vieux que d'environ 600 ans. On découvrit encore que des victimes de la peste noire (1348-1350) avaient été enterrées dans une fosse de la peste, située juste derrière la carrière de cailloux. Il devenait donc très plausible que « L'Homme de Piltdown » avait été une de ces malheureuses victimes.

QUI DONC ÉTAIT LE FAUSSAIRE ?

On crut pendant longtemps que Dawson était le coupable. Il avait ouvertement admis avoir plongé certains fragments dans du bichromate de potassium, croyant les raffermir par ce procédé. Mais cela n'expliquait pas les autres indices à charge. Il restait possible que Dawson lui-même ait été la première victime de la farce. Il était certainement suffisamment crédule. Dawson présenta à des musées locaux d'autres trouvailles qui lui avaient été apportées. On a depuis prouvé qu'il s'agissait de faux patents.

Le prêtre jésuite français et paléontologue, Pierre Teilhard de Chardin (1881-1955) fut souvent montré du doigt : il avait en effet assisté Dawson et Woodward en 1912 et 1913. Teilhard de Chardin fut celui qui avait

Sir Arthur Keith au Musée du Royal College of Surgeons, à Londres. Il fut complètement subjugué par l'escroquerie de Piltdown et maintint tout au long de sa vie que la trouvaille était authentique.

ramassé la canine vitale qui avait aidé à confirmer la nature du squelette de Piltdown – et qui aurait pu tout simplement être placée là où on l'avait trouvée.

Celui-ci a toutefois mené une carrière distinguée à la fois comme paléontologue et comme philosophe, et sa participation consciente dans une telle escroquerie semble improbable.

Ce fut seulement dans les années 1980 que les noms de deux faussaires possibles émergèrent. Le premier était Samuel Woodhead, analyste officiel du Sussex, décédé en 1941. Le second était John Hewitt, professeur de chimie à Londres qui admit (à la rigolade) lors d'un déjeuner avec deux dames – près de quarante ans après l'événement – avoir été l'auteur de l'escroquerie. Les noms de beaucoup d'autres suspects ont été évoqués. La liste comprend même celui de Sir Arthur Conan Doyle, dont le livre *Le Monde perdu* met en scène des créatures préhistoriques qui auraient survécu dans les profondeurs de la jungle sud-américaine. Le livre fut publié pour la première fois en 1912. Certains des suspects soutinrent qu'ils connaissaient le nom du faussaire, mais ils gardèrent toujours le silence.

DES DÉBRIS DE PARCHEMIN

De nombreux doutes subsistent au sujet de la carrière de Moses Wilhem Shapira (1830-1884). Faisait-il sciemment le commerce de fausses poteries anciennes ? Ou en était-il la dupe innocente ? Les fragments de parchemin qu'il acheta provenaient-ils de la même source que les rouleaux de la Mer Morte découverts quelque soixante-trois ans plus tard ? Ou étaient-ils des faux ? Qu'en est-il advenu ?

Shapira était né au sein d'une famille juive d'origine polonaise dans ce qui est aujourd'hui l'Ukraine. Son père vint vivre à Jérusalem, en Palestine, et à l'âge de 25 ans, Moses le suivit. A Jérusalem, il se convertit au christianisme et, en 1861, il ouvrit un magasin pour touristes.

En 1868, on découvrit un morceau de basalte noir de un mètre de hauteur à Dhiban, en Palestine, à l'est de la Mer Morte. Les locaux l'avaient cassé en plusieurs morceaux dans l'espoir d'obtenir un bon prix de chacun d'eux. Mais la pierre fut réparée au Louvre à Paris. Des inscriptions sur la pierre donnaient des détails sur les Moabites, un peuple qui vivait dans l'ancien royaume de Syrie vers le IXe siècle avant J.-C. Il n'existe pratiquement pas d'autre source que la Bible concernant ce peuple. Cette pierre aida les historiens à reconstruire l'alphabet et le langage des Moabites.

La découverte éveilla un intérêt grandissant pour les Moabites et, vers 1873, Shapira vendait de la poterie « moabite », des figurines, des têtes, des plats, et des objets érotiques, provenant, disait-il, du même endroit que la pierre. Quelques objets portaient des inscriptions en moabite. Shapira vendit environ 1700 de ces articles au Musée de Berlin et finança de nouvelles fouilles. Un Français, Charles Clermont-Ganneau, diplomate et érudit, prouva qu'un potier arabe, Salim Al-Kar, peut-être commandité par Shapira, avait fabriqué ces poteries. Shapira clama pourtant son innocence totale, rejetant tout le blâme sur le potier.

UNE RÉPUTATION EN RUINES

Cette histoire jeta pourtant un doute sur l'épisode suivant. En 1878, Shapira acheta 15 bandes de parchemin mesurant environ 8,9 x 17,8 cm, sensées provenir d'une grotte dans un défilé aux environs de la Mer Morte. L'écriture hébraïque du texte était une très ancienne forme d'écriture, datant d'avant le VIe siècle avant J.-C. Shapira

Ce crâne de cristal, prétendument aztèque, que possède le British Museum fut suspecté d'être un faux pendant plus de trente ans. En 2005, on en eut enfin la confirmation lorsque des experts britanniques utilisant un microscope électronique découvrirent qu'il avait été poli avec une roue diamantée de bijoutier.

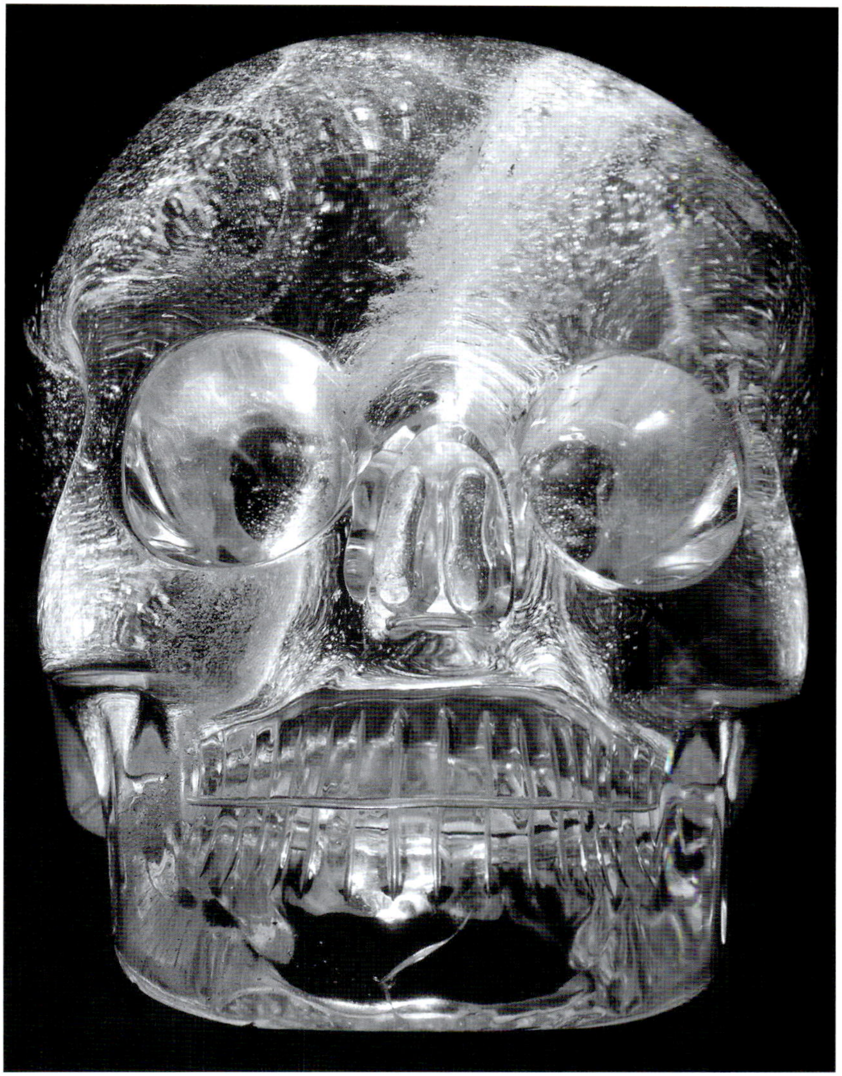

décida qu'il s'agissait d'un texte biblique et envoya les bandes de parchemin à un expert allemand pour lui demander son avis. Mais l'Allemand, se souvenant de l'implication de Shapira dans l'histoire des fausses poteries, refusa de coopérer.

Shapira se mit donc au travail pour réaliser sa propre traduction, qu'il termina en 1883. Il découvrit que le texte était un extrait du *Deutéronome*, un texte biblique. Ce parchemin était apparemment antérieur de 300 ou 400 ans à la *Septante*, la traduction en grec de la Bible réalisée au IIIe siècle avant J.-C., une source dont s'inspirèrent la plupart des Bibles postérieures. Bien que le contenu en fut similaire, les rouleaux étaient différents de la *Septante* sur de multiples détails.

L'EXAMEN DES ROULEAUX

Shapira amena les bandes de parchemin à Londres et les offrit au British Museum pour une somme de 1 million de £. En attendant le résultat de l'expertise demandée à Christian Ginsburg, le musée exposa deux des bandes de parchemin, ce qui attira des foules de visiteurs. Parmi eux se trouvait Clermont-Ganneau, celui même qui avait découvert l'affaire des fausses poteries moabites. Shapira avait refusé que Clermont-Ganneau regarde ces parchemins de plus près. Il fit néanmoins un rapport qui parvint sous les yeux de Ginsburg. Les deux experts aboutirent à la même conclusion: les parchemins étaient des faux. Toutes les bandes avaient un bord supérieur parfaitement découpé, et il y avait des erreurs d'orthographe, suggérant que le texte avait été dicté à un scribe peu familier avec l'hébreu archaïque. Clermont-Ganneau déclara plus tard que l'un des morceaux de parchemin avait été découpé d'un rouleau yéménite authentique que Shapira avait vendu au musée précédemment.

Shapira avait de lourdes dettes, et ce qui lui restait de réputation était en miettes. Il se suicida en 1884 à l'hôtel Bloemendaal, à Rotterdam, en Hollande. Deux ans plus tard Sotheby's vendit les parchemins en

Les bandes de Shapira étaient-elles fausses, ou a-t-on perdu pour toujours une importante contribution aux études bibliques ? A-t-on poussé un homme innocent au suicide ?

vente publique à Londres, pour une somme de dix guinées. Ils furent probablement détruits par le feu dans l'incendie de la maison de leur propriétaire en 1887, mais des histoires racontent qu'on les aurait retrouvés plus tard en Australie.

Depuis 1947, on a découvert une masse considérable de rouleaux de parchemins dans des grottes à Qumran, dans la région de la Mer Morte. Ils sont écrits dans la même écriture antique que les bandes de Shapira, et beaucoup présentent un bord supérieur coupé net. De même, ils diffèrent par de nombreux détails du texte de la version autorisée des écritures, mais les experts sont certains qu'ils sont authentiques. Plusieurs questions troublantes restent en suspens.

LA TIARE DE SAITAPHARNES

Pendant le XIXe siècle, les archéologues commencèrent à faire des découvertes passionnantes le long de la côte Nord de la Mer Noire, au Sud de la Russie. Ils trouvèrent les traces d'une race, les Scythes, qui s'étaient établis là aux environ du septième siècle avant J.-C.

On avait pensé auparavant que les Scythes étaient un mythe, bien que l'on ait des preuves que des colons grecs s'étaient établis dans cette région. On sait aujourd'hui que ce furent les Grecs qui enseignèrent aux Scythes le travail de l'or. Des siècles plus tard, tous ceux qui virent les magnifiques œuvres d'art que l'on exhuma lors des fouilles furent ébahis du talent des orfèvres scythes.

En 1895, la « trouvaille » la plus exceptionnelle arriva sur le marché. Un casque d'or, richement décoré, destiné à être porté comme une tiare royale. Deux scènes du poème d'Homère, l'*Iliade*, étaient sculptées en relief sur la partie supérieure. Au dessous, on voyait des scènes de chasse, de domptage de chevaux et des combats d'animaux. Une inscription en grec l'identifiait comme une coiffure, offerte au roi scythe, Saitapharnes, par les habitants de la ville d'Olbia.

A ce moment-là, le propriétaire de la tiare était un marchand de grains russe du nom de Schapshelle Gokhman. Il la mit tout d'abord en vente à Vienne, mais des archéologues sceptiques refusèrent de l'authentifier. Le British Museum refusa lui aussi l'offre qui lui était faite. Le Louvre, à Paris, acheta finalement la tiare pour la somme ahurissante de 400 000 francs.

« VOUS DEVRIEZ VOIR MON SARCOPHAGE ! »

Beaucoup d'érudits contestèrent l'authenticité de la tiare. Ils remarquèrent que certaines des scènes en relief semblaient copiées d'autres objets, et que certains motifs décoratifs provenaient de différentes périodes de l'antiquité. La controverse continua jusqu'en 1903, lorsqu'un artiste français, vivant à Montmartre, à Paris, affirma avoir fabriqué la tiare. Ceci provoqua l'envoi d'une lettre d'un orfèvre russe vivant à Paris, adressé au journal *Le Matin*, affirmant que l'objet avait été fabriqué par son bon ami, Israel Rouchomovsky, un autre orfèvre russe établi dans la ville d'Odessa, sur la côte de la Mer Noire.

On amena Rouchomovsky à Paris où il fut interrogé par une commission, à la tête de laquelle se trouvait le même Clermont-Ganneau qui avait discrédité Moses Shapira. Dans ce cas toutefois, Rouchomovsky admit qu'il avait réalisé la tiare pour Gokhman, à l'aide de livres et de fragments anciens pour l'aider dans son inspiration. Il prouva ses dires en réalisant une copie d'une partie de la coiffe. « La tiare n'est pas une œuvre d'art », dit-il. « C'est du travail grossier. Vous devriez voir mon sarcophage ! »

Tirant avantage de la publicité faite par cette déclaration, Rouchomovsky exposa ensuite plusieurs de ses contrefaçons au Salon de Paris et se vit attribuer un prix pour son travail. D'une manière amusante, les faux comprenaient une corne à boire et un pectoral qui étaient apparus sur le marché – objets prétendument authentiques – six ans auparavant. On n'entendit plus jamais parler de Gokhman.

La révélation que la tiare de Saitapharnes était un faux moderne provoqua de nombreuses satires, telles que celle-ci, de 1896, avec le roi, portant la tiare, se levant de sa tombe.

La famille Fradin construisit un petit musée sur le site de Glozel pour exposer les nombreuses pièces mystérieuses qui avaient été trouvées au cours des années de fouilles.

LE MYSTÈRE DE GLOZEL

En mars 1924, Emile Fradin, alors âgé de 17 ans, labourait un champ appartenant à son père près du hameau de Glozel, en Auvergne, au centre de la France. Soudain, la vache qui tirait la charrue trébucha dans un trou ovale. Lorsqu'on le déblaya, on s'aperçut que le trou était long d'environ 2,5 mètres, avec un fond pavé. A l'intérieur se trouvaient des pots; des tablettes, des briques et des morceaux de verre. Les briques étaient recouvertes d'une fine couche d'un enduit ressemblant à du verre. Il sembla probable que la vache avait mis au jour un four à verre médiéval, tel qu'il en fut découvert de semblables dans la région. Mais la famille Fradin était sûre d'avoir découvert le site d'une ancienne tombe.

Les nouvelles de la découverte parvinrent au Dr Albert Morlet, qui vivait dans la ville proche de Vichy. Il était chirurgien et archéologue amateur. Il acquit les droits de fouille sur le site, et avec Emile Fradin, ils ne tardèrent pas à faire de nombreuses découvertes extraordinaires. Il y avait quantité de pots, de figures hermaphrodites, d'impressions à la main sur de l'argile et des pointes de flèches en silex. Il y avait des galets et des morceaux d'os sculptés avec des représentations d'animaux, dont certains avaient disparu depuis plusieurs siècles. Le plus troublant de tout étaient des tablettes d'argile portant la trace d'une étrange écriture. Elles contenaient à la fois des lettres de l'alphabet romain moderne et une quantité d'autres symboles, représentant au total 133 caractères.

TROP BEAU POUR ÊTRE VRAI ?

Ce formidable mélange d'objets découverts par le Dr Morlet, et le fait qu'ils soient de styles et de périodes archéologiques très diverses suggérait que lui-même, ou quelqu'un avec des intérêts similaires et qui avait accès à une grande variété d'objets de fouille, avait « saupoudré » le site. Par ailleurs, l'un des plus éminents archéologues français, Salomon Reinach, était persuadé que les tablettes d'argile, datées par le Dr Morlet à près de 10 000 ans, apportaient la preuve de sa théorie selon laquelle l'écriture avait son origine en Europe.

En 1927, le congrès international d'anthropologie envoya une commission pour examiner le site de Glozel. Elle revint en déclarant que rien, sur le site, ne semblait vraiment ancien. Il y avait des marques de façonnage laissées par des outils métalliques sur les galets et les os et que certaines des poteries avaient si peu de tenue qu'elles se dissoudraient dans l'eau. Sans se laisser démonter, Reinach organisa une autre expédition en 1928. Après trois jours de fouille dans un terrain que personne n'avait apparemment touché, l'équipe de Reinach mit au jour plusieurs objets, dont une autre tablette d'argile. Le fait que des racines l'entouraient fut considéré comme une preuve qu'elle n'avait pas été enterrée récemment. Le Dr Morlet continua ses fouilles, et les Fradins ouvrirent un petit musée pour exposer ses trouvailles. L'intérêt pour le site diminua pourtant avec le temps et l'on n'entendit peu parler de cette controverse pendant les trente ans qui suivirent la Seconde Guerre mondiale.

En 1974, la thermoluminescence était devenue la technique de référence pour dater les poteries anciennes. Des scientifiques écossais, danois et français firent une série de tests sur les matériaux de Glozel. Ils obtinrent un résultat qui allait de 700 avant J.-C. jusqu'à 100 de notre ère. C'était une datation bien plus récente que celle proposée par le Dr Morlet, elle coïncidait avec la datation au carbone d'un des os. Un autre fragment fut daté de 1200-1350 avant J.-C., mais il s'agissait probablement d'un morceau de brique du four.

En 1983, on fit de nouvelles fouilles à Glozel, à 500 mètres environ du site d'origine et sous des conditions de stricte sécurité. On ne trouva que quelques pièces,

La cavité dans le champ de Glozel où furent trouvés les premiers fragments.

Le dossier du faussaire

LES ÉLÉMENTS DE L'ÉNIGME DE GLOZEL

- Les « pro-Gozeliens » brandissent les mesures de l'analyse par thermoluminescence pour justifier que les découvertes sont véritablement anciennes.
- Si toutefois les datations sont correctes, comment les os pouvaient-ils être gravés de dessins d'animaux depuis longtemps éteints ?
- Le Dr Morlet était un archéologue amateur et comme tel, avait sans aucun doute, accès à un ensemble d'échantillons de périodes diverses.
- Les premières fouilles de Glozel étaient véritablement « ouvertes à tous ». Il n'y avait aucune supervision, et chacun pouvait affirmer avoir déterré une trouvaille, même quelqu'un qui aurait amené un objet sur le site.

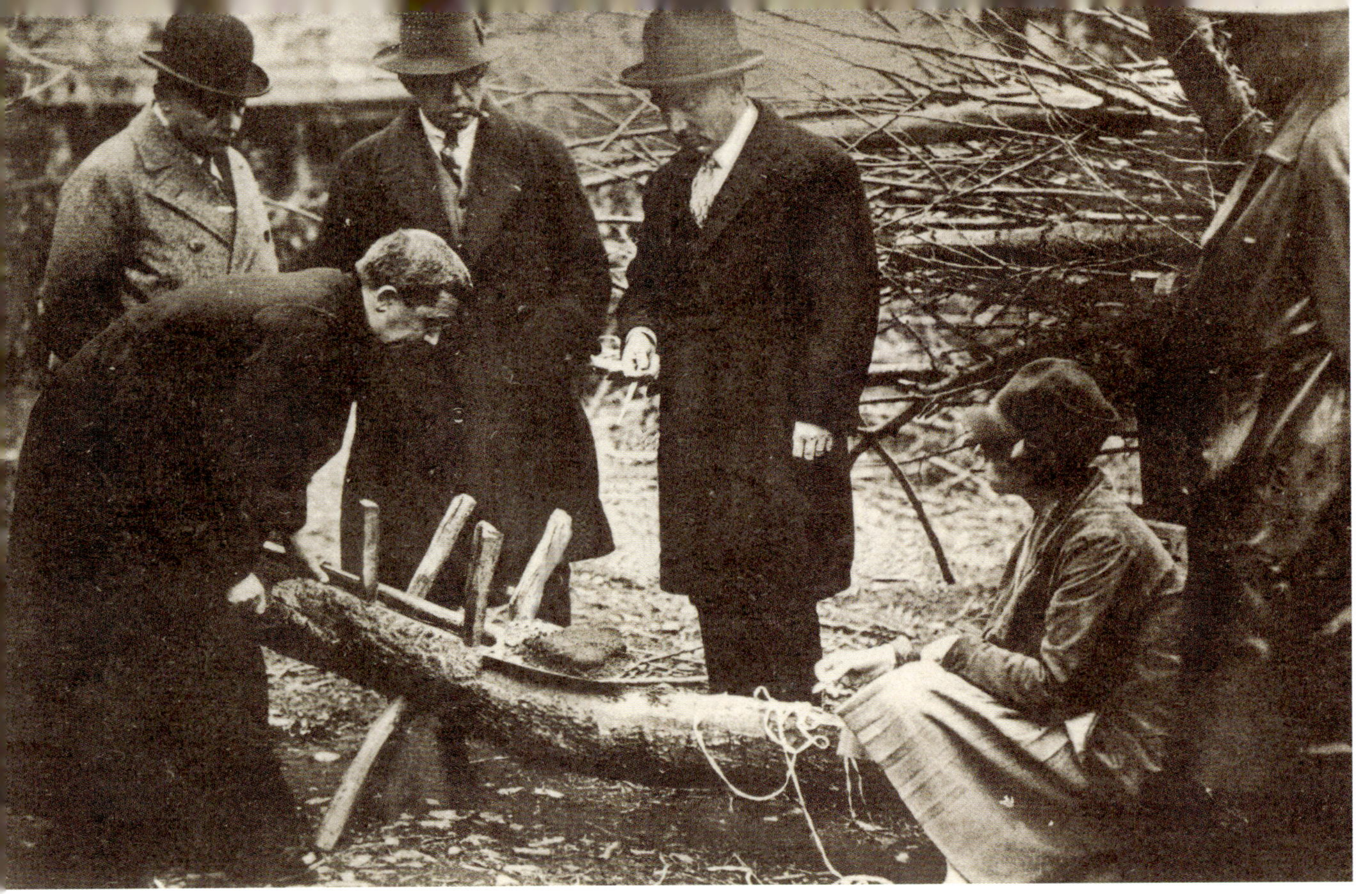

Ci-contre : des membres de la commission nommée par le congrès international d'anthropologie, en 1927, examinant le site de Glozel où le Dr Morlet avait découvert les tablettes gravées d'une écriture étrange.

A droite : « Flint Jack » tel qu'il apparut à la réunion de la société de géologie de Londres, en janvier 1862 : « Un homme tanné par les intempéries... portant des vêtements sales et en loques ainsi que de lourds brodequins de marine. »

mais, bizarrement, elles portaient des inscriptions avec l'écriture mystérieuse. Jusqu'à aujourd'hui, on n'a pas encore trouvé la solution de cette énigme.

LE PRINCE DES FAUSSAIRES

Il eut beaucoup de surnoms, dont « Willy le Fossile », « Torse nu », « Billy le Serpent » et « Tas d'Os », mais celui sous lequel il a été le plus connu était « Jack au Silex ». Son véritable nom était Edward Simpson. Il était né en 1815, dans le village de Sleights, près du port de Whitby, dans le Yorkshire, en Angleterre.

Alors qu'il avait 14 ans, le Dr George Young, géologue amateur et historien, l'emmena à la chasse aux fossiles. Plus tard Simpson travailla comme assistant d'un médecin local, qui était également intéressé par les fossiles. A la mort de cet homme, « Jack » commença à ramasser lui-même des fossiles pour les vendre à des marchands. En 1843, l'un de ces marchands lui montra une pointe de flèche en silex et lui demanda s'il était capable d'en faire une copie. Jack, semble-t-il, avait une disposition naturelle pour tailler les silex et en faire des pointes de flèche. Sa copie était tellement bonne qu'il fut immédiatement tenté d'en faire beaucoup plus. Elles se vendaient comme des petits pains.

Jack étendit aussitôt ses activités. Il commença à produire des « urnes anciennes », qu'il prétendit avoir déterrées sous des monticules funéraires sur les hautes terres. Il grava une inscription sur une ancienne borne romaine qu'il enterra ensuite dans un champ pour la ressortir plus tard et la transporter dans une charrette pour la vendre. Un article parut dans un journal d'archéologie en 1867, dans lequel un de ses proches amis donnait une description de Jack. Il l'appelait « le véritable prince des faussaires, qui a fabriqué des silex de toutes formes, des burins, des haches de pierre, de la poterie ancienne, des pierres gravées, des fibules, des meules, des armes, tous les objets imaginables. Il a trompé les experts les plus érudits et on peut trouver des exemplaires de sa production dans les cabinets de collectionneurs un peu partout dans le monde ».

A partir de 1846, Jack commença à boire beaucoup et il prit l'habitude de vagabonder de toutes parts en Angleterre comme un clochard. Il se rendit à Londres où il vendit de vrais fossiles ainsi que de faux outils en silex. Lorsqu'on lui demanda s'il avait trompé le British Museum, Jack répondit : « Mais, bien sûr que je l'ai fait ! Ils ont plein d'objets que j'ai produits, de la camelote de qualité ! »

LE FRAUDEUR VAGABOND

En retournant vers le nord, Jack travailla à York pour le musée de la ville, mais il poursuivit bien vite son vagabondage. En 1852 il revint à Londres où il réalisa des ensembles d'échantillons éducatifs pour James Tennant, professeur de géologie à King's College. Mais il fallait qu'il bouge, en vendant ses produits en route pour payer sa boisson. Il rentra à Londres en 1861, et le 6 janvier 1862, le public d'une réunion de la société de géologie fut surpris lorsque « un homme hâlé par les intempéries, d'environ 45 ans… portant des vêtements sales et en loques, chaussé de lourds brodequins de marine » apparut sur la scène. Il fut peut-être encore plus surpris lorsque Jack leur fit une démonstration, pendant plus d'une heure, de son habileté à fabriquer des outils de silex.

A la fin, pour pouvoir acheter de la bière, Jack en fut réduit à voler et, en 1867, il fut condamné à passer un an dans la prison de Bedford. Il commençait à perdre son habileté, il était devenu un alcoolique incurable, et dut faire encore au moins un séjour en prison avant de mourir dans un hospice quelques années plus tard.

Près d'un siècle après l'époque de sa plus grande célébrité, un écrivain archéologue décrivit Flint Jack comme le type de l'assistant moderne de musée. « S'il n'avait pas existé un intérêt général pour les antiquités, il n'aurait jamais réalisé et développé son génie personnel et particulier ; de même, ses intentions n'auraient pas été mal comprises, ni ses talents mal utilisés, si l'attitude de la plupart des collectionneurs d'antiquités avait été différente. »

DES GÉANTS SUR LA TERRE

Au printemps de 1868, un fabricant de cigares de Binghamton, New York, Georges Hull, fit une visite à sa sœur à Ackley, Iowa. Un soir, il entendit un prédicateur apocalyptique citer la *Bible, Genèse 6:4*. « Dans ce temps-là il y avait des géants sur la terre. » Ainsi qu'il le décrivit plus tard, cette phrase maintint Hull éveillé pendant presque toute la nuit. Une brillante idée lui était venue.

Ci-contre : exemples de pointes de flèches en silex taillées, expertisées par « Flint Jack ».

A droite : le corps du *Géant de Cardiff* fut exposé au Musée du Fermier, à Cooperstown, New York, en mai 1948. Il est étendu dans une « tombe » de terre, exactement comme il fut déterré.

CRÉER UN GÉANT

Dans une carrière, près de Fort Dodge, Hull trouva un bloc de gypse, de 365x120x55cm. Il pesait plus de deux tonnes, mais Hull se débrouilla pour le transporter jusqu'à Chicago, laissant en chemin plusieurs chariots cassés et ponts endommagés. Dans les locaux appartenant à Edward Burghardt, tailleur de pierre, le gypse fut transformé en une statue de géant, chauve, mais à part cela, intacte. La silhouette était tordue, comme si le personnage était mort après une longue agonie, et Hull lui-même posa pour le modèle de la tête. De grandes veines sombres dans le gypse ressemblaient à des veines humaines, et en battant la statue avec des aiguilles de métal clouées sur des blocs de bois, on simula les pores de la peau. Hull traita la statue à l'acide sulfurique pour la vieillir avant de la transporter à la ferme d'un cousin, William « Stubby » Newell. La ferme était située à l'extérieur du village de Cardiff, à environ 13 miles de Syracuse, New York, et Newell avait eu des démêlés sans fin avec cette ville depuis plusieurs années. Hull et lui, avec l'aide de quelques autres à qui ils avaient fait jurer le secret, enterrèrent le géant dans une tombe profonde, derrière la grange, la recouvrirent et la laissèrent là pendant presque un an.

Le plan de Newell était d'amener des ouvriers sur sa ferme, soi-disant pour creuser un puits, afin de leur permettre de « découvrir » le corps. Mais avant même qu'il ne mette son projet à exécution, une autre trouvaille tombant à pic fut faite près de là. A moins d'un mile de sa ferme, un fermier déterra quelques os en labourant, et des scientifiques de l'Université de Cornell déclarèrent qu'il s'agissait d'authentiques fossiles. Le décor était planté pour qu'émerge le *Géant de Cardiff*.

Le 15 octobre 1869, un vendredi, les ouvriers qui étaient en train de creuser le puits trouvèrent et mirent la statue à jour. La nouvelle se répandit avec rapidité dans la région.

« Lorsqu'on regardait la statue, on ne pouvait s'empêcher de penser que l'on se trouvait en présence d'un être remarquable et supérieur. »

RAPPORT D'UN JOURNALISTE SUR LE *GÉANT DE CARDIFF*

Newell monta immédiatement une tente pardessus « la tombe », en faisant payer aux curieux un droit d'entrée de 50 cents pour voir le corps. En l'espace d'une semaine, les foules arrivèrent d'aussi loin que New York City, et le droit d'entrée était passé à 1 $. Newell échangea son bleu de travail contre un costume et commença à donner des conférences sur la découverte du géant.

UNE FOULE SUBJUGUÉE

« Lorsqu'on le regardait » écrivit un journaliste, « on ne pouvait s'empêcher de penser qu'on se trouvait en présence d'un être remarquable et supérieur. La foule, lorsqu'elle se regroupait autour de lui, semblait presque subjuguée. L'ambiance était grave ». Après un mois, le géant fut transporté à Syracuse et placé en exposition. D'éminents scientifiques se disputèrent pour savoir s'il s'agissait d'une statue antique ou d'un humain fossilisé. Le Dr Andrew White, premier président de l'Université de Cornell, fit analyser un fragment de la statue ; cela lui permit de savoir qu'elle était faite d'un seul bloc de gypse, mais White ne publia pas sa découverte.

LA CONTREFAÇON D'UN FAUX

Un sculpteur célèbre de New York, Erasmus Dow Palmer, n'avait aucun doute. « Escroquerie ! », déclara-t-il. Son verdict parvint aux oreilles du génie du spectacle, Phineas T. Barnum, qui dirigeait un musée et une ménagerie sur Broadway et qui décida qu'une

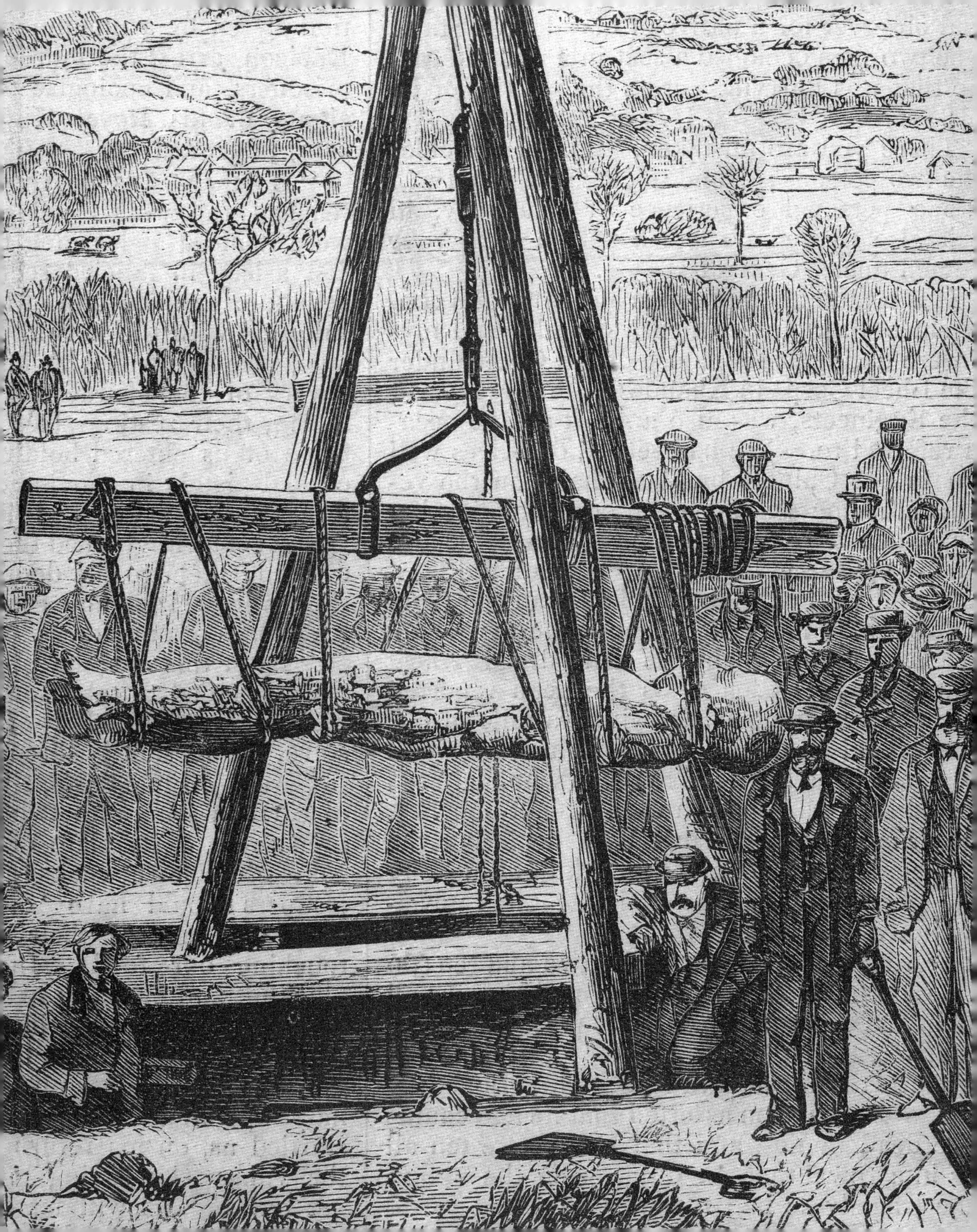

Le dossier du faussaire

RETOUR À UNE TOMBE PROFONDE

« Vieux farceur », voilà le nom que les journaux donnèrent à la statue après que son histoire fut découverte. Sous ce nom, on la montra pendant de nombreuses années à des foires et des carnavals. En 1901 ce fut une attraction de l'Exposition Panaméricaine de Buffalo, New York. En 1934, on put la voir à la foire de l'Etat de New York, à Syracuse. Finalement, en 1948, L'Association Historique de l'Etat de New York en fit l'acquisition et l'exposa au Musée du Fermier, à Cooperstown, couchée dans une tombe profonde, tel qu'elle fut trouvée, quatre-vingt-un ans plus tôt.

A gauche : on peut concevoir la taille et le poids du *Géant de Cardiff* d'après cette illustration du levage de la statue du champ de William Newell, en août 1869.

copie d'un faux était juste ce dont il avait besoin.

Lorsqu'on amena le *Géant de Cardiff* de Syracuse à New York City à l'époque des achats de Noël, une réplique en existait déjà dans le Musée de Barnum. La présence de deux géants, éloignés de deux blocs seulement, s'avéra une excellente affaire pour les deux propriétaires.

En janvier, l'original de la statue fut amené à Boston, où l'écrivain de renom, Ralph Waldo Emerson la déclara « stupéfiante… sans doute un véritable humain pétrifié ». Toutefois, le Dr Oliver Wendell Holmes, éminent anatomiste de Boston, fit ce que personne n'avait songé à faire auparavant. Il perça un trou derrière l'oreille gauche du géant, qui ne révéla rien d'autre que de la pierre et aucune trace de cerveau fossilisé.

Le *Géant de Cardiff* continua ses voyages. On ne le considérait plus comme un fossile, mais on pensait encore qu'il s'agissait d'une statue de la plus grande antiquité. Puis la presse commença à fouiller un peu plus cette histoire et suivit une piste qui la mena jusqu'à Chicago. Confronté à l'évidence, George Hull éclata de rire et avoua tout.

Avec une petite fortune à sa disposition et encouragé par la crédulité initiale du public, Hull décida de faire mieux que son premier effort. Il fit sculpter une forme humaine dans un mélange de pierre broyée, d'argile, d'os, de sang et de chair, qui fut ensuite mise dans un four pendant plusieurs semaines. Avec l'aide d'un homme nommé William Conant, la silhouette fut enterrée près du village de Beulah, près de Pueblo, Colorado, en 1877.

Plusieurs mois plus tard, Conant et son fils, « découvrirent » un pied qui sortait de terre, et mirent à jour un corps pétrifié d'environ 2,7 m de long. Il avait une tête légèrement simiesque et avait des bras anormalement longs. Les journaux le surnommèrent bientôt *Le Grand Muldoon*, d'après un hercule de foire célèbre à l'époque.

« On ne peut mettre en question l'authenticité de cette statue » écrivit le *Daily Times* de Denver. « La pierre montre les effets du temps, et les circonstances de la découverte sont telles qu'elles excluent toute répétition de l'escroquerie grossière du *Géant de Cardiff* ». Cinq mois plus tard, on sut à quel point les gens s'étaient trompés, lorsque la statue fut exposée à New York City. Un homme à qui Hull devait de l'argent raconta l'histoire au *New York Times*, et ce fut la fin du *Grand Muldoon*.

PASSPORT

C H A P I T R E 5

FAUSSE IDENTITÉ

L'Histoire est remplie de personnages ayant assumé une autre identité que la leur. Une des histoires les plus anciennes nous raconte comment Isaac trompa son père Abraham en prétendant être son propre frère Esaü.

Les motifs d'un imposteur peuvent être de nature différente. Il peut découvrir qu'il ne pourra exercer la profession de son choix qu'en falsifiant ses diplômes ou en se faisant passer pour quelqu'un du sexe opposé. Les criminels libérés, dans leur désir de se réhabiliter, ou des escrocs, voulant brouiller leur piste, peuvent adopter de nouvelles identités. Certains y voient un moyen de gagner beaucoup d'argent par abus de confiance. Quelqu'un, pris souvent pour un autre, peut imaginer tirer avantage de cette confusion. D'autres, enfin, le font pour le plaisir de tromper leur prochain. Ce sont plus souvent les femmes qui choisissent ou sont forcées par les circonstances de changer de sexe. Nombreuses sont les histoires de jeunes femmes qui servirent dans la marine ou l'armée sans éveiller de soupçons, mais l'une des plus surprenantes

Ci-contre : qui était « Kaspar Hauser » ? Il apparut jeune adolescent, ne parlant pratiquement pas, dans les rues de Nuremberg, en Allemagne en mai 1828. La rumeur voulait qu'il fut un descendant de la famille royale de Bade.

A gauche : un faux passeport et de la fausse monnaie, cachés dans la couverture évidée d'un livre – l'ingénuité des criminels est légendaire.

Le jeune « Dr Barry ». En fait, une jeune fille remarquablement précoce, elle s'engagea comme médecin dans l'armée britannique alors qu'elle n'avait que 14 ans.

est celle de « James Barry » (1799-1865). Agée de 6 ans, elle arriva à Londres, venant d'Irlande, avec sa mère qu'elle décrivait toujours comme « ma tante ». Brillamment précoce, Barry s'habilla comme un garçon et entra à la Faculté de Médecine d'Edimbourg, en Ecosse, d'où elle sortit diplômée à l'âge de 12 ans.

Après avoir travaillé pour un chirurgien en vue dans un hôpital de Londres, « Dr Barry » s'engagea comme médecin dans l'armée britannique en 1813. Elle fut envoyée en Afrique du Sud en 1816 et nommée médecin personnel du gouverneur du Cap. Elle travailla sans relâche à améliorer les conditions des patients de l'hôpital militaire, tout comme Florence Nightingale devait le faire des années plus tard. Les deux femmes finirent par se rencontrer pendant la guerre de Crimée (1854-1856). Miss Nightingale décrivit plus tard comment « Dr Barry » l'avait haranguée du haut de son cheval. « Je pense que c'était la créature la plus endurcie que j'ai jamais rencontrée dans l'armée. »

Barry fut promue inspecteur de la médecine des armées en 1822, mais sa personnalité présumée lui valut de nombreux ennemis. Des ragots malveillants circulaient à propos de son sexe, mais il ne fut découvert qu'une seule fois dans sa vie. Pendant les années 1840, elle s'endormit un jour déshabillée, et lorsqu'elle s'éveilla, elle trouva deux de ses collègues officiers à son chevet. Elle les obligea à jurer de garder le secret.

C'est au Canada qu'elle exerça son dernier poste dans l'armée, comme Inspecteur Général des Hôpitaux. Lorsqu'elle s'éteint à Londres en 1865, un médecin-major de l'armée certifia son décès comme collègue

« Ses mains et ses bras ne semblent pas avoir participé au changement de sexe : ils sont plus aptes à porter une chaise qu'un éventail. »

HORACE WALPOLE, écrivain anglais (1717-1797)

officier. Ce fut une femme, chargée de s'occuper du corps qui s'exclama : « Du diable si c'est un général – c'est une femme ! »

L'ESPION TRAVESTI

L'histoire du chevalier d'Eon (1728-1810) est celle, inhabituelle, d'un homme qui réussit à se faire passer pour une femme. Il était né Charles Geneviève Louis André d'Eon de Beaumont, à Tonnerre, en France, fils d'un avocat. Pendant une grande partie de son enfance, sa mère l'habillait avec les vêtements de sa sœur, qui allaient très bien à son corps mince, ses cheveux blonds et doux, et ses yeux bleus. Alors qu'il était étudiant au Collège Mazarin à Paris, d'Eon excellait dans les langues, et devint ensuite secrétaire à l'administration des finances à Paris.

D'Eon paria avec ses amis qu'il pourrait convaincre Madame de Pompadour, maîtresse du roi Louis XV, qu'il était une femme. Il gagna si bien son pari que le roi lui-même fut trompé. Impressionné, Louis recruta d'Eon pour faire partie de ses espions personnels.

En 1755, Louis XV voulait à tout prix établir des relations amicales avec la Russie et il était déterminé à prendre contact avec la tsarine Catherine La Grande. Deux personnes arrivèrent bientôt à la cour de Russie : un certain chevalier Douglass, qui disait venir de Suède pour faire des recherches en matière minière, et sa « nièce », la mignonne Lia de Beaumont. « Elle » transportait un exemplaire élégamment relié de *L'Esprit des Lois*, de Montesquieu, mais caché dans sa reliure, il y avait une lettre adressée à la tsarine. D'Eon put réunir (car il s'agissait de lui) des informations utiles en papotant avec les servantes de

Barry photographiée peu avant sa mort, à l'âge de 66 ans. On ne découvrit la vérité sur son sexe qu'après sa mort

« Elle m'a semblé un homme habillé en femme. »

JAMES BOSWELL (1740-1795)

la cour, et réussit à charmer la tsarine elle-même. Les relations avec la France furent reprises à la suite de sa visite, et le traité menaçant qui devait être signé entre la Russie et l'Angleterre ne le fut jamais.

En remerciement, Louis XV nomma d'Eon chevalier, ainsi que capitaine dans son corps d'élite, les Dragons, et en 1763, l'envoya à Londres comme premier secrétaire de l'ambassade de France. Là-bas, d'Eon espionna contre les Britanniques. Toutefois, il fut déchu de son poste, à l'arrivée d'un nouvel ambassadeur, et essaya de faire chanter le nouveau roi de France Louis XVI, en le menaçant de faire des révélations concernant des dossiers secrets en sa possession, mais fut finalement forcé d'accepter de ne plus s'habiller qu'en femme, pour le restant de sa vie.

A ce moment-là, tout Londres bourdonnait de contes sur la véritable nature du chevalier d'Eon. Le *Morning Post* du 11 novembre 1775, rapportait : « La Cité de Londres est sur le point d'ouvrir les paris à propos du sexe du chevalier d'Eon : la cote est actuellement de sept contre quatre pour ceux qui considèrent qu'il s'agit d'une femme et non d'un homme. Un gentleman, habitué de ce genre de négociations, s'est engagé à résoudre la question au cours des quinze jours à venir. » Mais ni ce gentleman, ni personne d'autre ne put résoudre le problème du vivant du chevalier.

En 1777, d'Eon revint en France, où il passa le plus clair de son temps avec sa mère jusqu'à ce qu'en 1785, il reparte pour l'Angleterre. Il était un bretteur de tout premier ordre et, pour gagner de l'argent, il faisait des démonstrations d'escrime, se faisant passer pour une femme et quelquefois habillé comme Jeanne d'Arc. Alors que ses talents déclinaient, il fut blessé dans un

A gauche : le chevalier d'Eon, vers la cinquantaine, portant la médaille de son ordre, mais obligé par le roi de France à s'habiller en femme pour le reste de sa vie.

Le dossier du faussaire
LA PAPESSE JEANNE

On rapporta l'histoire de la papesse Jeanne pour la première fois au cours du XIIIe siècle et on y crut en Europe pendant plus de 400 ans. On racontait qu'elle était née en Allemagne de parents anglais et qu'elle apparut à Rome habillée en moine, se faisant appeler Jean d'Angleterre. Elle fut connue pour sa grande érudition et fut finalement élue pape sous le nom de pape Jean VIII. Selon l'histoire, ce n'est qu'après son décès, survenu alors qu'elle accouchait pendant une procession religieuse, qu'on découvrit la vérité sur son sexe. En 1647, l'érudit protestant David Blondel déclara que cette histoire était un mythe, et, en 1863, on fit la preuve qu'il s'agissait en fait d'une légende populaire

La légende de la papesse Jeanne se perpétue dans *La papesse*, la deuxième carte du jeu de Tarot traditionnel.

combat et il lui fut impossible de se battre à nouveau. Il mourut à Londres, dans un dénuement presque total, à l'âge de 83 ans, le 21 mai 1810. Un médecin put enfin déclarer que d'Eon n'était ni une femme, ni un hermaphrodite, mais un homme véritable. Il fut déclaré le « saint patron des travestis ».

DES FAUX DIPLÔMES

L'un des coquins les plus audacieux du XXe siècle, qui adopta successivement toute une série de fausses identités, était « Stanley Weyman », (voir pp. 190-193). A plusieurs reprises, il se fit passer pour officier des forces armées des Etats-Unis et également pour avocat ou pour journaliste. Mais Weyman prenait particulièrement plaisir à utiliser de faux diplômes pour jouer le rôle de médecin qualifié. Un autre filou, du nom de Fernand Waldo Demara, se fit également passer pour médecin et fut presque décoré en tant que héros national canadien. Il acquit une réputation internationale lorsqu'un film, *Le Grand Imposteur*, tourné en 1961 avec Tony Curtis comme vedette, retraça l'histoire de sa carrière.

Le « Grand Imposteur », Fernand Demara, à l'âge de 30 ans, portant l'uniforme de la Marine Royale Canadienne, posant comme le lieutenant médecin Dr Joseph Cyr.

Demara était né à Lawrence, Massachusetts, en décembre 1921. Dès ses toutes premières années de classe, il se sentit attiré par la foi catholique romaine et, encore adolescent, il entra comme novice dans un monastère de la Trappe. Le régime austère des Trappistes s'avéra trop dur pour un adolescent plein de vie ; après deux ans, Demara fut recommandé aux Frères de la Charité à Boston, pour suivre des études menant à la prêtrise. Encore une fois, il se rebella contre la discipline pourtant relativement légère de l'institution. Exclu de la fraternité, il s'enrôla dans l'armée des Etats-Unis.

A l'âge de 19 ans, il choisit pour style de vie le vagabondage. Il vola tous les papiers personnels et les souvenirs d'un collègue soldat et entra dans un autre monastère trappiste sous le nom d'Anthony Ingolia. Malheureusement, sa réputation ne tarda guère à le rattraper. En décembre 1941, alors que les Etats-Unis venaient tout juste d'entrer en guerre, il rejoignit la marine sous le nom de Fred W. Demara.

Demara n'avait aucune intention d'être envoyé sur un bateau, il postula donc immédiatement pour une formation dans un hôpital. Il réussit le cours de base, mais fut recalé à l'examen en vue d'une formation plus avancée, en raison de son éducation générale insuffisante. Il fut envoyé dans un bataillon de marine près de Norfolk, Virginie, en tant qu'infirmier. Là-bas, il vola un paquet de papiers à en-tête officiels. Prenant le nom d'un médecin qualifié dans un annuaire de l'Université de l'Etat d'Iowa, il écrivit au nom de cette personne pour demander une copie de ses diplômes. A réception de ces documents, il y inséra ses propres coordon-

En 1963, Demara (à gauche) se rendit au procureur du Comté de Los Angeles, Manley Bowler, pour répondre d'une accusation de vol de voiture dans un camp de vacances pour jeunes garçons en Californie.

nées, fit des photocopies et posa sa candidature pour un poste d'officier de marine.

DES IDENTITÉS MULTIPLES

Avant que sa nomination ne lui parvienne, Demara réalisa qu'il avait découvert une façon aisée de se procurer de faux diplômes. Il obtint bientôt des papiers l'identifiant à un certain Robert Linton French, docteur es sciences en psychologie, de l'Université de Stanford et chercheur à Yale. Alors qu'il était en permission à Lawrence, il vola une pile de papier à lettres à en-tête vierge au prêtre de sa paroisse et d'autres feuilles vierges au secrétariat du cardinal O'Connor à Boston.

Lorsque Demara retourna à Norfolk, il apprit sa nomination prochaine, dès qu'il aurait reçu l'autorisation officielle des services de sécurité. « Je ne vis plus mon utilité pour le service » admit-il plus tard. Ce soir-là, il se rendit au bout des docks, laissa son uniforme de marine en tas, avec une note qui disait : « Je me suis rendu ridicule. C'est ma seule porte de sortie. Pardonnez-moi. »

Il était maintenant un déserteur, de l'armée et de la marine, il apparut alors à l'abbaye Notre Dame de Gethsémani dans le Kentucky sous le nom de Dr Robert French et entra au noviciat. Une fois encore il trouva la discipline trappiste trop rude, et il fut envoyé, avec une recommandation, dans une abbaye de Bénédictins à Subiaco, dans les Monts Ozark, en Arkansas.

Là-bas, il dépassa les bornes. Il présenta, parmi d'autres documents, une fausse lettre du cardinal O'Connor et un faux certificat de confirmation signé du révérend (plus tard cardinal) Francis J. Spellman. Il suffit de quelques semaines pour que parviennent des lettres de Boston, dénonçant la fraude, et une fois de plus, le Dr French était sur les routes.

Le dossier du faussaire
POURSUIVI PAR SA PROPRE IDENTITÉ

Lorsqu'il fut découvert, Demara vendit son histoire au magazine *Life* pour 2500 $, puis il essaya de se faire oublier dans un quasi-anonymat. Il travailla pendant un temps dans un institut d'aide à l'enfance du Massachusetts, puis, sous le nom de Ben W. Jones, comme comptable et ensuite comme gardien de prison à Huntsville, Texas. Mais sa photographie dans *Life* permettait toujours de l'identifier, et il était forcé de prendre rapidement la fuite. Il s'occupa d'enfants mongoliens, sous le nom de Frank Kingston. Sous le nom de Jefferson Baird Thorne, il enseigna l'anglais, le français et le latin dans une école à Winchendon, Massachusetts. Puis, sous le nom de Martin Godgart, il fut assistant scolaire dans une petite île au large de la côte du Maine. Il finit sa carrière sous son propre nom, prêtre auprès des malades et des mourants dans un hôpital de Anaheim, en Californie, où il mourut d'une crise cardiaque à l'âge de 61 ans.

PIEUSE PSYCHOLOGIE

Il enseigna la psychologie pendant un an dans une école religieuse à Chicago, passa quelques semaines dans un autre monastère catholique à Milwaukee et fut ensuite nommé doyen du département de philosophie de Gannon College à Erie, Pennsylvanie. Il avait élaboré des plans pour créer une « société de laïques de bonne volonté, pour l'instruction de la jeunesse catholique », elle devait s'appeler « La société pieuse de St Marc ». Il se disputa avec son supérieur, se sentit atteint dans sa dignité, et il partit.

A Olympia, dans l'Etat de Washington – le plus loin qu'il pouvait aller – Demara créa un « centre de psychologie étudiante », dans une abbaye bénédictine et commença à se faire connaître de tous les notables de la ville. Il fut bien vite nommé assistant honoraire du shérif, notaire, et il posa sa candidature comme juge de paix. Puis, comme toujours, la trace sur papier qu'il avait laissé derrière lui permit de le suivre. Il fut arrêté par le FBI, envoyé aux baraquements de la marine comme déserteur et condamné à six ans de prison.

MÉDECIN MALGRÉ LUI

Libéré sur parole pour bonne conduite après dix-huit mois, Demara devint Dr C. B. Hamman, zoologue, spécialiste de la recherche du cancer, travaillant dans une école catholique du Maine. Pendant qu'il était là-bas, il essaya de voler tous les diplômes d'une de ses connaissances, le Dr Joseph Cyr. Puis il subit un autre affront à sa dignité et de nouveau, il partit furieux.

En tant que « Dr Joseph Cyr » il partit vers le nord, à St. John, New Brunswick, et obtint sa nomination comme chirurgien lieutenant dans la Marine Royale Canadienne. Puis il tomba amoureux. Il décida que, dès qu'il aurait finit son service, il se marierait et s'établirait comme médecin dans un coin perdu du Canada. Mais on était alors en pleine guerre de Corée (1950-1953) et Demara fut envoyé sur le contre-torpilleur *Cayuga*, qui fit voile vers les eaux de Corée en juin 1951.

D'abord, on demanda seulement au lieutenant chirurgien d'extraire une dent, de soigner une grippe ou d'autres infections. Puis, un jour, une jonque transportant des soldats sud-coréens blessés s'approcha du *Cayuga*. Trois d'entre eux avaient été gravement blessés, et un autre avait une balle qui s'était logée derrière l'oreille. Sans aucune connaissance de chirurgie, Demara n'avait d'autre choix que de procéder à l'opération. Il réussit miraculeusement et le soldat coréen se rétablit au bout de quelques jours. Il réussit également à s'occuper des deux autres.

Le service d'information de la marine fit un rapport détaillé sur l'histoire du « Dr Cyr » et son supérieur inscrivit son nom sur la liste des demandes de citations.

Le véritable Dr Cyr en entendit parler, et ainsi prit fin la carrière médicale de Demara, en même temps que ses espoirs de mariage et d'établissement.

ATTRAPE-MOI SI TU PEUX

Le plus audacieux des imposteurs modernes fut sans doute Frank W. Abagnale, dont les débuts dans la vie furent décrits dans le livre *Attrape-moi si tu peux* (1980) et immortalisés dans un film récent portant le même titre. Il naquit à Bronxville, dans l'état de New York en 1948, et il commença sa carrière criminelle en prélevant de l'argent à

Toujours de forte corpulence, Demara grossit beaucoup dans son âge mûr. Il s'épanouit enfin comme prêtre auprès des malades et des mourants dans un hôpital de Californie.

Sa carrière internationale de faussaire loin derrière lui, Frank W. Abagnale Jr est maintenant un consultant en sécurité financière respecté. Dans sa jeunesse, il fut connu des services de police de vingt-six pays comme « L'homme du ciel ».

l'aide de la carte de crédit de son père. A l'âge de 16 ans, alors qu'il avait déjà l'air d'un adulte, il quitta la maison, changea la date de naissance inscrite sur son permis de conduire pour celle de 1938, et décida de se faire passer pour un pilote de la Pan Am. Par un simple coup de téléphone à la compagnie d'aviation, il obtint l'adresse de la société qui fabriquait les uniformes et se procura le costume bleu nuit de rigueur. Il se rendit chez l'intendant de la Pan Am à l'aéroport Kennedy et, en racontant que son fils de deux ans avait caché son insigne, il s'en fit donner un nouveau ainsi qu'une plaque pour sa casquette.

Abagnale avait maintenant besoin de se renseigner un peu plus sur les activités de la société, et devait se procurer une carte d'identité et un brevet de pilote. Il remplit la première de ces tâches en effectuant une recherche approfondie en bibliothèque et en cuisinant un capitaine pilote, sous couvert d'une interview pour un journal de lycée. Il obtint une carte d'identité passable, complétée par sa photo, ajouta le logo de Pan Am qu'il récupéra en décalcomanie dans une boîte de maquette d'avion. Quant au brevet, il trouva une société dans le Milwaukee, prête à lui graver une plaque d'argent, du format standard de l'administration de l'aviation civile, avec toutes ses coordonnées personnelles. Abagnale la fit photocopier à un plus petit format, sur une feuille de papier idoine. Maintenant, sous le nom de « Frank Williams », il était un pilote accompli, sauf pour l'expérience de vol.

Pendant un certain temps, il traîna dans l'aéroport de La Guardia, se familiarisant avec le jargon des pilotes, et il apprit tout ce qui avait un rapport avec la vie à bord, jusqu'à l'évacuation avec un siège éjectable. Il ouvrit un compte en banque à son nouveau nom et découvrit que son uniforme lui facilitait l'encaissement de chèques sans provision au comptoir des compagnies aériennes. A partir de là, il s'envola gratuitement à travers tous les Etats-Unis, se faisant passer pour un pilote se rendant à un aéroport d'où il devait prendre un avion en charge. Il habita des hôtels fréquentés par le personnel de bord des avions, mit ses nuitées sur le compte de la Pan Am et laissa derrière lui une quantité de chèques sans provision qui mettraient des mois à être découverts.

IL Y A UN PÉDIATRE DANS MON PLACARD !

Après deux ans de cette vie vagabonde, Abagnale ressentit le besoin de prendre du repos et loua un appartement à Atlanta, en Géorgie, en se faisant passer pour un pédiatre. Tout se passa bien jusqu'à ce qu'un voisin se révéla être le pédiatre en chef de l'hôpital Smithers, dans une ville proche, Marietta. Le « Dr Williams » fut bientôt invité à visiter

Léonardo di Caprio joue le rôle du jeune Frank Abagnale, âgé de 20 ans dans le film *Attrape-moi si tu peux*. Dans cette scène, il a réuni son équipe de jolies étudiantes, en leur faisant croire qu'elles allaient commencer leur entraînement d'hôtesses de l'air.

l'hôpital et devint vite bien connu là-bas. On lui demanda finalement s'il accepterait de prendre en charge la supervision de l'équipe de nuit du département de pédiatrie.

Abagnale accepta l'offre. Comme Stanley Weyman, qui se faisait passer pour un médecin (voir p. 192) il tint le coup en demandant à de véritables médecins de faire les diagnostics, puis en les confirmant. Il se planquait également dans une réserve de linge, pour éviter d'être appelé.

Il dut bientôt reprendre la route. Sous le nom de « Robert E. Conrad », diplômé en droit de Harvard, il passa l'examen du barreau d'un état du sud et rejoignit l'équipe du procureur général. Mais un véritable diplômé de Harvard arriva alors, et Abagnale dut partir sans tarder. Sous de nom de « Frank Adams », ex-pilote de la TWA et docteur en sociologie de l'Université de Columbia, à New York, il enseigna pendant le trimestre d'été à l'Université Bringham Young, à Provo, Utah. Après cela, sur le chemin de San Francisco, il s'arrêta à Eureka, en Californie. Bien qu'il ait gagné pas mal d'argent sous ses trois précédentes identités et n'avait aucun besoin d'émettre des chèques sans provision, Adams fut étonné du nombre de banques de cette ville, et il décida de commencer à fabriquer de faux bulletins de salaire de Pan Am.

S'EN SORTIR

Le gros problème que peut rencontre un fabriquant de faux chèques est que l'escroquerie

« Frank Abagnale pouvait remplir un chèque sur le Trésor Public Fédéral, établi sur du papier de toilette, le signer ‹ J. Vous-ai-eu› et l'encaisser dans n'importe quelle banque de la ville, en utilisant le permis de conduire d'un conducteur de Hong Kong, comme identification. »

Un ancien chef de la police de Houston

peut être détectée très vite. Pour éviter cela, Frank Abagnale utilisa sa connaissance de détails ignorés des guichetiers. Par exemple, expliqua-t-il, les séries de nombres imprimés dans le quart inférieur d'un chèque sont codés, il peut porter 1130 0119 546 085. Il existe 12 districts de réserve fédérale, le chiffre « 11 » indique le 11e, ce qui inclut le Texas. Le « 3 » indique que le chèque a été imprimé à Houston, et le « 0 » identifie la banque de compensation de Houston, le « 119 » enfin, représente l'identification d'une banque en particulier. Les autres chiffres sont le numéro de compte.

Lorsqu'un chèque arrive à la banque de compensation – souvent le même soir – il est classé par ordinateur et, dans ce cas, rejeté, car le numéro de compte désigne San Francisco. Il est ensuite envoyé à San Francisco, où il est rejeté à nouveau par l'ordinateur, récupéré par un employé de banque et renvoyé à Houston. Il s'est peut-être passé une semaine avant qu'une telle contrefaçon soit détectée et, à ce moment-là, le faussaire est en général déjà loin.

A droite : en octobre 1906, Wilhelm Voigt (1849-1922), cordonnier de son état, apparaît dans la ville de Köpernick, en Allemagne, habillé en uniforme de capitaine de la première garde prussienne. Demandant à quelques soldats de le suivre, il arrêta le secrétaire de mairie et le maire, et les envoya dans la capitale, sous escorte. Il fut bientôt arrêté et emprisonné, mais fut gracié dix-neuf mois plus tard. Il est photographié ici à Londres, pendant une tournée théâtrale à succès.

UNE HISTOIRE D'AMOUR QUI SE TERMINE MAL

En peu de temps, Abagnale amassa pour environ 75 000 $ de bons billets de banques et tomba amoureux d'une jeune femme à San Francisco. Dans un moment d'exaltation, il lui avoua sa véritable identité, et elle en informa la police. Il s'enfuit une fois encore, cette fois-ci à Las Vegas, où il rencontra une jeune femme graphiste pour une société spécialisée dans l'impression de chèques. Elle apprit à Abagnale tout ce qu'il avait besoin de savoir. Le jour suivant, il acheta un appareil de photo et une presse offset, et il installa le tout dans un entrepôt qu'il avait loué. Il imprima 500 feuilles de paye de la Pan Am qui avaient l'air tout à fait authentiques.

LE LONG BRAS DE LA JUSTICE

Et tout continua ainsi. Abagnale ouvrait des comptes en banque sous le nom de Frank Adams à travers tout le pays, et il affirme aujourd'hui que déjà en 1967 (alors qu'il n'avait que 19 ans !) il avait des avoirs illicites en liquide d'environ 500 000 $. Il passa quelque temps à Mexico, puis s'envola pour Paris. Il persuada un imprimeur local de lui reproduire un chèque véritable de la Pan Am. Mais Abagnale ignorait qu'un agent du FBI se penchait sur son cas depuis déjà un an, et lorsqu'il réapparut à Boston, il fut arrêté. La police n'avait alors reçu l'ordre que de le retenir à fin d'interrogatoire, et il réussit à obtenir une libération sous caution avant qu'un agent du FBI n'arrive.

Tous étaient persuadés qu'Abagnale prendrait le premier vol pour Miami, mais il resta à Boston. Le lendemain, il acheta un uniforme de garde de sécurité d'une banque, et le même soir, il s'installa devant le dépôt de nuit sur lequel il avait mis une note indiquant que tous les dépôts devaient lui être remis. Avec l'argent liquide recueilli, il s'envola à destination de Tel Aviv, et de là vers Istanbul, puis Athènes, en portant son uniforme de la Pan Am uniquement pour s'enregistrer dans un hôtel ou pour en sortir, ou pour demander un vol gratuit. Il se rendit bientôt compte qu'un pilote sans équipage pour l'entourer, éveillait le soupçon. Il avait besoin d'un équipage.

Son plan était simple. Abagnale décida de se présenter comme un officier de la Pan Am, en charge de recruter de jeunes étudiantes désirant devenir hôtesses de l'air. Il recruta huit des filles les plus jolies et les plus délurées parmi les étudiantes, les habilla d'uniformes confectionnés par une société de Hollywood et les emmena pour un tour d'été en Europe. Partout il signait les additions au nom de la Pan Am ou utilisait l'un de ses chèques contrefaits.

ENFIN ARRÊTÉ

Sentant le besoin de repos, Abagnale se retira à Montpellier, dans le sud de la France. C'est là qu'il fut retrouvé par la police française, et arrêté. Il y avait des mandats d'extradition contre lui provenant de 26 pays, mais la France exigea le pre-

Le dossier du faussaire

UN BRACONNIER QUI DEVIENT GARDE-CHASSE

Après avoir fait cinq ans de prison, on offrit à Abagnale une substitution de peine, supposant qu'il pourrait mettre sa connaissance de la sécurité des banques au service du gouvernement des Etats-Unis. Il est actuellement l'une des autorités mondiales en matière de sécurité financière. Il travaille depuis trente ans environ au département des crimes financiers du FBI et enseigne à l'Académie du FBI à Quantico, en Virginie.

A gauche: la prétention de Lambert Simnel au trône d'Angleterre ne persista que quelques mois. Il n'était que le fils d'un pâtissier d'Oxford et la seule punition que lui réserva le roi légitime, Henry VII, fut de travailler dans les cuisines royales. Cette illustration le montre en train de tourner une broche.

mier procès: Abagnale fut reconnu coupable et condamné à un an dans une prison vétuste à Perpignan. De là il fut extradé vers la Suède, où il ne fut reconnu coupable que d'obtention d'argent sous de faux prétextes; il passa six mois relativement confortables dans une prison de Malmö.

Pendant tout ce temps, le FBI attendait son heure. Il fut enfin extradé de Malmö vers les Etats-Unis. Il essaya de s'enfuir par deux fois mais fut finalement capturé à New York et condamné à douze ans de prison.

FAUSSE NOBLESSE

Nombreux sont ceux qui, au cours des siècles, se sont fait passer pour nobles et ont adopté de faux titres de noblesse. Mais ce sont les individus ayant réussi à se faire passer pour les vrais dirigeants d'un pays qui ont provoqué le plus de dissensions et de controverses.

Henry Tudor (Tewdwr en Gallois) devint Henry VII, roi d'Angleterre, en 1485. Le pays était alors dans le chaos; des armées rivales se battaient depuis des années pour savoir qui serait le véritable successeur au trône. La guerre civile avait pris fin avec une trêve fragile et par l'acceptation d'Henry par le parlement. Ce règne fut toutefois troublé pendant de nombreuses années par de faux prétendants.

Deux jeune fils du précédent roi, Edouard IV, avaient été assassinés en 1471, l'un d'eux dans la Tour de Londres, mais des rumeurs circulaient, affirmant qu'ils étaient toujours en vie. En 1487, un clerc d'Oxford appelé Robert Symonds emmena le fils d'un pâtissier local, un certain Lambert Simnel (1475-1535) en Irlande. Son plan initial avait été d'annoncer que Lambert était l'un des princes assassinés. Mais la fausse annonce de la mort d'Edouard, comte de Warwick, qui était également emprisonné dans la Tour, le fit changer d'avis. Lambert fut accepté en Irlande, comme comte de Warwick et couronné « Edouard VI d'Angleterre » lors d'une cérémonie royale à la cathédrale de Dublin.

Le roi Henry révéla l'imposture en faisant parader le vrai comte de Warwick dans les rues de Londres, mais la conspiration continua. Simnel accosta dans le Lancashire, dans le nord de l'Angleterre, accompagné de 2000 soldats allemands, mais il fut vaincu à la bataille de Stoke, en juin 1487. Symonds fut emprisonné, et Henry montra son mépris à l'encontre de Simnel en l'employant comme garçon de cuisine dans les cuisines royales.

MÊME LA TANTE DE RICHARD FUT TROMPÉE

Quelques années plus tard un danger plus grave menaça le trône. Perkin Warbeck (1474-1499) venait d'une famille de Tournai, dans les Flandres (actuellement la Belgique). Il travailla comme domestique et, en 1491, il arriva à Cork, en Irlande. Les habitants de la ville, impressionné par les

Les citoyens de la ville, impressionnés par les vêtements continentaux de Warbeck et par son air hautain, déclarèrent qu'il devait être de descendance royale.

vêtements continentaux de Warbeck, de même que par son air hautain, déclarèrent qu'il devait être de descendance royale.

On le persuada bientôt d'affirmer qu'il était Richard, duc d'York, qui avait été assassiné dans la Tour de Londres en 1483 sur l'ordre du roi Richard III.

La tante de Richard, Marguerite de Bourgogne, accepta l'affirmation de Warbeck, tout comme l'empereur du Saint Empire Maximilien et James IV d'Ecosse. Au cours des années 1495 à 1497, il fit trois tentatives pour envahir l'Angleterre, mais il échoua les trois fois. Au dernier essai, il accosta en Cornouailles et se proclama lui-même Richard IV, roi d'Angleterre, mais ses partisans furent battus lors d'une bataille et il fut obligé de se rendre, pour se retrouver emprisonné à la Tour de Londres, en même temps qu'Edouard, duc de Warwick. Lorsqu'on découvrit une lettre envoyée par Warbeck à Warwick, pour lui suggérer un plan d'évasion, les deux prisonniers furent jugés pour trahison et exécutés en novembre 1499.

Perkin Warbeck avait un air d'autorité dont manquait Lambert Simnel. Mais il ne réussit pas mieux que lui dans sa revendication du trône d'Angleterre.

LE PSEUDO-DIMITRI

Au siècle suivant, le tristement célèbre tsar « Ivan le Terrible » régna sur la Russie pendant cinquante ans. Connu pour son caractère violent, il avait un jour tué son fils lors d'une dispute. Le second fils d'Ivan, Féodor, devint tsar à la mort de son père en 1584. Le dernier fils, nommé Dimitri, n'avait alors que 16 mois. Dimitri souffrait d'épilepsie et mourut en 1591, à l'âge de 8 ans. Mais sa mort fut rapportée de façon contradictoire. Féodor n'avait pas d'enfants, et à sa mort en 1598, son beau-frère, Boris Godounov fut proclamé tsar.

En 1603, un jeune russe du nom de Yuri Otrepiev annonça en Pologne qu'il était en fait Dimitri. Il se convertit à la foi catholique et gagna ainsi le soutient du pape, qui espérait que Dimitri pourrait rapprocher l'Eglise orthodoxe russe et celle Rome, séparées depuis mille ans. Le roi de Pologne soutint également le « pseudo-Dimitri » (ainsi qu'il est connu dans l'histoire), et lui promit une partie des terres le long de la frontière russe.

Otrepiev avança en Russie avec 4000 hommes en août 1604. Il gagna sa première bataille, mais subit ensuite plusieurs défaites. Le tsar Boris mourut en avril 1605, et l'armée russe se déclara favorable au prétendant. La veuve de Boris et son fils furent assassinés, et en août Otrepiev fut couronné tsar Dimitri à Moscou. Mais il avait emmené avec lui une armée de mercenaires étrangers, ce qui provoqua une violente réaction. Des comploteurs, menés par le prince Vassili Shuiski assassinèrent Dimitri et plus de 2000 de ses partisans, au Kremlin, en mai 1606. Shuiski se proclama ensuite lui-même tsar Vassili.

DEUX AUTRES « PSEUDO-DIMITRI »

Ce ne devait pas être encore la fin de l'affaire, un deuxième « pseudo-Dimitri » apparut en 1608 et marcha sur Moscou. Il construisit un camp fortifié à quelques kilomètres de la ville et conspira avec ceux

Un portrait imaginaire du premier « pseudo-Dimitri », qui affirma être le vrai tsar de Russie en 1603. Son vrai nom était Youri Otrepiev. Il est ici habillé dans les riches atours d'un noble polonais.

A droite : les quatre filles du tsar russe Nicholas II. Debout, de gauche à droite, Maria, Anastasia et Olga. Tatiana est assise.

qui n'étaient pas satisfaits de Vassili. Toutefois, il perdit la bataille en 1610. Peu après, Vassili fut détrôné. Pendant trois ans, il n'y eut pas de tsar pour gouverner la Russie, et c'est dans ce « vide » qu'apparut un autre « pseudo-Dimitri ». Il fut capturé en 1612 et fut plus tard exécuté à Moscou.

FILLE DU TSAR ?

Après la révolution russe de 1917, le tsar Nicholas II fut emprisonné dans une maison à Yekaterinburg, en Sibérie – en même temps que sa femme, ses cinq enfants, leur médecin, et leurs domestiques –. Les enfants étaient, le tsarévitch Alexei, et les grandes duchesses Olga, Tatiana, Maria et Anastasia. La nuit du 16 juillet 1918, onze personnes furent tuées dans la cave de la maison par un peloton d'exécution. Six mois plus tard, un rapport fut rédigé par Nicholas Sokolov ; ses enquêtes et investigations déterminèrent que les corps, vraisemblablement de toute la famille impériale de Russie, avaient été jetés dans une mine désaffectée, recouverts d'acide sulfurique et brûlés.

Des rumeurs persistèrent toutefois, relatant que certains membres de la famille, particulièrement Alexei et Anastasia, n'avaient pas été tués. En février 1920, la police de Berlin secourut une jeune fille qui s'était jetée dans un canal. Elle resta deux ans dans un hôpital psychiatrique, refusant de parler la plupart du temps. Les autorités pensaient qu'elle était russe, et ils autorisèrent le baron Arthur von Kleist, qui parlait le russe, à la prendre chez lui. Deux mois plus tard, la jeune fille déclara soudainement qu'elle était la grande duchesse Anastasia.

Elle disait qu'elle s'était cachée derrière une de ses sœurs pendant le massacre de Yekaterinburg, qu'elle avait été touchée, puis qu'elle avait perdu connaissance. Lorsqu'elle revint à elle, ce fut pour découvrir qu'elle avait été secourue par un des membres du peloton d'exécution. Elle voyagea ensuite avec sa famille d'adoption jusqu'en Roumanie et se rendit finalement seule à Berlin.

LES ROMANOV ENQUÊTENT

Qu'Anastasia put être vivante amena beaucoup de monde dans la maison du baron, et celle-ci s'enfuit devant leurs questions incessantes. Pendant cinq ans, elle alla de place en place, faisant de fréquents séjours dans les hôpitaux. En 1925, la mère du tsar, l'impératrice douairière Marie, qui vivait en exil au Danemark, s'inquiéta d'elle et voulut en avoir le cœur net. Plusieurs personnes qui avaient connu Anastasia déclarèrent que la jeune femme n'était pas la grande duchesse ; mais la fille du médecin du tsar était convaincue qu'il s'agissait bien de la jeune fille qu'elle avait connue en Russie.

La tsarine défunte était allemande et avait de nombreux parents parmi la noblesse allemande. Une violente controverse éclata, et le grand-duc Ernst Ludwig de Hesse

Le dossier du faussaire

UN SUJET DE DÉRISION NATIONALE

Plus proche de nous, le destin de faux prétendants fut moins tragique. Harry Domela (voir p. 183), qui fut innocemment pris pour le petit-fils du Kaiser allemand, ne provoqua guère plus qu'un fou rire généralisé. Il passa quelques mois en prison attendant son procès, et en sortit un homme riche.

engagea un détective privé, Martin Knopf, pour enquêter. Knopf annonça avec beaucoup d'assurance qu'il avait identifié « Anastasia », qu'elle était en fait une jeune ouvrière polonaise, Franziska Schanzkowska, disparue à Berlin en 1920.

Nombreux étaient ceux qui refusaient d'accepter ce résultat, et parmi eux « Anastasia » elle-même. La princesse Georgievna, véritable cousine au second degré d'Anastasia, l'invita aux Etats-Unis. Les deux femmes commencèrent bientôt à se disputer, et le

La jeune femme qui se prétendait Anastasia, apparut à Berlin, en Allemagne en février 1920. Pendant les années qui suivirent, elle fut hospitalisée à plusieurs reprises, et elle est photographiée ici dans une infirmerie de Berlin en 1925. En 1928, elle adopta le pseudonyme d'« Anna Anderson ».

célèbre compositeur et pianiste russe Sergei Rachmaninov, arrangea pour « Anastasia » un séjour de quatre mois dans un hôtel de Long Island. Là-bas, pour éviter toute publicité, elle s'était enregistrée comme « Anna Anderson » – nom sous lequel on devait la connaître durant les quarante prochaines années.

Pendant plus de soixante ans, les disputes continuèrent. Une grande partie de l'intérêt que l'on portait à cette histoire venait d'une rumeur non fondée : une grande fortune sous forme d'or russe dormait à la Banque d'Angleterre. Mais Anna, revenue en Allemagne en 1931, affirmait qu'elle n'avait droit qu'à une partie des avoirs du tsar en Allemagne, évaluée à 10 000 $ en valeur actuelle. Les disputes judiciaires traînèrent jusqu'en 1970, lorsque la Cour allemande se déclara incapable de confirmer ou d'infirmer la validité de la demande d'Anna.

> L'analyse de l'ADN établit l'identité des os de la tsarine et du tsar – et finalement le mystère d'Anna Anderson fut résolu

En 1956, on tourna un film à Hollywood, *Anastasia*, avec Ingrid Bergman comme vedette. Un autre film, intitulé *Anna Anderson est-elle Anastasia ?* fut produit en Allemagne en 1957 avec Lilli Palmer comme vedette. En 1968, Anna Anderson épousa un professeur américain retraité, Dr John Manahan, pour pouvoir vivre légalement aux Etats-Unis ; elle mourut en 1983 et son corps fut incinéré.

LE MYSTÈRE EST RÉSOLU

En 1989, un producteur de cinéma russe, Gely Ryabov annonça qu'il avait trouvé des os et des morceaux de tissus, sur un site, à 8 kilomètres du puits de mine où, selon les indications de Sokolov, les Romanov avaient été enterrés. Deux ans plus tard, le président soviétique Boris Yeltsin donna l'autorisation de faire des fouilles sur le site. Les os et les crânes que l'on retrouva, furent assemblés en quatre squelettes masculins et cinq squelettes féminins. Quels étaient ceux qui manquaient ? Les scientifiques russes décidèrent qu'il s'agissait de ceux d'Alexei et de Maria, mais une équipe d'experts américains invités, dirigée par le Dr William Maples de l'Université de Floride, parvint à la conclusion que l'un des crânes manquants était celui d'Anastasia.

Une analyse de l'ADN établit l'identité des os de la tsarine et du tsar – et finalement résolut le mystère d'Anna Anderson. Bien que son corps ait été incinéré, il s'avéra qu'un hôpital américain avait gardé un échantillon de tissu humain après une opération. En 1994, l'analyse prouva qu'elle ne faisait pas partie de la famille impériale de Russie, et des échantillons procurés par la famille Schanzkowska en Pologne, établirent qu'elle était bel et bien la Franziska manquante.

LE BARON ROUGE D'ARIZONA

Il est rare que la prétention frauduleuse à un trône soit couronnée de succès, mais la prétention à de faux titres de noblesse est souvent un moyen sûr d'accéder à la respectabilité. Le faussaire en art, Elmyr de Hory (voir pp. 78-84) fut très content d'être connu sous le nom de « baron » de Hory pendant son séjour à Hollywood, et le « comte » Victor Lustig (voir pp. 202-209) passa de l'état minable de manipulateur de cartes à celui d'un des plus grands escrocs et mystificateur du XXe siècle. Arthur Orton, qui prétendait au titre de douzième baron Titchborne en Angleterre, eut moins de chance (voir pp. 186-190).

Un autre « baron » qui prétendait détenir de vastes domaines dans ce qui était à l'époque le territoire de l'Arizona, était James Addison Reavis (1843-1914), ancien conducteur de tramway de St. Louis. Le terrain qu'il prétendait posséder couvrait la moitié de l'étendue de l'Etat d'Indiana ; elle comprenait la ville de Phœnix et six autres villes. Elle incluait les droits de passage du Southern Pacific Railroad, la riche mine de

Silver King, et pour des millions de dollars de minerais encore à extraire.

Après la guerre avec le Mexique (1846-1848), le territoire du Nouveau Mexique, qui comprenait tout le nord de l'Arizona au nord de la rivière Gila, fut cédé aux Etats-Unis, et la région au sud de la rivière Gila, fut achetée en 1853. Selon les accords de paix, toute concession de terrain accordée par l'Espagne, au temps où le Mexique était encore une colonie espagnole, devait être honorée. En 1884, Reavis, alias Don Jayme, baron Peralta de Arizonac et Caballero de los Colorados, fit son apparition.

SORTEZ DE MES TERRES !

Reavis possédait tous les documents pour appuyer sa revendication. Beaucoup d'entre eux étaient sans nul doute des faux, mais il affirmait avoir acheté les titres de propriété à un jeune médecin, George Willing, qui les avait lui-même achetés à un Mexicain sans le sou, Miguel Peralta, pour la somme de 1000 $. Reavis cloua partout des affiches, avertissant ceux qui se trouvaient sur « ses » terres qu'ils étaient en contravention. Il fit également confirmer légalement ses demandes à l'encontre de la Southern Pacific et de Silver King. Toute l'économie de l'Arizona était jetée dans le désarroi le plus complet.

En 1887, Reavis arriva avec panache à Tucson, accompagné de sa femme, « baronne Sofia Loreta Micaela Peralta », en réalité une domestique appelée Carmelita. Il l'avait trouvée dans la maison d'un propriétaire de ranch, John Slaughter, et elle devint immédiatement l'authentique héritière Peralta. Reavis produisit une foule de documents, dont le testament de son grand-père, pour le prouver. Reavis devint un homme riche après avoir signé des compromis avec la Southern Pacific et la mine de Silver King, et négocié des droits de renonciation à des locataires établis. Il était toutefois honni par la presse, pour ses prétentions grandioses, mais les hommes d'affaire locaux et même les grandes sociétés nationales étaient heureuses de coopérer avec lui. Pendant ce temps, l'inspecteur général du territoire, Royal Johnson, examinait les prétentions de Reavis dans le détail. Il ne put faire son rapport qu'en 1890. Sans accuser Reavis d'imposture, il remarqua certaines incohérences dans les documents et demanda au gouvernement de ne pas valider ses demandes.

DES DOCUMENTS CONTREFAITS ANNONCENT SA CHUTE

En 1891, un tribunal de recours pour des concessions de terrains privés, qui avait des pouvoirs bien plus étendus que ceux de Johnson, fut établi pour s'occuper de toutes les demandes concernant les terrains auparavant sous domination espagnole. Severo Mallet-Provost fut l'un des juristes chargés de scruter les origines de Reavis. Il parlait parfaitement l'espagnol. Entre 1893 et 1895, il suivit la piste du baron, à travers tout le Sud-Ouest. Il poussa l'enquête jusqu'en Espagne, où il consulta les archives à Madrid et à Séville. Mallet-Provost découvrit là de nombreuses preuves que Reavis avait dissimulé dans son dossier de nombreux documents contrefaits et qu'il les avait fait certifier plus tard. Il trouva des parchemins montrant des mots effacés ou des substitutions. Le papier n'était pas non plus celui qu'il aurait dû être.

Reavis avait dissimulé des documents contrefaits et les avait fait certifier plus tard. Les juristes trouvèrent des parchemins où l'on pouvait détecter des mots effacés et des substitutions, de même qu'un papier qui n'était pas tout à fait ce qu'il aurait dû être.

Dans certains documents, la première et la dernière page étaient authentiques, mais les pages intercalaires étaient plus récentes de façon évidente. Au lieu d'encre à base de fer, on avait utilisé une encre contenant de la teinture de cornouiller. Les documents présentaient des traces d'écriture à la plume métallique, alors que les originaux avaient été écrits à la plume d'oie. On retira la teinture de cornouiller et on put apercevoir les différents détails qui avaient été effacés. Ayant été débouté de ses demandes, Reavis fut mis en examen et son procès eut lieu en janvier 1895. Reconnu coupable, il fut condamné à six ans de prison au pénitencier de Santa Fe. La « baronne », considérée comme une dupe innocente, demanda le divorce plusieurs années après qu'il eut été libéré sur parole. D'après un habitant de Phœnix qui le connut pendant ses dernières années, Reavis passait ses journées à la bibliothèque de la ville, lisant et relisant, toujours et encore, les articles de journaux relatant ses jours de grandeur.

DU TRAFIC D'ALCOOL À L'INDUSTRIE PHARMACEUTIQUE

Il y eut un séisme à Wall Street la première semaine de décembre 1938. Frank Donald Coster, président de McKesson et

Robbins inc. – une société pharmaceutique très réputée, avec des actifs d'une valeur de 80 millions de $ et des ventes annuelles s'élevant à 160 millions de $ – avait été accusé de fraude. On ne trouvait plus trace d'au moins 18 millions de $.

Coster vivait tranquillement à Fairfield, Connecticut, avec sa famille. Il avait la réputation d'un homme d'affaires qui avait réussi. Il était le président de trois sociétés de gestion, membre du Banker's Club et du Yacht Club de New York, et une personnalité importante de la communauté méthodiste. Il semblait incroyable qu'un membre si respectable de la communauté, toujours habillé de costumes démodés, portant des

Lorsque le magazine anglais *Wide World* parut en 1898, il avait en titre de couverture « La vérité dépasse la fiction ». Mais sa série d'articles sur les aventures de « Louis de Rougemont » (en photo) fut bientôt déclarée une pure invention. On disait que de Rougemont était français, né en 1847. Il se targuait d'avoir eu une carrière étonnante, dont vingt années à la tête d'une tribu de cannibales aborigènes d'Australie. La seule chose que l'on sache sur sa véritable existence en Australie, c'est qu'il y servit comme majordome.

En 1956, Cyril Henry Hoskins, le fils d'un plombier du Devonshire, se renomma Lobsang Rampa et affirma être un lama tibétain. Il publia un livre, *Le Troisième œil*, qui devint un succès international. On découvrit son escroquerie, mais il écrivit encore seize autres livres.

demi-guêtres et des lunettes rondes, puisse avoir commis une escroquerie.

Les enquêtes du FBI ne tardèrent pas à mettre à jour quelques faits surprenants. Coster était, en fait, Philip Musica, né à Naples, en Italie en 1877. Il avait émigré aux Etats-Unis avec sa famille, à l'âge de 6 ans. On démasqua également trois des cadres dirigeants de McKesson et Robbins : « George Dietrich » était en réalité son frère, Giorgio Musica, « Robert Dietrich » son frère Roberto, et « George Venard » son frère Arturo.

Peu à peu, l'histoire de Philip Musica se précisa. Son père, Antonio, un coiffeur pour hommes à New York, avait été convaincu par son fils d'acheter des cheveux humains pour en faire des perruques et des toupets. L'entreprise était devenue florissante. Philip commença à mener la vie d'un play boy menant grand train, mais l'argent dont il avait besoin provenait de prêts qu'il obtenait contre la garantie de stocks en entrepôts qui n'existaient pas. En mars 1913, il demanda un prêt de 370 000 $, en donnant en garantie 216 caisses de cheveux de première qualité, mais les enquêteurs de la banque qui visitèrent l'entrepôt ne trouvèrent que quelques caisses, d'une valeur totale de 213 $. Cette nuit même, la famille Musica toute entière disparut de la ville et fut retrouvée, quelques jours plus tard, à la Nouvelle-Orléans, à bord d'un bateau prêt à prendre la mer à destination du Costa Rica.

PHILIP CONCLUT UN MARCHÉ

Antonio, Philip, Giorgio et Arturo furent accusés d'escroquerie, mais Philip conclut un accord avec le procureur de l'Etat de New York, plaidant coupable et donnant les noms de ses associés et de ses amis proches. Il se révéla tellement utile comme informateur qu'il échappa à la prison et fut en fait recruté comme enquêteur pour le procureur de l'Etat, sous le nom de William Johnson.

Philip Musica ressurgit ensuite, sous le nom de « Costa », en 1919. Après le vote du Volstead Act, établissant la prohibition, il créa la société Adelphi de Fabrication de Produits Pharmaceutiques. Cette société était autorisée, de par la loi, à acheter 19 000 litres d'alcool par mois, mais Musica vendit immédiatement cet alcool à des bootleggers. En l'espace de quelques années « F. Donald Coster » était apparemment un respectable courtier, dans la société Clark et Hubbard, et propriétaire d'une autre firme pharmaceutique, la société Girard, avec « George et Robert Dietrich », comme associés. Utilisant « George Venard » (leur frère Arturo) comme intermédiaire, cette société vendait également ses allocations d'alcool à des bootleggers.

Le dossier du faussaire
LA FILLE DE CARNEGIE ?

Cassie Chadwick, plus connue sous le nom de « Betsy Bigley », eut une carrière ne le cédant en rien à celle de Thérèse Humbert (voir p. 199). Née Elisabeth Bigley, en Ontario, au Canada, à la fin des années 1850, elle s'installa aux Etats-Unis où elle s'établit comme voyante, avec beaucoup de succès. Elle employa beaucoup de détectives privés pour lui fournir des informations sur ses clients. En 1897 (connue alors sous le nom de « Mme Connie Hoover ») elle se maria à Cleveland, Ohio, avec le Dr Leroy Chadwick, et c'est là qu'elle prépara son escroquerie la plus audacieuse. Elle fit la connaissance d'un avocat, James Dillon et le persuada qu'elle était la fille illégitime d'Andrew Carnegie, avec de faux billets à ordre, signés par lui, à l'appui. Armée de ces documents, et des rumeurs « confidentielles » sur sa richesse, répandues par Dillon, qui était un bavard notoire – elle put vivre la grande vie pendant sept ans, jusqu'à ce qu'un banquier demanda le remboursement d'un prêt. Elle fut découverte en novembre 1904, et en mars 1905, on releva à son encontre sept chefs d'accusation d'escroquerie, et elle fut condamnée à quatorze ans de prison. Elle mourut deux ans plus tard, encore détenue, à l'âge de 48 ans.

La seule photo connue de Betsy Bigley.

UN HOMME D'AFFAIRES VÉREUX

Avec l'aide d'un investisseur de Wall Street appelé Julian Thompson, « Coster » acquit la minorité de bloquage dans McKesson et Robbins, réalisa une fusion avec la Société Girard, et nomma Thompson trésorier. La société se développa bien, et Coster la maintint à flot pendant le crash de la bourse de 1929 et la grande dépression qui suivit. Mais il ne réussit à le faire qu'en prétendant avoir des entrepôts remplis de produits pharmaceutiques, achetés à bas prix et évalués alors à 2 millions de $. En 1937, lors d'une brève récession dans les affaires, la direction de McKesson et Robbins vota la réalisation de ces avoirs, et Coster risqua d'être découvert. Il se débrouilla pour tergiverser jusqu'à l'automne de 1938, où, après une dispute avec Thompson, il mit à exécution sa menace de demander la mise en règlement judiciaire de la société.

Le 6 décembre, on suspendit les transactions des actions de McKesson et Robbins, et une armée d'enquêteurs, du FBI, de la SEC, du procureur fédéral et du procureur de l'état de New York, commencèrent leurs investigations.

Le matin du 16 décembre, alors que deux agents du FBI étaient en route pour

Le dossier du faussaire

EMPRUNTER UNE IDENTITÉ PAR-DELÀ LA TOMBE

Les criminels furent prompts à découvrir des lacunes dans le système d'émission des passeports. Faites des recherches dans quelques cimetières de campagne et vous ne tarderez pas à trouver la tombe d'un jeune enfant qui était né à une date proche de celle de votre propre naissance. Faites vous passer pour un jeune généalogiste amateur, qui fait des recherches sur l'histoire de sa famille, et demandez à l'état civil local une copie de l'acte de naissance de l'enfant. Le tout, accompagné d'une authentique photo de vous, est généralement suffisant pour demander un passeport.

l'arrêter, Philip Musica se suicida en se tirant une balle dans la tête. Pendant vingt ans, il avait gardé son identité secrète, et sa mort prit encore un tour inattendu. A Fairfield, il était connu de tous comme étant méthodiste, mais lorsque la police examina son corps, ils trouvèrent un petit sac de cuir, contenant un crucifix. Gravés au dos, se trouvaient ces mots : « Je suis catholique, en cas d'accident, prévenez un prêtre. »

Heureusement, McKesson et Robbins avaient une place si importante dans l'industrie pharmaceutique que d'autres sociétés firent tous les efforts pour la maintenir en vie. La société fut placée entre des mains capables et continua à se développer. On évalua à 2 900 000 $ la somme volée par Musica, et on ne put récupérer que 51 000 $, la valeur de son yacht et d'un bien immobilier.

VOL D'IDENTITÉ

Ces histoires illustrent assez bien comment, tout au long de l'histoire de l'humanité, certains ont voulu assumer l'identité de quelqu'un d'autre. Dans la plupart des cas, c'était pour se faire passer pour quelqu'un de plus riche ou de plus connu. De nos jours, n'importe qui, même obscur et sans grade, court le risque qu'un criminel endosse sa personnalité, détruise sa réputation et ruine ses finances. Lorsque chaque citoyen eut le droit de posséder un passeport, ce document d'identité semblait être un moyen idéal pour empêcher un criminel recherché par la police de passer d'un pays à l'autre, et pour suivre la trace d'émigrants futurs. Des centaines de milliers de passeports ont bien sûr été contrefaits et les procédures d'inspection sont généralement superficielles. Les officiers d'immigration font d'abord confiance à leur instinct pour repérer les individus douteux qui se présentent devant eux. Beaucoup de contrefaçons sont relativement grossières, et les détails sophistiqués que l'on inclut aujourd'hui dans les passeports les rendent de plus en plus difficiles à contrefaire. Il est beaucoup plus facile d'utiliser un passeport authentique comportant un faux nom.

Dans *Attrape-moi si tu peux*, Frank Abagnale décrit comment il obtint un passeport au nom d'un enfant décédé, tout comme l'assassin dans le roman de Frederick Forsyth, *Le Jour du Chacal*. Mais il existe des méthodes plus simples encore. Edward Bunker, récidiviste repenti, qui joua le rôle de « Mr Blue » dans le film *Réservoir Dogs*, raconte dans son autobiographie comment, alors qu'il était en cavale, il traversa la frontière des Etats-Unis vers le Canada et obtint, sans difficulté, un passeport canadien.

Selon Scotland Yard, le vol d'identité remplace le trafic de drogue comme crime de choix pour la pègre ou les cellules terroristes.

Depuis le 11 septembre 2001, et plus particulièrement depuis le vote de lois antiterroristes dans beaucoup de pays, il est devenu beaucoup plus difficile de se procurer un passeport de cette manière.

VOL DE RENSEIGNEMENTS PRIVÉS

L'usage grandissant de stockage et de transmission de données informatiques a ouvert la voie à de nouvelles façons de voler des identités. D'après Scotland Yard, le vol d'identité a supplanté le trafic de drogue comme crime de choix pour les opérateurs de la pègre et pour les cellules terroristes.

Utilisant des pirates de l'informatique et d'autres moyens, les criminels visent des clients ou des contacts de sociétés sérieuses pour voler des renseignements privés. Par exemple, un e-mail émanant d'une société fictive de cartes de crédit avertit qu'un remboursement a été effectué sur le compte en banque de la cible. Pour retirer l'argent, la victime doit d'abord remplir une demande en ligne. On ne sait pas combien de personnes furent les victimes de cette arnaque. Une autre ruse consiste à annoncer que la victime a gagné un prix à une loterie : pour réclamer ce prix, on lui demande des renseignements privés. Pour combattre ce problème grandissant, les compagnies en ligne telles que Microsoft, eBay, Amazon et Visa, ont formé une coali-

Malgré les nombreuses précautions prises par les sociétés de cartes de crédit pour améliorer la sécurité, un marchand ou un propriétaire de restaurant malhonnête peuvent très rapidement « cloner » une carte de crédit. Le propriétaire sans méfiance découvre trop tard les prélèvements non autorisés qui ont été faits sur son compte.

tion contre le vol en ligne. Les banques et les gouvernements affirment que la prudence reste la meilleure des protections.

LE PETIT-FILS DE L'EMPEREUR

Certains filous n'ont d'autre motif que celui de survivre ; gagner un peu, ne nuire à personne et provoquer l'amusement général lorsqu'ils dévoilent la crédulité de ceux qui sont au pouvoir. Peu d'entre eux ont eu plus de succès que Harry Domela, qui, en Allemagne, dans les années 1920, se fit

Le dossier du faussaire

ÉVITER LE VOL D'IDENTITÉ

Frank Abagnale (bien placé pour le savoir) croit que la punition d'une escroquerie et le recouvrement de sommes volées sont si rares que la prévention personnelle est la seule façon d'agir. Il a publié *14 conseils pour éviter le vol d'identité*.

1. Surveillez votre numéro de sécurité sociale. C'est la clé de vos comptes en banque et c'est également la cible préférée des criminels.
2. Chaque demande de crédits comportera votre numéro de sécurité sociale, le nom de vos employeurs présents et passés, une liste de vos comptes en banque, même ceux qui ont été fermés. Un prêteur ou un directeur général n'a besoin de connaître que votre nom et l'état de vos finances. Après avoir fait une demande qui nécessite la production d'un état de vos finances, demandez que l'on retire votre numéro de sécurité sociale et demandez que l'original de l'état de vos finances vous soit retourné dès qu'une décision a été prise.
3. Déchirez tous les vieux relevés de banque et de cartes de crédit, ainsi que les offres de crédits indésirables, avant de les jeter.
4. Retirez votre nom des listes de marketing des sociétés de notation financière.
5. Ajoutez votre nom aux listes de personnes qui ne veulent pas figurer sur les listes de mailing ou de marketing direct, ce sont des services qui sont utilisés par les banques et d'autres sociétés.
6. N'ayez pas sur vous des cartes de crédits inutiles ou des documents d'identités dont vous n'avez pas besoin.
7. Photocopiez des deux côtés les papiers contenus dans votre portefeuille, de manière à conserver toutes les références si on vous vole ou si vous perdez votre portefeuille.
8. Envoyez vos paiements directement à la poste, ne les laissez pas dans votre boîte à lettres, on peut les y voler.
9. N'imprimez pas votre numéro de sécurité sociale sur vos chèques.
10. Examinez bien vos relevés de cartes de crédit avant d'en régler le montant.
11. Annulez les cartes de crédits que vous n'utilisez pas.
12. Ne donnez jamais votre numéro de carte de crédit ou une information personnelle au téléphone, sauf si c'est vous qui avez appelé et que vous savez à qui vous parlez.
13. Souscrivez à un service de surveillance de crédits qui vous informera si quelqu'un a demandé une carte de crédit à votre nom.

passer pour le petit-fils de l'ancien empereur, le prince Wilhelm de Hohenzollern.

Harold Domela était né en 1904, dans la petite ville de Bauske, dans ce qui est aujourd'hui la Lithuanie et qui faisait alors partie de la Russie impériale. Il était le fils d'une famille respectable de la moyenne bourgeoisie, mais son père mourut alors qu'il était un jeune enfant. Après que les Allemands eurent envahi la Lithuanie en 1915, le jeune Harry, âgé de 11 ans, fut placé dans un orphelinat.

Dans le chaos qui suivit l'armistice de 1918, un corps de francs tireurs allemands fut créé dans le vain espoir de réunir les anciens territoires prussiens. Harry, âgé de 15 ans, rejoignit cette armée. Ce corps fut déplacé ensuite en Allemagne, pour aider à juguler les soulèvements ouvriers qui eurent lieu alors. Peu après, le corps fut dissous.

« PASSEZ-MOI LE PRINCE ! »

Harry passa quelques années à errer sans un sou en Allemagne, faisant de courts séjours en prison pour vagabondage sans papiers. Finalement, habillé de son seul costume, il fit une réservation dans un hôtel à Erfurt, en se faisant enregistrer sous le nom de « baron von Korff ». Depuis la suite qu'il avait réservée, il fit un appel téléphonique au prince Louis Ferdinand, un des fils de l'ex-empereur Guillaume II, qui avait abdiqué en 1918. Il ne put obtenir le prince, mais, bien vite, la nouvelle de l'appel parvint aux oreilles du directeur de l'hôtel.

Il fut frappé de la ressemblance de ce « baron von Korff » avec une photographie de son Altesse Impériale et Royale, le prince Wilhelm, fils du prince Ferdinand. Domela refusa de reconnaître tout lien, mais ses dénégations furent accueillies par des sourires entendus et il ne fut bien sûr plus question pour lui de payer ses notes d'hôtel. La nouvelle se répandit dans la région, et Domela se retrouva à effectuer une tournée royale dans les villes avoisinantes. Son nom apparut dans tous les journaux, bien que certaines personnes estimèrent déplacé, dans ce qui était maintenant une république, de voir l'armée du Reich rendre les honneurs à un membre d'une famille royale destituée. Domela finit par aller voir le commandant de la caserne locale, et demanda que l'on supprima tous les reportages le concernant dans les journaux. Il espérait enfin, disait-il, passer quelques jours supplémentaires à Erfurt, en tant que simple citoyen. D'Erfurt, Domela se rendit à Weimar où là encore, il demanda la suppression de tous les reportages concernant son arrivée. Il y eut toutefois des fuites, et une fois de plus les

Avec son allure de prince, Harry Domela fut fêté par les citoyens d'Erfurt en Thuringe, Allemagne. Il s'attribua le nom « baron von Korff », mais on crût bientôt qu'il s'agissait en fait du prince Wilhelm von Hohenzollern.

Alors même qu'il était en prison et attendait d'être jugé pour escroquerie, on demanda à Harry Domela d'écrire un livre sur ses exploits. A sa libération, il se retrouva auteur à succès.

notables locaux lui firent fête. Il décida pourtant qu'il était temps pour lui de redevenir Harry Domela le fauché avant d'être démasqué, et c'est ainsi qu'il acheta le billet le moins cher à destination de Berlin.

Mais, alors que le train de Domela se traînait doucement en direction de la capitale de l'Allemagne, en janvier 1927, les journaux apprirent que des enquêtes de police avaient établi que le véritable prince Wilhelm ne s'était jamais rendu près d'Erfurt ou de Weimar au cours de l'année précédente. Domela, à la sortie du train, fut accueilli par de jeunes vendeurs de journaux criant les grands titres :

Un faux prince Hohenzollern trompe des monarchistes irréductibles. Où est le « prince Wilhelm » ? Toute l'Allemagne recherche le prince des imposteurs. Notre république est une fois encore la risée du monde…

LE « PRINCE » EST APPRÉHENDÉ

Dans toute la ville, les gens furent amusés par la supercherie de Domela, mais sa photographie parut dans les journaux et il fut bientôt reconnu. Il se glissa dans un autre train en direction de la frontière française, où il vit une affiche de recrutement pour la légion étrangère. Désirant désespérément fuir l'Allemagne avant d'être retrouvé, Domela s'enrôla immédiatement – et il était déjà en train de partir lorsque deux détectives l'arrêtèrent. Il fut jugé à Cologne en juillet, où, témoin après témoin, chacun vint témoigner qu'il n'avait trompé personne. Au contraire, « Sa Seigneurie » avait amené plus de clientèle dans les hôtels et les restaurants, il avait obtenu des sommes records pour les collectes de bienfaisance et avait accru la prospérité générale. Domela fut condamné à sept mois de prison – en fait

Le vrai prince Wilhelm von Hohenzollern à une réception, peu après que Harry Domela eut ouvert son cinéma à Berlin avec, à l'affiche, le film *Le Faux Prince*.

exactement son temps de détention préventive – et il fut donc libéré. Alors même qu'il était en prison, un éditeur berlinois lui avait offert 25 000 marks pour qu'il écrive ses expériences, et le livre se vendit rapidement à 70 000 exemplaires. Domela apparut sur la scène dans une comédie à succès *Alt-Heidelberg*. Les droits d'auteur de son livre en firent un homme riche. Il acheta un petit cinéma à Berlin, qui ouvrit en 1930 avec un film *Le Faux Prince*.

On ignore ce qu'il advint ensuite de Domela. Certains disent qu'il décéda dans un camp de concentration nazi, d'autres qu'il émigra en Amérique du Sud lorsque les nazis vinrent au pouvoir.

RENCONTRER LA FAMILLE

Dans les années 1950, l'ex-princesse héritière, Cécilie, alors âgée et mère du véritable prince Wilhelm, se souvenait comment Domela lui rendit visite un jour chez elle, à la fin de l'été 1927, après qu'il eut été libéré de prison. « Je pouvais difficilement le renvoyer… Il ne nous avait fait aucun mal… Lorsque le prince héritier et moi-même entendîmes parler de ses exploits, nous nous sommes tordus de rire. Ainsi, je l'ai invité pour le thé. Un jeune homme charmant, avec d'excellentes manières. Il nous dit ne pas avoir pu trouver le repos avant d'avoir rencontré sa ‹maman› en chair et en os. Ce fut un thé très amusant. Mais une chose me surprit. Comment diable quiconque avait-il pu le prendre pour Wilhelm ? »

L'AFFAIRE TICHBORNE

Roger Tichborne était le fils aîné de James, frère du douzième baron Tichborne, possédant de très grandes terres dans le Hampshire, au sud de l'Angleterre. Roger était né en 1829, éduqué à Stonyhurst – le très sélect pensionnat catholique du Yorkshire – Il fut ensuite nommé au 6e Dragon de la garde à l'âge de 20 ans.

Le dixième baronnet mourut sans descendance, et son successeur était un cousin, Sir Edward Doughty, qui lui non plus n'eut pas d'héritiers. A la mort de Doughty, il semblait donc que son neveu Roger lui succéderait au titre. En 1852, il tomba amoureux de la fille de Sir Edward, Katherine. L'église catholique prohibait toutefois le mariage entre cousins, et Sir Edward décréta que le couple cesserait de se voir pendant trois ans. Si, à ce moment-là, ils désiraient encore se marier, il demanderait une dispense à l'église.

Roger, de manière typiquement victorienne, démissionna de son poste dans la garde et prit la mer en direction de l'Amérique du Sud. Après dix mois, il acheta un passage de Rio de Janeiro, au Brésil, jusqu'à New York, sur un petit bateau britannique, le *Bella*. Mais le *Bella*, sombra corps et biens lors d'une violente tempête, et on ne retrouva rien du bateau, à l'exception de son journal de bord, flottant à 645 km des côtes.

La cabane en ruines de Wagga Wagga, où vivait avec sa famille le boucher local, Thomas Castro.

> Le Roger Tichborne qui avait disparu en 1852 était mince, et avait un visage long et mélancolique. Castro, prétendument âgé de 37 ans, était rondelet et paraissait d'âge moyen.

En 1885, un tribunal britannique déclara Roger Tichborne décédé, et lorsque Sir Edward mourut, le jeune frère de Roger, Alfred, hérita des terres. Alfred ne vécut que quelques années, laissant derrière lui son jeune fils, Henry, qui deviendrait le douzième baron.

LE BOUCHER DE WAGGA WAGGA

La mère de Roger, Henriette, refusa de croire à sa mort et commença à mettre des annonces dans les journaux pour obtenir des informations. En 1865, elle reçut une lettre d'un avocat de la petite ville Wagga Wagga, en Australie. La lettre disait que Roger vivait près de cette ville, sous le nom de Thomas Castro. Castro était le boucher de Wagga Wagga, peu éduqué, il avait une femme analphabète. Il écrivit à Henriette en janvier 1866, s'adressant à elle comme « Ma chère Maman », et elle lui répondit, « Roger », ton père et ton jeune frère sont morts. Il ne fait aucun doute, qu'au début, Castro n'avait pensé qu'à lui soutirer de l'argent, mais ces nouvelles donnèrent des ailes à son ambition. Il rendit visite à un ancien domestique de la famille qui, par chance, vivait maintenant à Sydney et il persuada sans peine le vieil homme de confirmer qu'il était bien Roger Tichborne.

Après cette confirmation, Henriette envoya immédiatement de l'argent, et Castro prit place à bord d'un bateau, accompagné de sa famille, en direction de l'Angleterre. Il se rendit à Paris, où vivait Henriette. Elle dut être surprise par son apparence. Le Roger Tichborne qui avait disparu en 1852 était mince, avec un visage long et mélancolique. Castro, prétendument âgé de 37 ans, était rondelet et paraissait d'âge moyen. Elle l'accepta pourtant comme son fils.

Thomas Castro, le boucher de Wagga Wagga, qui prétendit au titre de douzième baron Tichborne.

Avec une allocation annuelle de 1000 £ que lui accorda sa « mère », Castro retourna en Angleterre et se prépara à réclamer le titre de Tichborne. Il apprit tout ce qu'il put au sujet de la famille de Roger et réussit à duper plusieurs de ses connaissances, qui acceptèrent l'identité qu'il s'était donnée. Il raconta qu'il avait été secouru pendant le naufrage du *Bella*, par un bateau en route pour l'Australie et qu'il n'avait pas écrit à sa

De manière à financer sa demande concernant la succession Tichborne, Castro vendit des titres d'hypothèque – au nom de « Roger Charles Doughty Tichborne » pour une valeur de 100 £ l'un. Tous ceux qui en souscrirent devaient perdre leur investissement.

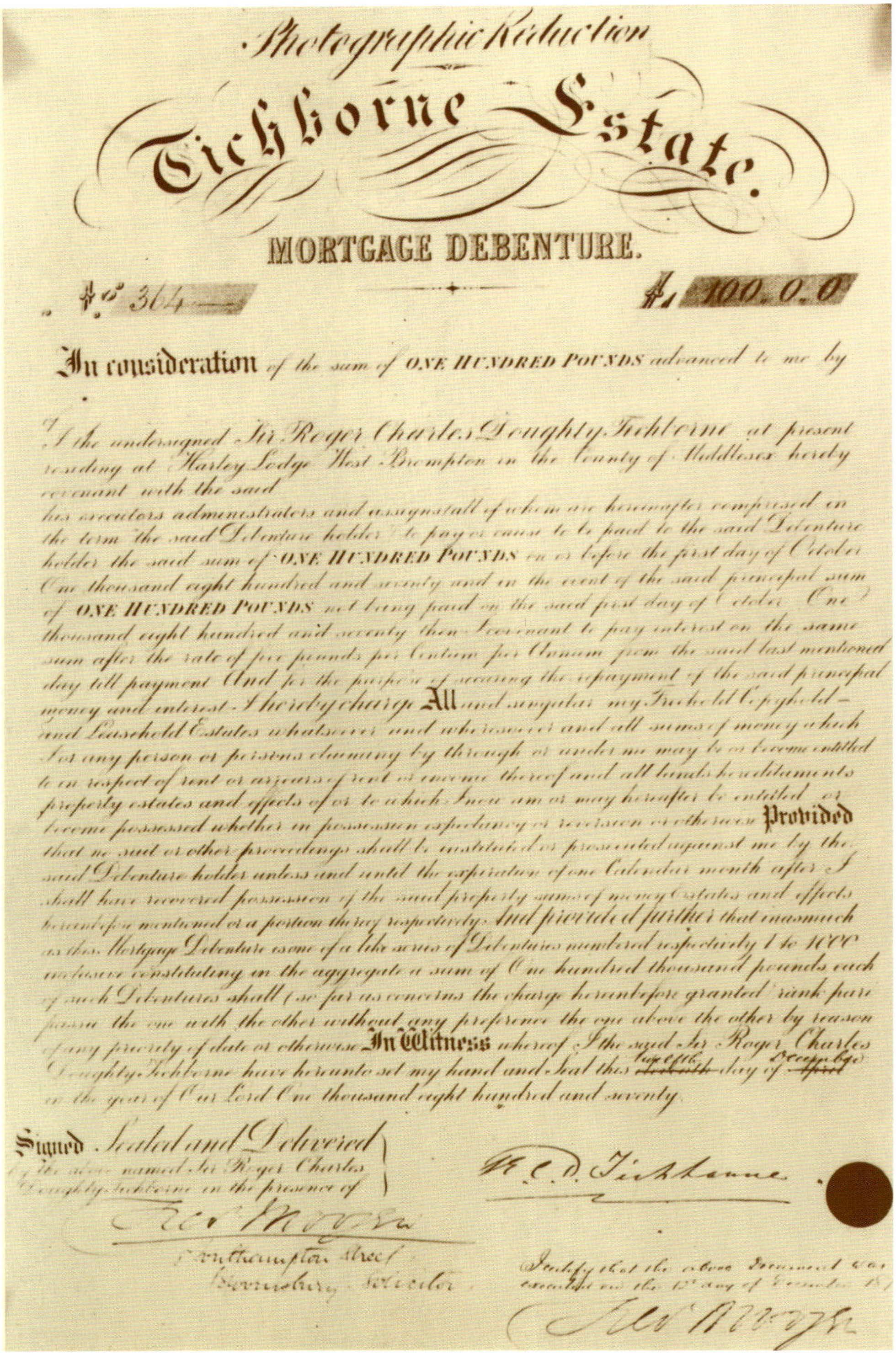

Photographic Reduction

Tichborne Estate.

MORTGAGE DEBENTURE.

No. 364 — £100.0.0

In consideration of the sum of ONE HUNDRED POUNDS advanced to me by

I the undersigned Sir Roger Charles Doughty Tichborne at present residing at Harley Lodge West Brompton in the County of Middlesex hereby covenant with the said
his executors administrators and assigns (all of whom are hereinafter comprised in the term "the said Debenture holder") to pay or cause to be paid to the said Debenture holder the said sum of ONE HUNDRED POUNDS on or before the first day of October One thousand eight hundred and seventy and in the event of the said principal sum of ONE HUNDRED POUNDS not being paid on the said first day of October One thousand eight hundred and seventy then I covenant to pay interest on the same sum after the rate of five pounds per Centum per Annum from the said last mentioned day till payment And for the purpose of securing the repayment of the said principal money and interest I hereby charge All and singular my Freehold Copyhold and Leasehold Estates whatsoever and wheresoever and all sums of money which I or any person or persons claiming by through or under me may be or become entitled to in respect of rent or arrears of rent or income thereof and all lands hereditaments property estates and effects of or to which I now am or may hereafter be entitled or become possessed whether in possession expectancy or reversion or otherwise Provided that no suit or other proceedings shall be instituted or prosecuted against me by the said Debenture holder unless and until the expiration of one Calendar month after I shall have recovered possession of the said property sums of money Estates and effects hereinbefore mentioned or a portion thereof respectively And provided further that inasmuch as this Mortgage Debenture is one of a like series of Debentures numbered respectively 1 to 1000 inclusive constituting in the aggregate a sum of One hundred thousand pounds each of such Debentures shall (so far as concerns the charge hereinbefore granted) rank pari passu the one with the other without any preference the one above the other by reason of any priority of date or otherwise In Witness whereof I the said Sir Roger Charles Doughty Tichborne have hereunto set my hand and Seal this twelfth day of December in the year of Our Lord One thousand eight hundred and seventy.

Signed Sealed and Delivered by the above named Sir Roger Charles Doughty Tichborne in the presence of

R. C. D. Tichborne

[illegible]
Southampton Street
Bloomsbury, Solicitor

I certify that the above document was executed on the 12th day of December 18[illegible]
[illegible]

famille, par « omission et négligence ». Il ternit également le nom de Katherine Doughty, prétendant qu'elle était enceinte lors de son départ d'Angleterre.

OÙ EST LE TATOUAGE ?

Il fallut quatre ans à la division de la chancellerie de la Cour Suprême de Londres pour traiter la demande de Castro. Pendant ce temps, celui-ci se procura encore plus d'argent en émettant des titres d'hypothèque sur la succession Tichborne, qui se vendaient 100 £ l'un. Lors de l'audience, 90 témoins, dont la gouvernante de la famille et d'anciens officiers des Dragons dirent que Castro était bien Roger Tichborne. D'autres, toutefois, insistèrent pour dire qu'il était en fait Arthur Orton, né dans l'East-End de Londres en 1834. La preuve finale contre Castro/Orton, fut que le véritable Roger avait ses initiales tatouées sur son bras, ce que n'avaient ni Castro ni Orton. Après une audience qui dura plus de trois mois, la Cour rejeta sa demande.

Castro fut immédiatement arrêté sous 23 chefs d'accusation de faux serments, mais il fut ensuite libéré sous caution. Pendant l'année qui suivit, il voyagea à travers l'Angleterre sous le nom de « Sir Roger Tichborne », parlant dans des réunions publiques et récoltant des fonds pour sa défense. Il devint un héros populaire, et, pendant son procès, les avocats de l'accusation furent hués dans la rue et eurent souvent besoin de la protection de la police.

L'audience du procès de Thomas Castro fut l'une des plus longues de l'histoire juridique de l'Angleterre, elle dura pendant un total de 188 jours. L'avocat qui le défendit fit une plaidoirie d'introduction qui dura vingt et un jours, et une plaidoi-

Composé de bons et honnêtes citoyens, le jury écoute les preuves à la chancellerie de la Haute Cour à Londres. Après une audience qui dura plus de trois mois, la demande de Castro fut rejetée.

Le dossier du faussaire
EXTRAITS DU CARNET DE CASTRO

La seule chose que Castro put faire fut de protester faiblement lorsque l'on produisit son carnet comme preuve contre lui, lors de son procès, et de prétendre qu'il s'agissait d'un faux. Ses gribouillis personnels contribuèrent à sa chute.

« Thomas Castro... Roger Charles Tichborne, Bart, un jour, j'espère. »

« Quelques-uns ont beaucoup d'argent et pas de cervelle, et d'autre ont beaucoup de cervelle et pas d'argent. Il est sûr que les hommes avec beaucoup d'argent et peu de cervelle ont été faits pour les hommes avec beaucoup de cervelle et pas d'argent. »

rie de conclusion qui en dura vingt. Le président de la Haute Cour de Justice, prit vingt jours pour conclure. On appela 210 témoins pour la Couronne, le demandeur appela 300 témoins pour sa défense.

Mais les preuves contre Castro étaient écrasantes, en particulier lorsque l'on démontra que certains de ses témoins mentaient. Il fut reconnu coupable, et le président de la Haute Cour de Justice « tenant compte de la nature odieuse des faux serments du demandeur » le condamna à deux périodes de sept ans de prison.

Arthur Orton fut libéré en 1884. Il vendit ses prétendues « confessions » à un journal et les désavoua plus tard. Il apparut sur la scène du vaudeville pour soutenir sa demande, mais le public avait perdu tout intérêt pour son histoire. Il déclina lentement et mourut dans une pension bon marché à l'âge de 64 ans, en 1898. Jusqu'à la fin, il se fit appeler « Sir Roger Tichborne » et ce fut le nom qui fut inscrit sur son cercueil.

« J'AI VÉCU BEAUCOUP DE VIES »

« Stanley Clifford Weyman » (1890-1960) était né Stanley Jacob Weinberg, à Brooklyn, New York. Ses parents étaient trop pauvres pour lui donner une éducation supérieure, et son premier emploi fut dans un bureau de comptabilité. Mais, à l'âge de 21 ans, il apparaît à Manhattan, resplendissant dans un uniforme pourpre, et il déclara qu'il était le consul délégué du Maroc. Il dépensa de l'argent dans des restaurants chers, mais, pour obtenir de l'argent, il vola une caméra, et finit par atterrir dans une maison de correction pour un an.

Libéré sur parole, Weyman endossa deux rôles en même temps – celui d'un attaché militaire serbe, et celui d'un lieutenant de la Marine des Etats-Unis. Il fut bientôt démasqué et passa deux années supplémentaires en prison. A nouveau, il obtint sa libération conditionnelle ; il devint « lieutenant-colonel de l'armée roumaine », et « consul général de Roumanie » à New York. Il s'habilla d'un uniforme d'un bleu vif très voyant, décoré de soutaches dorées, et en 1915, passa une inspection officielle du vaisseau *USS Wyoming*, alors à l'ancre sur l'Hudson River.

Lorsque sa visite prit fin, Weyman invita tous les officiers du bateau à un banquet à l'hôtel Astor. Malheureusement, on avait fait de la publicité sur l'événement. Un détective de New York en avait pris connaissance, et deux officiers de police arrivèrent à l'hôtel pour escorter Weyman en prison pour violation de libération

> Weyman s'habilla d'un uniforme bleu vif, très voyant, décoré de soutaches dorées, et, en 1915, il fit une inspection officielle du vaisseau *USS Wyoming.*

conditionnelle. Weyman déclara alors : « Ils auraient pu attendre jusqu'au dessert. »

UNE AUTRE IDENTITÉ

Lorsque les Etats-Unis entrèrent en guerre en 1917, Weyman apparut comme « Royal St. Cyr », un lieutenant de l'armée de l'air. Il se rendit un jour à l'arsenal du 47e Régiment à Brooklyn et annonça qu'il était venu pour faire une inspection officielle. Mais le tailleur qui avait fait l'uniforme de Weyman était devenu méfiant et informa la police. Weyman fut arrêté une fois de plus, alors même qu'il faisait son inspection.

En 1920, sorti de prison, et travaillant à nouveau dans un bureau de comptabilité, Weyman vit une annonce recherchant un médecin pour se rendre à Lima, au Pérou, pour superviser des installations sanitaires, pour le compte d'une société de construction américaine. Il se fabriqua vite de faux diplômes de médecine et fut accepté.

A Lima, le prétendu « Dr » Stanley Weyman loua un palais résidentiel, engagea des domestiques et importa deux voitures américaines. Il fit des réceptions somptueuses et envoya toutes les factures à la société de construction. Dans son rôle de consultant en matière sanitaire, Weyman ne fit que signifier son accord aux suggestions de l'expert local par un signe de tête affirmatif. Le volume de ses dépenses inquiétèrent toutefois la société aux Etats-Unis. Ils réexaminèrent ses diplômes et le renvoyèrent.

On accepte facilement un passeport comme document d'identité presque partout dans le monde, et il reste le moyen de suivre la trace de nationaux comme d'étrangers. Toutefois, il est encore possible d'obtenir un passeport sous un faux nom, ainsi que l'ont prouvé de nombreux criminels.

De nouveau à New York en 1921, Weyman se présenta à la princesse Fatima d'Afghanistan, alors en visite, en tant que Stanley Clifford Weyman, sous-secrétaire du département d'Etat. Il lui dit que les Etats-Unis pouvaient reconnaître sa visite comme officielle, mais qu'il n'avait qu'un petit problème. Une petite somme, (il suggéra discrètement 10000 $) serait nécessaire pour faire des « cadeaux ». Il l'emmena ensuite en wagon privé jusqu'à Washington et, habillé cette fois en uniforme d'été blanc de lieutenant-colonel de la Marine des Etats-Unis, la présenta au secrétaire d'Etat Charles Evans Hughes. Il arrangea même pour elle une entrevue avec le président Warren G. Harding.

En 1922, Dr Adolf Lorenz, un chiropracteur autrichien de renom, visita les Etats-Unis et fut accueilli à bord du bateau par « Dr Clifford Weyman, de la commission de santé de New York ». Lorsque Lorenz inaugura un service de consultations dans l'hôpital pour les maladies articulaires, Weyman l'accompagna, habillé comme un médecin, et surveillant tout.

En 1917, fuyant une révolution ratée en Russie, Lénine rasa sa barbe et porta une perruque pour cacher qu'il était chauve. Sa perruque tombait souvent, et on le reconnaissait facilement. Il s'enfuit, en se cachant dans une meule de foin à l'extérieur de St Pétersbourg puis, en utilisant son passeport, se réfugia en Finlande.

Le dossier du faussaire

GAGNER UN DOLLAR HONNÊTEMENT

On rapporte une occasion où Weyman, dans sa jeune carrière, gagna honnêtement de l'argent en tant qu'imposteur. L'Evening Graphic, voulait à tout prix obtenir une interview de la Reine Marie de Roumanie, alors en visite, et qui avait refusé de rencontrer la presse. Weyman lui présenta sa carte, comme « sous-secrétaire d'Etat » et obtint l'interview.

Une fois encore, son imposture le rattrapa. Il devint vite évident qu'il n'était pas un chirurgien et son comportement d'officier de marine à Washington éveilla les soupçons. Deux hommes des renseignements de la marine arrivèrent, et Weyman fut bientôt de retour en prison pour deux ans, cette fois pour avoir pris l'identité d'un officier fédéral.

> « La vie d'un seul homme est une chose ennuyeuse, j'en ai vécu plusieurs et je ne me suis jamais ennuyé. »
>
> FRANK WEYMAN

En 1926, le célèbre acteur de cinéma Rudolf Valentino mourut dans un hôpital de New York. Weyman rendit visite à la maîtresse de Valentino terrassée de chagrin, l'actrice Pola Negri, et prétendit être son médecin privé. « Rudy aurait voulu que je prenne soin de vous », dit-il, il l'escorta aux funérailles et établit même un poste de premier secours à l'extérieur de la maison funéraire.

DANS ET HORS DE PRISON

Weyman prétendit plus tard être un avocat ouvrant un bureau sur Broadway. Tout se passa à merveille jusqu'à ce qu'un inspecteur du barreau demanda à voir son autorisation d'exercer, et une fois de plus il se retrouva en prison. On sait peu de chose sur ses activités pendant les années qui suivirent jusqu'au début de 1942, après l'entrée en guerre des Etats-Unis. Il ouvrit un bureau de consultant, au centre de New York, où il donnait des conseils aux récalcitrants de la conscription sur la manière de feindre des maladies. Il ne tarda pas à être arrêté à nouveau et, cette fois, il fut condamné à sept ans de prison.

A sa sortie de prison, en 1948, Weyman contrefit un dossier de diplômes et fut accrédité comme journaliste aux Nations Unies, qui venaient d'être créées. Il dura deux ans, cajolant les délégués, avant de commettre une grossière erreur.

La délégation Thaï lui demanda d'être son journaliste diplomatique accrédité, il écrivit donc au Département d'Etat pour leur demander si cette nomination aurait un effet sur sa citoyenneté américaine. Il n'était que trop connu dans leurs dossiers.

En 1954, Weyman demanda un prêt pour l'amélioration de l'habitat d'un montant de 8 000 $. Mais la maison n'existait pas et, une fois encore, il se retrouva devant un tribunal, où il ne put convaincre le juge de sa folie. Weyman mourut toutefois en héros, en août 1960, tué alors qu'il essayait d'empêcher un vol dans l'hôtel l'employant comme portier de nuit. Comme il l'avait dit un jour : « La vie d'un seul homme est ennuyeuse. J'ai vécu plusieurs vies et je ne me suis jamais ennuyé. »

CHAPITRE 6

ABUS DE CONFIANCE

Les plus audacieux de tous les trompeurs et fraudeurs, sont sans aucun doute ceux qui commettent des abus de confiance.

Quel que soit le plaisir secret qu'ils puissent tirer de leurs activités – et leurs carrières démontrent tous les signes du plaisir qu'ils en retirent – ceux qui commettent des abus de confiance ne le font que pour en tirer un profit personnel. Ainsi que vont le montrer les histoires qui suivent, la motivation de ces escrocs à l'abus de confiance est la cupidité – non la leur, mais celle de leurs victimes. Ce qu'ils proposent toujours à leurs cibles potentielles, est une manière sûre de gagner de l'argent, peut-être pas entièrement légale, mais trop attirante pour ne pas être tentée. Les escrocs à l'abus de confiance sont de grands travailleurs. Ils peuvent passer des mois, et dépenser souvent des sommes considérables, pour « ramollir » leurs victimes. Ils peuvent mettre sur pied des sociétés écrans, destinées à attirer les victimes encore plus profondément dans le filet qu'ils ont tendu pour eux. Enfin, lorsque l'heure est venue, ils referment le filet et la cible en ressort, beaucoup plus pauvre – et pas beaucoup plus intelligente.

Ci-contre : Joseph « Yellow Kid » Weil, on prétendit qu'il gagna environ 8 millions de $ grâce à ses escroqueries.

A gauche : en chemin pour la prison, après vingt années passées à escroquer ses victimes, le « comte » Victor Lustig, escorté de près par trois agents fédéraux à l'air sinistre.

L'HOMME QUI ESCROQUA JAY GOULD

La famille Gordon est l'une des plus éminentes en Ecosse : elle a en effet joué un rôle important dans l'histoire du pays pendant des siècles. Ainsi, lorsque « Lord Gordon-Gordon » arriva à Minneapolis, Minnesota, en 1871 et déposa la somme de 40 000 $ dans une banque locale, les citoyens de la ville furent enchantés.

Mais qui était-il, en vérité ? Il existe deux théories contradictoires. Etait-il l'enfant illégitime du fils d'un pasteur et d'une domestique de la famille, ou était-il le fils bien élevé d'un couple apparemment respectable, qui faisait, en fait, de la contrebande sur l'Ile de Jersey ?

La première fois qu'on entend parler de Gordon, c'est en 1868, lorsqu'il fit des achats chez un bijoutier d'Edimbourg, Marshall et Son, sous le nom de « Lord Glencairn ». Il fit savoir qu'il était l'héritier de la fortune des Glencairn, dont il hériterait en mars 1870, à l'âge de 27 ans. Il semble donc probable que Gordon soit né en 1843.

Après avoir obtenu du crédit chez Marshall et Son, « Glencairn » disparut. Il arriva à Minneapolis. « Lord Gordon-Gordon », annonça qu'il avait l'intention de faire venir quelques familles de ses fermiers d'Ecosse pour les installer sur un important domaine qu'il se proposait d'acquérir. Les nouvelles de ce projet vinrent aux oreilles du colonel John Loomis, administrateur foncier de la Northern Pacific Railroad, qui avait alors un grand besoin d'obtenir du capital. Loomis arrangea alors immédiatement une expédition extravagante, pour que le Lord puisse avoir une vue d'ensemble des terres situées à l'ouest et décider des sites des villes futures.

PRISE DE CONTRÔLE DU CHEMIN DE FER DE L'ERIE

Après cette expédition, Gordon-Gordon se rendit à New York, porteur d'une lettre d'introduction pour Horace Greelay, qui était ravi de rencontrer quelqu'un qui avait suivi son conseil, « allez vers l'Ouest, jeune homme ». On était alors en février 1872, et

Les années 1870 virent les compagnies de chemin de fer engagées dans une compétition enragée pour obtenir les fonds nécessaires à la construction de voies à travers le continent Nord Américain. Dans ce cartoon de 1870 on voit le « Commodore » Cornelius Vanderbilt, faisant la course avec James Fisk du chemin de fer de l'Erie – que Jay Gould contrôla pendant un bref laps de temps.

Horace Greeley, rédacteur en chef, politicien et fondateur du *New York Tribune*, était l'un de ceux qui fut trompé par « Lord Gordon-Gordon » et ses supposées attaches aristocratiques.

le financier Jay Gould était engagé dans une bataille d'actionnaires pour le contrôle du chemin de fer de l'Erie. Gordon-Gordon annonça qu'il possédait 60 000 actions du chemin de fer de l'Erie, qui lui permettaient de menacer la présidence de Gould.

> L'intervention du président Ulysse S. Grant et du premier ministre canadien, Sir John A. Macdonald, fut nécessaire pour restaurer le calme international.

Gould fut pris de panique et fut persuadé de céder plus de 20 000 actions, d'une valeur de 35 $ l'une, plus 200 000 $ en espèces, pour obtenir le soutien de Gordon-Gordon. Mais Gould découvrit bientôt que les actions cédées étaient en train d'être vendues et qu'en conséquence, il perdait le contrôle du chemin de fer de l'Erie. Il demanda le remboursement de son argent. Greelay persuada Gordon-Gordon de rendre les actions ainsi que l'argent en espèces, mais Gould s'aperçut qu'on l'avait volé de 150 000 $. Il porta l'affaire devant un tribunal.

Le procès commença en mai 1872, et, au début, Gordon-Gordon fut un témoin modèle donnant sans peine les noms et adresses de sa famille en Ecosse, ainsi que de ses avocats. Gould leur envoya immédiatement des télégrammes, et dès le lendemain matin, il avait la confirmation qu'un tel lord n'avait jamais existé. Mais, pendant ce temps, Gordon-Gordon avait déjà pris le train de nuit pour Montréal, en laissant derrière lui ses garants, obligés de payer sa caution de 37 000 $.

SÉJOUR AU MANITOBA

De Montréal, Gordon-Gordon continua vers ce qui est aujourd'hui Winnipeg, Manitoba, alors un comptoir de la Société de la Baie de l'Hudson, connu sous le nom de Fort Garry. Il passa là des moments agréables, profitant de nombreuses expéditions de chasse. Les nouvelles qu'un gentleman britannique si distingué, se trouvait dans un endroit si reculé arrivèrent à Minneapolis en juin 1873. Le 2 juillet, un groupe de sept habitants du Minnesota se saisirent de Gordon-Gordon et tentèrent de l'enlever pour l'emmener aux Etats-Unis. Ils furent arrêtés le jour suivant, à 150 mètres seulement de la frontière. Ils n'avaient aucune autorisation légale de se trouver au Canada. Pendant tout le reste de l'été, les tribunaux du

Le dossier du faussaire

JAY GOULD

L'un des affairistes les plus hauts en couleur du XIXe siècle, Jay Gould (1836-1892) était né à Roxbury, New York. Après avoir fait une petite fortune dans le commerce du bois, il devint, à l'âge de 21 ans, le principal actionnaire d'une banque de Pennsylvanie. Gould s'établit comme courtier à New York en 1859, commença à acheter des actions de chemin de fer, et par une habile manipulation des actions, prit le contrôle de la société de chemin de fer de l'Erie, pour une durée de quatre ans. Il essaya ensuite d'accaparer le marché de l'or, ce qui se termina par le « Vendredi Noir », le crash boursier de septembre 1869. Il mourut – sans qu'on le regretta – selon le *Dictionnaire Biographique Chambers* – il « valait » alors, environ 100 millions de $.

Manitoba, du Minnesota, de même que les autorités canadiennes, américaines et britanniques, se querellèrent au sujet de cette affaire. Finalement, l'intervention du président Ulysse S. Grant ainsi que celle du premier ministre canadien Sir John A. Macdonald furent nécessaires pour restaurer le calme international. Gordon-Gordon resta à Fort Garry, tout à fait confiant, pensant que les traités d'extradition existants ne couvraient pas les crimes tels que le détournement de fonds. Les bijoutiers d'Edimbourg eurent vent de l'affaire et envoyèrent un de leurs employés Thomas Smith, à Fort Garry, pour identifier « Glencairn ».

Un mandat d'arrêt fut délivré contre Gordon-Gordon. Le premier août 1874, Gordon-Gordon se tira une balle dans la tête dans la maison de la dame chez qui il avait pris pension et il mourut sur le coup. Il emporta son nom véritable dans sa tombe, et personne ne le connaîtra jamais.

Jay Gould gagna des millions sur le marché boursier, mais fut bizarrement trompé par « Lord Gordon-Gordon ».

LA GRANDE THÉRÈSE

La plupart des escrocs se font passer pour quelqu'un d'autre, surtout lorsqu'il s'agit de contester un testament. Une femme française célèbre, fit le contraire, elle inventa une foule de testaments en sa faveur.

Elle était d'apparence ordinaire, boulotte et travaillait comme lingère dans la propriété de Gustave Humbert, avocat à succès avec des ambitions politiques, dans une ville non loin de Toulouse. Elle s'appelait Thérèse Aurignac (1860-1917), et elle captiva l'intérêt du fils de Humbert, Frédéric, en lui racontant son histoire. Alors qu'elle était enfant, disait-elle, elle avait attiré l'attention de Mlle de Marcotte.

Ci-contre : « La grande Thérèse » dans toute sa splendeur, à l'apogée de sa tristement célèbre carrière.

A droite : pendant le procès, on lui demanda où elle vivait. Mme Humbert répondit, « en prison ».

La riche vieille dame, qui n'avait pas d'enfant, s'était prise d'intérêt pour Thérèse et avait fait un testament en sa faveur, lui léguant un château, des terres, et une grande fortune.

Mlle de Marcotte mourrait bientôt, et Thérèse deviendrait riche. Frédéric crut chaque mot de ce qu'elle disait.

Malgré l'opposition de son père, Frédéric épousa Thérèse aussitôt qu'il fut diplômé de la faculté de droit, et le couple se rendit à Paris. Tout cela se passait à une époque où la ville méritait son titre de « Gai Paris » et les Humbert, profitant pleinement de la vie, furent bientôt accablés de dettes. Ils calmaient leurs créanciers avec les perspectives d'un héritage qui devait se réaliser d'un jour à l'autre. Mais certains créanciers firent une enquête qui révéla qu'il n'existait pas de « Mlle de Marcotte ».

UN MILLIONNAIRE AMÉRICAIN À LA RESCOUSSE

Gustave Humbert s'était rapidement élevé en politique et venait d'être nommé ministre de la justice dans le gouvernement. Lorsque son fils lui fit part de ses problèmes, Humbert fut forcé de payer les dettes du couple pour éviter le scandale. Thérèse eut une longue conversation privée avec lui et admit que Mlle de Marcotte n'existait pas. Mais, disait-elle, ce n'était qu'une invention innocente, la vérité étant bien plus compliquée et presque incroyable. Quelque deux ans auparavant, alors qu'elle était à bord d'un train qui se dirigeait vers Nice, elle avait sauvé la vie d'un Américain âgé qui avait eu une crise cardiaque. Elle venait de recevoir une lettre des exécuteurs testamentaires de feu Robert Henry Crawford ; un millionnaire, l'homme à qui elle avait sauvé la vie.

Mr Crawford avait laissé deux testaments liés entre eux. Sa fortune devait être partagée entre ses deux neveux et la jeune sœur de Thérèse, Marie, et la totalité de la succession devait être investie en France. Les revenus de l'investissement devraient rapporter à Mme Humbert un revenu annuel de près de 100 000 $, mais on ne pourrait pas toucher au capital avant le 21e anniversaire de Marie. La distribution de la succession ne pourrait se faire qu'après son mariage avec l'un des neveux. Tous les titres et les valeurs devaient être remis aux Humbert et gardés dans un coffre fermé.

Les Humbert emménagèrent dans un grand appartement parisien, et Thérèse installa le coffre dans sa chambre à coucher. Elle alla chercher un magistrat de province, qui pourrait être facilement impressionné, pour agir en tant que notaire et lui fit certifier conforme des paquets « de titres » qu'elle avait placés dans le coffre-fort. Il

A droite :
au tribunal, Thérèse, (assise à droite) avait l'air au mieux d'elle-même, habillée d'une robe bleue et d'un chapeau rond décoré de roses blanches, mais il restait peu de chose de sa vie opulente d'antan. Rondelette et prenant de l'âge, elle s'exprimait en zézayant, avec un fort accent du sud. Un journaliste la décrivit comme ressemblant « à une cuisinière française typique ».

confirma qu'il y en avait pour une somme totale de 100 millions de francs. Puis Thérèse ferma le coffre et plaça sur la porte, des sceaux de cire impressionnants. Avec cette fortune sous clé, et la clé en sa possession, il ne fut pas difficile pour Thérèse d'obtenir des prêts très importants de la part de banquiers complaisants. On racontait que sa facture de chapeaux et de robes s'élevait chaque année à un nombre à cinq chiffres, on calcula également que pendant le temps que dura son extravagante carrière, elle emprunta une somme totale d'environ 64 millions de francs. Les Humberts étaient présents à tous les événements sociaux de quelque importance, dînaient dans les meilleurs restaurants. Thérèse, dans ses beaux atours, était connue partout comme « la grande Thérèse ». Si jamais quelques doutes s'élevèrent sur sa capacité à payer ses dettes, elle invitait le sceptique dans sa chambre à coucher. Puis, lui faisant jurer le secret, elle glissait une lame de couteau chaude derrière les sceaux de cire et lui montrait les « valeurs ».

MÉFIEZ-VOUS DES BANQUIERS LYONNAIS !

Mais un banquier lyonnais, appelé Delatte, fit une visite aux Etats-Unis, où il fit une enquête sur l'existence de feu Mr Crawford et de ses neveux. Personne n'avait jamais entendu parler d'eux. Pour détourner l'attention des ragots qui commençaient à circuler, Thérèse annonça que les neveux attaquaient les conditions du testament. Frédéric réunit un groupe impressionnant d'avocats pour ce qui promettait d'être une longue dispute.

Mais l'anniversaire des 21 ans de Marie s'approchait à grands pas, et Thérèse imagina bientôt une nouvelle tactique pour faire diversion. Ses deux frères, Emile et Romain, avaient mis sur pied une affaire se spécialisant dans les rentes viagères. Ils offraient des taux attirants et payaient rapidement. Mais personne hors de la famille ne savait qu'aucune des sommes déposées n'avait été investie. Les rentes étaient payées à l'aide des payements nouveaux.

Finalement, un responsable de la Banque de France, suspicieux, inspecta soigneusement les affaires de la société et fit un rapport de ce qu'il avait trouvé auprès du premier ministre Français, Pierre Waldeck Rousseau. Celui-ci ne savait que trop l'influence que pouvaient avoir les scandales financiers sur la politique française. Il s'arrangea pour qu'il y ait une fuite concernant cette affaire auprès du journal *Le Matin*. Thérèse fut forcée de menacer de poursuites en diffamation. Son avocat, Maître du Buit, annonça qu'il réfuterait les accusations en ouvrant lui-même le fameux coffre-fort, et ce, en présence des principaux créanciers.

LES FLAMMES DE LA JUSTICE

Le 8 mai 1902, un mystérieux incendie se déclara dans la chambre à coucher de Thérèse. C'en était trop, déclara-t-elle. Elle, ses deux frères, ainsi que Frédéric, disparurent en prenant le train. Deux jours plus tard, du Buit conduisit un groupe de créanciers dans la chambre à coucher. Le coffre-fort se trouvait là, au milieu des cendres, les sceaux de cire avaient fondu, mais à part cela, il était inviolé. A l'intérieur, il n'y avait rien, qu'une seule brique.

Sept mois plus tard, la police espagnole découvrit la famille dans une pension de Madrid. Ils furent extradés et, à l'exception de Marie, jugés à Paris le 8 août 1903, sous 257 chefs d'accusation, pour contrefaçon et escroquerie. Les journaux du monde entier firent des reportages sur cette affaire sensationnelle.

Le dernier jour du procès, Thérèse ne put s'empêcher de faire son dernier mensonge. Le coffre-fort avait autrefois contenu des billets de banque pour plusieurs millions de francs, dit-elle. Mais ils appartenaient au maréchal Bazaine, qui avait été condamné comme traître – et elle les avait tous brûlés, « par patriotisme ». Un des juges se pencha alors en avant de façon très polie et lui demanda : « Alors, pourquoi la brique ? »

Thérèse et Frédéric furent chacun condamnés à cinq ans de prison. Romain à trois ans de prison et Emile à deux ans. Mme Humbert resta trois ans et demi en prison avant d'être libérée pour bonne conduite. La dernière fois qu'elle apparut fut sur une photographie de journal ; une femme boulotte, habillée de noir, prenant un train qui la menait vers l'anonymat.

L'HOMME QUI VENDIT DEUX FOIS LA TOUR EIFFEL

Victor Lustig (1890-1947) était le fils du respecté maire de Hostinne, une ville de

Alors qu'il n'était plus vraiment un fringant et distingué aristocrate, mais toujours élégamment habillé, voici Victor Lustig, âgé de 45 ans, photographié à l'époque de sa dernière arrestation.

Pendant quelque temps le père de Victor pensait que son fils était étudiant à la Sorbonne. Mais après avoir découvert les plaisirs de Paris, le jeune Lustig avait trouvé des moyens de financer un style de vie plus luxueux.

Bohême (faisant actuellement partie de la République Tchèque). Il fut envoyé à l'école à Dresde, en Allemagne. Les seules matières où il excella furent les langues: il parlait l'allemand, l'anglais, le français et l'italien, et fut sélectionné pour continuer ses études à Paris. Pour quelque temps, son père crut que Victor était étudiant à la Sorbonne. Mais après avoir découvert les séductions de la ville avant la Première Guerre mondiale, le jeune Lustig avait trouvé le moyen de financer un style de vie beaucoup plus luxueux.

LE CHARMANT COMTE VON LUSTIG

Il commença à jouer au bridge, au poker, mais plus particulièrement au billard, pour lequel il était très doué. Beaucoup de nouveaux riches américains faisaient le voyage à la mode vers l'Europe et étaient une proie facile pour les requins de la carte qui « travaillaient les bateaux », sur les transatlantiques. Lustig les rejoignit, et se faisant appeler « comte » von Lustig, employa son charme tchèque inné avec succès.

Nicky Arnstein, un escroc notoire, remarqua Lustig et le prit comme associé. Arnstein lui enseigna les talents d'un bon escroc: comment identifier une « cible » convenable, comment travailler sa vanité et sa cupidité, quand il fallait porter le coup final et comment s'en sortir sans encombre.

QUE FAIRE AVEC TOUS CES TITRES ?

A la fin de la Première Guerre mondiale, Lustig et Arnstein vinrent s'installer aux Etats-Unis. Après une série d'opérations réussies, Lustig se trouva en possession de bons du Trésor authentiques, pour une valeur de 25 000 $. Il lui semblait dommage de se les faire payer tout simplement. Un jour de 1924, un banquier du nom de Green, dans une petite ville du Kansas, reçut la visite d'un étranger distingué, habillé de pantalon rayé, de guêtres et portant monocle. Il se présenta comme étant le comte von Lustig, chassé par la guerre de ses domaines en Australie. Il avait vendu ses biens familiaux et possédait maintenant 50 000 $ en bons du Trésor américain, avec lesquels il se proposait d'acheter des biens dans la région. Lorsqu'il lui tendit deux paquets, chacun apparemment de 25 000 $, le banquier en accepta un pour la vente d'un bien et donna 25 000 $ en espèces à Lustig pour le second. Bien entendu, la moitié de chaque paquet était composée de simples feuilles de papier.

En 1925, Lustig retourna à Paris en compagnie d'un associé connu sous le nom de « Dapper Dan » Collins. Ils habitèrent dans un hôtel de première classe, et Lustig présenta Collins comme son secrétaire particulier. Un matin, alors que les deux prenaient un café sur les Champs-Elysées, Lustig regarda la Tour Eiffel et annonça: « Je pense qu'il est temps pour nous d'entrer dans le business des vieux métaux. »

LUSTIG ENTRE AU GOUVERNEMENT

Celui-ci savait que le gouvernement français, devant faire face à une facture énorme pour la réparation des dommages de guerre, envisageait sérieusement de démolir la Tour Eiffel. Une semaine plus tard, cinq représentants du monde de la vente des vieux métaux furent convoqués par écrit à une réunion organisée par le « Directeur Général Adjoint du Ministère des Postes et des Télégraphes ». Lustig – car c'était lui – les invitaient à soumettre ces offres fermées pour le démantèlement de la tour. Collins et lui identifièrent bientôt leur cible, André Poisson, et le jour suivant, Collins appela Poisson pour l'informer que son offre était recevable. Le marchand, toutefois parut gêné à l'annonce de la nouvelle. Peut-être, lui suggéra Collins, n'était-il pas sûr qu'ils étaient bien des émissaires du gouvernement ?

« Je le lui prouverai » dit Lustig. Il arrangea une réunion secrète avec Poisson, à l'hôtel, et se plaignit amèrement de son salaire insuffisant. Poisson comprit immédiatement et plaça une somme d'argent substantielle dans la main de Lustig. Le premier versement de son règlement pour la Tour Eiffel arriva quelques jours plus tard. Lustig et Collins avaient déjà fait leurs paquets. En l'espace de quelques minutes ils eurent encaissé le chèque à la Banque de France et décampé en voiture, vers l'Autriche.

Une fois de retour aux Etats-Unis, Lustig trouva beaucoup de dupes pour ses activités à Miami et également de l'autre côté du détroit, à La Havane, Cuba. Puis, après avoir sélectionné une mignonne actrice de 18 ans, il se fit passer pour un producteur à

En 1935, on arrêta Lustig pour l'interroger au sujet d'un flot de billets de 100 $.

succès de Broadway préparant une nouvelle comédie musicale. Il trouva sa victime, un fabricant ébloui de Rhode Island, qui fut content de lui donner 34 000 $ en espèces pour financer en partie la production. Lustig partit bien sûr immédiatement pour l'Europe. De retour à Paris, il se débrouilla pour vendre la Tour Eiffel une fois de plus, exactement de la même manière. Mais cette fois, sa victime informa la police, et le « comte » fut forcé de partir en vitesse.

LE TRUC DE LA « BOÎTE ROUMAINE »

Une fois de plus aux Etats-Unis, Lustig s'installa à Palm Beach, en Floride, et entreprit de faire la connaissance d'hommes riches qui arrivaient là-bas à bord de leurs yachts. L'un d'eux était une figure éminente du monde de l'automobile, s'appelant Hermann Loller. Par une enquête discrète, Lustig découvrit que les affaires de Loller traversaient quelques difficultés, et il décida d'utiliser le vieux truc, bien connu, de la « boîte roumaine ».

Voilà comment cela marchait : Lustig dit à Loller – dans le secret le plus absolu – qu'il possédait une machine, inventée par un brillant scientifique roumain, qui pourrait reproduire des billets de banque. Il s'agissait d'une boîte de bois, remarquablement finie, couverte de cadrans et de boutons, et avec une fente à chaque extrémité. Lustig prit un véritable billet de 1000 $, en même temps qu'une feuille de papier vierge, mit les deux dans une fente. Il expliqua qu'un processus de photographie complexe devait se dérouler et prendrait plusieurs heures, à l'intérieur de la boîte. Lorsqu'il revint, accompagné de Loller, deux billets identiques sortirent de la deuxième fente.

Lustig encouragea Loller à prendre les billets pour les faire examiner dans une banque, sachant que l'escroquerie ne pourrait être découverte. « Mais pas les deux à la même banque » dit Lustig, « car ils remarqueraient que les deux billets portent le même numéro de série ». En fait, les deux étaient authentiques. Sur l'un d'eux Lustig avait changé deux 3 en 8 de manière à ce qu'ils semblent identiques.

Loller accepta d'acheter la boîte pour une somme de 25 000 $ et l'emmena sur son yacht. Là, suivant les instructions de Lustig, il mit un billet de 1000 $ dans une des fentes. Mais après six heures, la seule chose qui ressortit fut le même billet que celui

Le dossier du faussaire

UTILISER HONNÊTEMENT LA MALHONNÊTETÉ

C'est à Chicago que Lustig réussit son plus beau coup d'abus de confiance, même si cela lui rapporta relativement peu. Impeccablement habillé, comme toujours, on le conduisit devant Al Capone. Lustig lui raconta qu'il était engagé dans un coup à Wall Street, qui garantissait aux investisseurs de doubler leur mise en deux mois. Capone lui donna 50 000 $, en grognant de façon menaçante : « Vous me connaissez assez pour savoir que lorsque je rentre dans une affaire, ce n'est pas pour rigoler. »

Lustig ne trouva pas de moyen de gagner encore 50 000 $, aussi à la fin des deux mois, il retourna à Chicago. Il dit à Capone que l'affaire avait raté, puis, à la surprise du gangster, lui rendit 50 billets de 1000 $. Capone remarqua que Lustig semblait un honnête homme. « Vous êtes dans les ennuis ? » Avec un sourire modeste, Lustig admit qu'il n'était qu'un aristocrate sans le sou. « Tenez » dit Capone, en retirant quelques billets de la liasse « prenez-en cinq ».

Menotté, avec le détective à sa droite, Lustig quitte le tribunal pour exécuter sa condamnation à vingt ans de prison à Alcatraz.

qu'il avait inséré dans la boîte. Furieux, il essaya encore et encore, jusqu'à ce qu'à la fin, la boîte se casse. A l'intérieur se trouvaient deux rouleaux de caoutchouc et quelques feuilles de papier vierge. Il fulmina de rage, mais sans pouvoir se plaindre auprès des autorités du fait qu'il avait acheté une machine à contrefaire les billets de banque.

PERSONNE N'ADMETTRA AVOIR ÉTÉ DUPÉ

A ce moment-là, le FBI avait constitué un épais dossier sur Lustig. On l'avait souvent convoqué pour répondre à des questions, mais ses victimes ne voulaient jamais admettre qu'elles avaient été dupées. En 1934, le Trésor Américain découvrit un flot de billets de 100 $ contrefaits, pour un montant mis en circulation de 100 000 $ par mois. On suspectait que les billets étaient l'œuvre de William Watts, un ancien pharmacien. Watts était connu pour avoir gravé des étiquettes destinées aux bouteilles de whisky de contrebande. Les officiels pensaient que Lustig le connaissait.

Lorsqu'on finit par trouver Lustig et à l'amener devant des enquêteurs pour répondre à de nombreuses questions, il conduisit les agents du FBI à un casier de consigne contenant trois ensembles de plaques contrefaites et 50 000 $ en faux billets. Il avait espéré négocier ainsi sa libération, mais il fut au contraire mis en examen pour conspiration et incarcéré au centre de détention de Manhattan. Quelques jours plus tard, les passants virent un homme, armé d'un grand chiffon blanc, en train de nettoyer les fenêtres d'un étage élevé de la prison. Le chiffon se déroula en une corde de draps, à l'aide de laquelle Lustig se laissa glisser jusque sur le trottoir. Il fit une en aucun cas se plaindre aux autorités du fait qu'il avait acheté une machine pour contrefaire les billets de banque

révérence à ceux qui regardaient, et s'éloigna calmement. Trois mois furent nécessaires pour qu'on le capture à nouveau à Pittsburgh, en Pennsylvanie. Il vivait alors sous le nom de Robert Miller.

Le procès de Lustig et Watts eut lieu à New York City en décembre 1935. Watts fut condamné à quinze ans de prison et Lustig à vingt ans, à Alcatraz. Là-bas, il retrouva plusieurs de ses connaissances, de l'époque où il était un virtuose de l'abus de confiance. Un de ceux-ci, condamné pour fraude fiscale, travaillait à la laverie de la prison: son nom était Al Capone.

En 1947, âgé seulement de 57 ans, le «comte» tomba malade. Il fut transféré au Centre Médical pour les prisonniers fédéraux, à Springfield, Missouri, et il y mourut peu après.

DAN LE FRINGANT

La carrière de l'homme que l'on appelait «Dan le Fringant» Collins commença bien avant qu'il ne rencontrât Victor Lustig. Il était né Robert Arthur Tourbillon, en France, en 1885. Alors qu'il n'était encore qu'un adolescent, il fut employé dans un cirque français: il y réalisait un numéro appelé «Le Cercle de la Mort». Collins faisait du vélo au milieu d'une troupe de lions. Bel homme, en tout cas du temps de sa jeunesse, il se tourna bientôt vers le crime, utilisant son charme et son esprit. Il était connu dans la pègre sous le nom du «Rat», un acronyme de ses initiales. Il émigra en 1908 vers les Etats-Unis où il poursuivit sa carrière avec succès jusqu'en 1916, date à laquelle il fut condamné à quatre années de prison. Il raconta plus tard qu'il avait été condamné pour «esclavage blanc», un terme poli pour nommer le proxénétisme.

DES RICHES VEUVES JUSQU'AUX FERMIERS DU NEW JERSEY

A sa libération Tourbillon changea son nom pour celui de Collins et revint en France, où il mit à profit sa beauté pour attirer une succession de riches veuves qui lui permirent de mener une vie de plaisirs. Il fut malheureusement reconnu par deux détectives, en fait sur la trace d'un autre homme, et il fut extradé vers les Etats-Unis, sur le paquebot France. Certain de retourner en prison, Collins dépensa sans compter à bord, organisant de folles réceptions. Mais lorsqu'arriva son procès, sous son véritable nom de Tourbillon, quelle ne fut pas sa surprise, et sa déconvenue lorsque toutes les charges contre lui furent abandonnées.

Il ne tarda pas à revenir devant la justice, poursuivi pour avoir escroqué 30 000 $ à un fermier du New Jersey, et condamné à une peine de deux ans de prison. Il purgea seize mois et, à sa libération, il annonça qu'il retournait en France. On n'entendit plus jamais parler de lui.

L'HOMME QUI VENDIT (PRESQUE) LA STATUE DE LA LIBERTÉ

Un homme pouvait rivaliser avec Victor Lustig: Arthur Furguson, d'Ecosse. Il jouait des rôles mineurs dans une compagnie de théâtre en tournée, lorsqu'un jour de 1925, il se trouva à Londres, à Trafalgar Square. Au même moment, un touriste contemplait la statue de Nelson. Dans un moment de malice désœuvrée, Furguson raconta au touriste que la statue au sommet de la colonne était celle du plus grand héros de la marine anglaise. Il était dommage de devoir la retirer et la vendre pour payer la dette nationale de l'Angleterre. Le touriste était visiblement contrarié, et la conversation qui s'en suivit révéla qu'il était très riche et venait de l'Iowa.

Ce fut alors que Furguson eut sa brillante idée. Il dit à l'Américain qu'il

A gauche Lors un de ses coups les plus ambitieux et les plus apparemment incroyables, Victor Lustig réussit à persuader un négociant parisien de vieux métaux, qu'il pouvait lui vendre la Tour Eiffel. Empochant l'argent du premier versement, Lustig s'enfuit – pour réussir le même coup une deuxième fois.

était en fait chargé par le ministère des travaux publics de la vente de la statue. Il y avait, confia-t-il, déjà une longue liste d'acheteurs potentiels mais... L'homme de l'Iowa mordit à l'hameçon. Il avait l'argent : ne pouvait-il pas se placer au sommet de la liste ? Il dit qu'il ferait remonter la colonne en Iowa.

Furguson accepta de téléphoner à ses supérieurs, revint après quelques minutes pour lui apprendre que le monument lui appartenait, en échange du versement immédiat d'un chèque de 6000 £. Il lui remit un reçu, en même temps que l'adresse et le numéro de téléphone d'une société de démolition, et disparut.

Ce n'était pas pour longtemps. La police reçut bientôt la plainte d'un autre riche Américain. Il avait donné de l'argent pour acheter Buckingham Palace, mais les gardes lui avaient refusé l'entrée du palais. Une troisième victime protesta qu'il avait payé 1000 £ – une véritable affaire – pour l'horloge du Parlement, plus connue sous le nom de Big Ben.

L'escroc écossais Furguson fut attrapé alors qu'il avait réussi à vendre la statue de la Liberté à un Australien sans méfiance.

LA LIBERTÉ À VENDRE

Surpris de la facilité avec laquelle il avait attrapé ces hommes riches, Furguson décida qu'il pourrait encore mieux utiliser ses talents aux Etats-Unis. Là-bas, il persuada un propriétaire de ranch du Texas de louer la Maison Blanche pour 99 ans, pour un loyer de 100 000 $ par an, la première année de loyer devant être payée d'avance.

A Manhattan, l'Ecossais rencontra un visiteur de Sydney, en Australie. Il lui raconta qu'il y avait un plan pour élargir la rivière Hudson, malheureusement, il faudrait pour cela retirer la statue de la Liberté. Ne serait-elle pas bien, remontée au milieu du port de Sydney ? Il faisait partie des services municipaux en charge des travaux, lui dit-il, et le prix n'en était que de 100 000 $. Il fit même faire un tour guidé de la statue à l'Australien, tout excité, puis il demanda à un autre visiteur de le photographier au pied de la statue.

Malheureusement pour Furguson, il était également sur la photo. Lorsque l'Australien appela l'agence new-yorkaise de sa banque pour arranger le financement, des soupçons s'élevèrent immédiatement, on conseilla à l'Australien de vérifier auprès de la police. Il montra sa photo à la police, et « le représentant officiel des services municipaux » Furguson passa bientôt cinq ans en prison. A sa libération, il se rendit à Los Angeles, où il fit l'acquisition d'une demeure luxueuse avec ses gains mal acquis.

Le dossier du faussaire

« YELLOW KID » WEIL ET LE TÉLÉGRAMME

Joseph Weil (décédé en 1976) était né à Chicago. On l'avait surnommé « Yellow Kid », car il aimait beaucoup un personnage de bande dessinée apparu pour la première fois dans le *New York World*, en 1896 et qui portait ce nom. Weil est connu pour les nombreux abus de confiance qu'il commit. « Ce Yellow Kid se couperait en morceaux s'il le pouvait » dit un de ses associés. Il est très possible qu'il soit l'inventeur de l'arnaque connue sous le nom du « télégramme » et qui forme l'intrigue du film de 1973 *L'arnaque*.

Au début du XXe siècle, le pari sur les chevaux était légal aux Etats-Unis : on pariait généralement dans des salles de billard, et les résultats des courses de chevaux étaient télégraphiés depuis le quartier général de la Western Union. Weil persuadait sa riche victime (la cible) qu'il était assuré de la complicité de l'opérateur de la Western Union, et que celui-ci attendrait deux minutes avant de donner les résultats. Pendant ce temps, il lui donnerait le nom du cheval vainqueur, en code. Ceci donnerait le temps à la cible de placer un pari gagnant de façon certaine.

« Yellow Kid » Weil, raconta son histoire à l'écrivain W.T. Brannon en 1947.

Weil organisa tout jusqu'au plus infime détail. Il loua une suite dans un hôtel de Chicago, et le transforma en un établissement de paris. Non seulement il engagea plusieurs complices comme comparses, mais il amena également 100 acteurs à qui on avait annoncé qu'ils passaient une audition pour une nouvelle pièce. Tout se passa comme prévu, le message codé arriva, et la cible se rua pour placer son pari – il en fut pourtant empêché par une bagarre qui avait été mise en scène devant le guichet de pari.

Mais « l'opérateur de la Western Union » devait être payé, de même que l'opérateur à New York dont on avait acheté la complicité. Weil dit que lui aussi, devrait recevoir une compensation, pour l'échec de la cible. La cible devait ainsi payer trois fois ce qu'il avait eu l'intention de parier, mais « Pouvons-nous essayer une autre fois ? » demandait-il généralement.

Furguson put réaliser d'autres abus de confiance de moindre envergure sans attirer l'attention de la police de Californie et mourut là-bas, en 1938.

LA TOUR EIFFEL À NOUVEAU À VENDRE

Vingt ans après l'exploit le plus célèbre de Lustig, l'histoire de la vente de la Tour Eiffel s'était estompée de la mémoire de la plupart des gens. Un riche Texan l'ignorait certainement lorsqu'il rencontra Stanley Lowe, un Anglais, à Paris, peu après la fin de la Seconde Guerre mondiale. Lowe lui raconta, ce qui était tout à fait faux, que la Tour Eiffel avait été gravement endommagée pendant la guerre, qu'on devait la démolir, et qu'elle devait être vendue en tant que ferraille pour la somme dérisoire de 40 000 $. Mais, heureusement pour le Texan, l'escroquerie fut découverte à temps, et Lowe passa neuf mois en prison.

Ce ne fut qu'un abus de confiance parmi d'autres. Habillé en prêtre, il persuada un jour un innocent touriste japonais à Londres, de faire une donation de 100 000 $ à une « fondation », mise en place pour restaurer la cathédrale Saint-Paul, gravement endommagée lors des bombardements de la dernière guerre. Se faisant passer pour un producteur récompensé d'un Oscar à Hollywood, « Mark Sheridan », Lowe trouva des investisseurs pour un nouveau film. Sous le nom du « Group Captain Rivers Bogle Bland », un

Le dossier du faussaire

LE VOCABULAIRE DE L'ABUS DE CONFIANCE

GRANDE ARNAQUE : une arnaque qui sous-entend de grosses sommes d'argent, mettant en jeu le télégraphe.

GRAND MAGASIN : le faux établissement de paris, – salle de billard ou bureau de parieur – arrangé pour la grande arnaque.

SE TIRER : se débarrasser de la cible une fois qu'elle a été tondue.

FILOU : celui qui vit de sa ruse.

CIBLE : la victime, celle qu'on a désignée.

LA RÉCOMPENSE : une grande arnaque qui consiste à faire croire à une cible riche, qu'elle a été choisie pour participer à l'arnaque d'un grand syndicat de paris.

ancien pilote de la RAF travaillant sur un projet ultra-secret pour le gouvernement britannique, il s'arrangea pour prendre leur argent à d'autres victimes encore.

Le dernier gros coup de Lowe fut de se faire engager comme valet de pied à Marlborough House, à Londres, la résidence de la reine douairière Mary. Son plan était de s'emparer d'autant de bijoux et de petits objets d'art que possible. Il se fit découvrir un jour, en arrivant au travail dans une nouvelle Jaguar qu'il venait de voler. La police fut alertée et Stanley Lowe fut bientôt de retour en prison. Après sa libération, toute son audace avait disparu, et il finit sa vie dans un garni à bon marché.

Après sa sortie de prison, Stanley Lowe revint avec un bouquet de fleurs pour le directeur de la prison. Il voulait dire « merci » au directeur, qui lui avait apporté son aide pour faciliter sa réhabilitation.

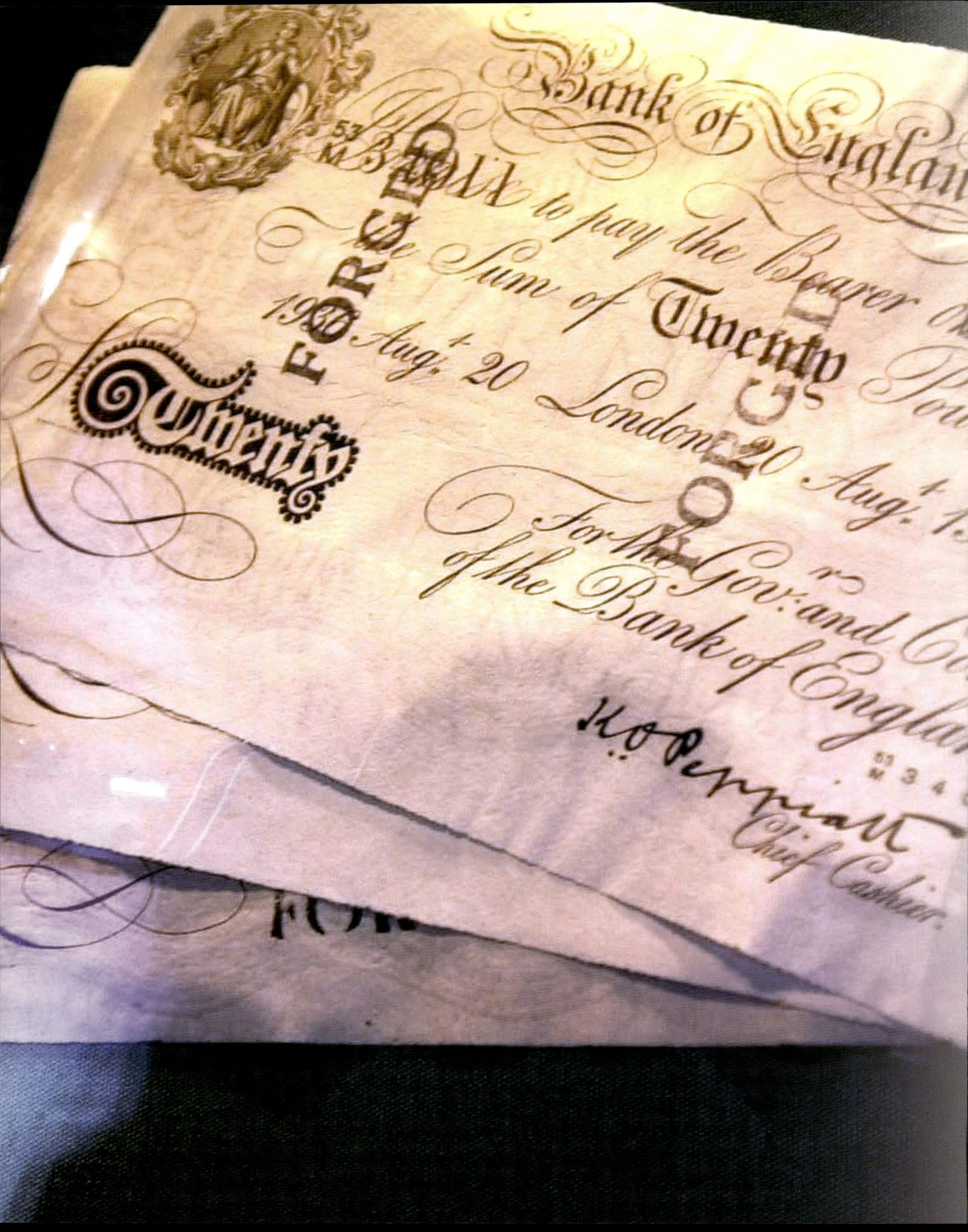

Bank of England
to pay the Bearer
Sum of Twenty
FORGED
Twenty
Aug. 20
London 20 Aug.
FORGED
For the Gov. and Co.
of the Bank of England
Chief Cashier

CHAPITRE 7

FAUSSAIRE POUR UNE CAUSE

Tous les faux et contrefaçons ne sont pas faits en vue d'un profit ou même en vue de plaisanter. Quelques-uns sont délibérément réalisés pour une bonne cause.

Dans certains cas, tels que la propagande contre l'ennemi en temps de guerre, la contrefaçon peut être considérée comme un moyen légitime, et même digne d'éloges. Pendant les deux guerres mondiales, par exemple, les deux côtés produisirent toutes sortes de faux documents : certains étaient destinés à protéger des agents travaillant de façon clandestine en territoire ennemi ; d'autres avaient pour but de saper le moral de l'adversaire. Beaucoup de mouvements mystiques et de sectes religieuses eurent leur part de contrefaçons : des adeptes enthousiastes sont préparés à croire ce qu'il est aisé de démontrer comme faux. En l'occurrence, on a noté que les nombreux « fragments de la vraie croix » éparpillés de par le monde, pourraient, s'ils étaient rassemblés, suffire à la confection de plusieurs croix.

Ci-contre : la jeune Frances Griffiths avec ses fées, photographiée par sa cousine Elsie Wright.

A gauche : quelques-uns des billets de banque britanniques, contrefaits par le major Bernhard Krüger pendant la Seconde Guerre mondiale. On les retrouva au fond du lac de Toplitz, en Autriche, en 1959.

Le dossier du faussaire

LES PROTOCOLES EMPOISONNÉS

L'une des tromperies politiques les plus infâmes du XXe siècle, furent les soi-disant « Protocoles des Sages de Sion ». Ils apparurent pour la première fois dans un journal russe *Znamia*, en 1903, plus tard, dans un livre par Sergei Nilus, en 1905. Nilus disait que les *Protocoles* avaient été extraits des minutes d'une réunion qui avait eu lieu en France, lors du premier congrès sioniste en 1897. En fait, le congrès avait eu lieu à Bâle, en Suisse, et s'était tenu en allemand. Les textes étaient violents, incendiaires, décrivant des plans où juifs et francs-maçons se liguaient pour corrompre la civilisation chrétienne et établir un gouvernement mondial.

L'antisémitisme était virulent en Russie au début du XXe siècle, et on lut les *Protocoles* à haute voix dans les églises de Moscou. Ils furent traduits en allemand, en français, anglais et autres langues, et devinrent la littérature antisémite la plus lue de tous les temps.

Philip Graves, correspondant du *Times* de Londres, révéla qu'il s'agissait d'un faux. Il fit remarquer leur similitude avec une satire, écrite en 1864 par un avocat français, Maurice Joly. Celle-ci prenait la forme d'un dialogue qui avait lieu en enfer, entre un philosophe politique français du XVIIIe siècle, Montesquieu, et le cynique écrivain italien du XVe siècle, Niccolo Machiavel. Montesquieu parlait au nom du libéralisme et Machiavel était une représentation à peine déguisée de l'empereur français, Napoléon III.

On découvrit que la source des *Protocoles* se trouvait être Pyotr Ruchkovsky, à la tête du département étranger de la police secrète russe. Un comité d'historiens américains évalua le document en 1942.

Ils déclarèrent de façon catégorique que les *Protocoles* ne pouvaient en aucun cas avoir une quelconque authenticité.

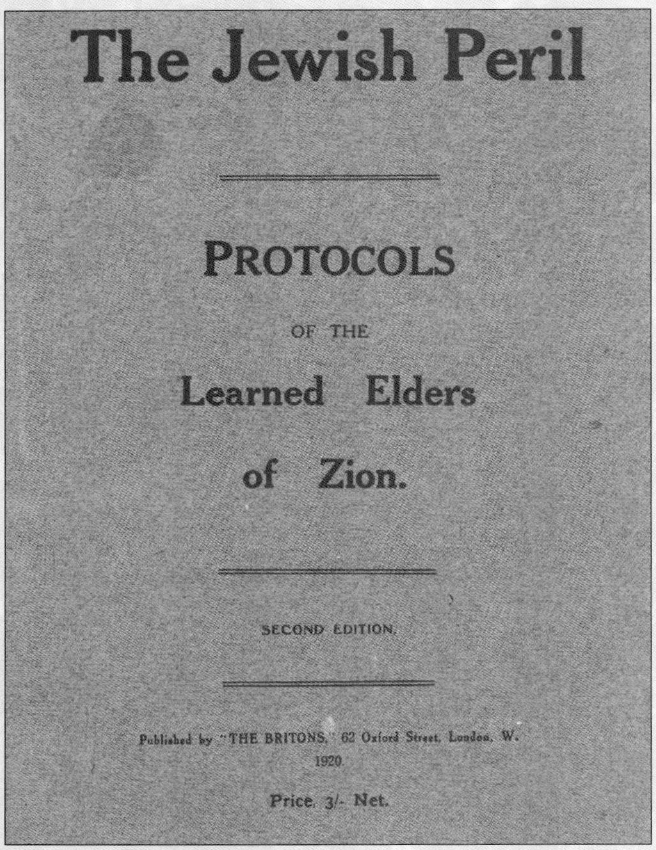
The Jewish Peril

PROTOCOLS

OF THE

Learned Elders

of Zion.

SECOND EDITION.

Published by "THE BRITONS," 62 Oxford Street, London, W.
1920.

Price 3/- Net.

La page de titre de la seconde édition des *Protocoles*, intitulée *Le Péril Juif* publié à Londres en 1920.

CONTREFAÇONS DU GOUVERNEMENT EN TEMPS DE GUERRE

Aucun gouvernement n'admettra jamais avoir fait des faux. Pour des raisons évidentes, cela s'applique plus particulièrement à la contrefaçon de matériel fiscal, tel que des billets de banque et des timbres-poste. Au fil des ans, les preuves ont fait surface, démontrant que, pendant deux guerres mondiales, et peut-être en d'autres occasions, beaucoup de nations en guerre ont fait des faux, au titre de la propagande. Pendant la Première Guerre mondiale, les Britanniques ainsi que les Allemands ont imprimé de faux timbres-poste, mais ce fut durant la Seconde Guerre mondiale que les faux prirent une part importante dans les campagnes de propagande.

Le paquebot de la Cunard le *Lusitania*, fut coulé par un sous-marin allemand le 7 mai 1915. Peu après, cette médaille fut frappée en Allemagne. Bien qu'elle semble célébrer le naufrage, son créateur insista sur le fait que son intention était de condamner Cunard pour avoir laissé des civils voyager sur un vaisseau transportant des armes. Les hommes de la propagande britannique commandèrent aussitôt l'exécution de 250 000 médailles contrefaites, qui furent distribuées à travers le monde pour soutenir la cause anti-allemande.

LE JEU SOUTERRAIN

Richard Crossman (1907-1974) fut ministre du gouvernement britannique de 1964 à 1970, mais pendant la Seconde Guerre mondiale il fut impliqué pendant deux ans dans la guerre psychologique (connue aujourd'hui sous le nom de « psywar ») au comité exécutif de la guerre politique (PWE), en Grande-Bretagne, et plus tard auprès des forces armées américaines.

En 1973, dans une lettre concernant le scandale du Watergate, il écrivit au journal *Times* : « Le gouvernement par l'intérieur est une part intégrante de la guerre totale, et les départements les mieux payés et les plus attirants sont ceux qui s'occupent d'opérations clandestines, dans lesquelles, nous Britanniques, avons toujours excellé… Les opérations subversives et de propagande souterraine furent les seuls aspects de la guerre où nous soyons parvenus à une réelle prééminence. Nous avons entraîné, pour réaliser des coups tordus, une petite armée d'amateurs doués. Ces coups allaient de la propagation de mensonges aux tables d'écoutes, en passant par la fabrication de faux, les détournements de fonds, jusqu'au meurtre pur et simple – le tout, bien sûr, au nom de la préservation de la démocratie. Les Américains adoraient la subversion, mais ils avaient la main trop lourde et nous ne leur avons jamais appris à jouer le jeu… »

Il est certain que les Britanniques voyaient la guerre psychologique comme un jeu. L'un de ceux qui furent impliqués dans cette guerre disait que seule une nation pouvant comprendre les règles du cricket et pouvant également résoudre les mots croisés cryptés que l'on trouve dans les principaux journaux du pays, était capable des actes de subversion subtils qui eurent lieu pendant la guerre. En fait, on donnait aux recrues

Deux versions de *Krankheit rettet (Le Faux malade)*: un faux manuel parachuté au-dessus de l'Allemagne et visant à saper le moral germanique et sa détermination au combat. Il contenait des détails informant le soldat sur la façon de simuler diverses maladies pouvant lui faire gagner quelques jours de mise au repos, un séjour à l'hôpital, ou même de se faire réformer.

potentielles pour le programme Enigma, qui devaient sans cesse déchiffrer les messages codés des forces allemandes, les mots croisés du *Daily Telegraph*. On leur demandait de les résoudre comme part de leur entraînement.

La propagande officielle de la Seconde Guerre mondiale reposait en grande partie sur les émissions de la BBC, en même temps que sur la distribution de tracts, jetés à partir des avions, ainsi que la publication de bulletins publiés dans les pays neutres. On appelait cela la propagande « blanche ». La propagande « noire », que l'on admit jamais officiellement, fut laissée dans les mains, comme le mentionnait Crossman, « d'une petite armée d'amateurs doués ».

DE FAUSSES STATIONS DE RADIO

La propagande noire prit deux formes principales. Sous la direction d'un ancien journaliste, Sefton Delmer (1904-1979), de petites stations de radio secrètes diffusaient des programmes de nouvelles et de divertissement en allemand, sous des noms tels que Kurzwellensender Atlantik ou Soldatensender Calais. Une unité séparée, dirigée par Ellic Howe (1910-1991), se consacrait à la production de faux documents de toutes sortes.

Howe, qui avait quitté l'Université d'Oxford en 1930, passa trois ans en Europe et parlait couramment français, allemand et italien. En 1934, il décida de se former à l'imprimerie, où il apprit tout sur la composition typographique. Il réunit une vaste collection de documents imprimés de France, d'Allemagne, de Belgique et de Hollande.

En 1938, un an avant le début de la Seconde Guerre mondiale, Howe s'engagea dans une unité de défense anti-aérienne. En 1941, il était sergent-major. Un jour de septembre de cette année, alors qu'il était en permission, il fit une visite à la société Monotype Corporation, dans le Surrey, dans le Sud-Est de l'Angleterre, qui fabriquait des polices de caractères pour les imprimeurs. Alors qu'il était là, il jeta un œil sur les dossiers concernant les caractères *Fraktur* (Gothiques) qui avaient été produits par la société, et découvrit qu'aucun de ces caractères n'avait jamais été livré à une imprimerie britannique. On ne pourrait donc jamais en retracer l'origine en Angleterre. Il fut immédiatement frappé par les possibilités offertes de fabriquer de faux documents que l'on ferait circuler en Allemagne.

LA FORCE DE LA CHOSE IMPRIMÉE

Howe écrivit une note, *La Guerre politique et le monde du mot imprimé: une étude psychologique*. Il soumit cette note à son supérieur. Quelques semaines plus tard, il était rendu à la vie civile et dépendait du département de la guerre politique. Sa première mission importante fut de fabriquer de fausses cartes d'identité allemandes, nécessaires au directeur des forces spéciales, pour ses agents à l'étranger. Les contacts nombreux que possédait Howe dans toutes les branches de l'industrie de l'imprimerie s'avéraient maintenant inestimables. La société Monotype lui prêta pour un temps illimité les matrices de toutes les polices de *Fraktur* dont il pourrait avoir besoin (les moules qui servaient à fondre les caractères), et les fabricants de papier entreprirent la production du papier qui convenait avec de faux filigranes. Dans un des cas, lorsqu'il fallut, très vite, une contrefaçon d'un papier à en-tête de la Reichsbank, un employé d'une société de fabrication de papier découvrit que le papier, utilisé pour les étiquettes de bouteilles d'une marque de bière courue, répondait exactement au besoin. L'étape suivante fut la contrefaçon de timbres-poste français. La firme Waterlow et Sons (voir pp. 31-32), qui avait imprimé des timbres pendant un demi-siècle, se chargea du travail.

En juillet 1942, un rapport secret au secrétaire des affaires étrangères britannique rendait compte en substance: « Un petit dépliant noir… a été préparé pour être distribué dans la France de Vichy. Deux mille copies, prêtes à être postées, dans des enveloppes contrefaites et avec de faux timbres-poste, seront passées en contrebande à travers les Pyrénées, par des filières de passeurs existantes… »

GAGNER LE CŒUR ET L'ESPRIT DES HABITANTS DES PAYS NEUTRES

Ceci ne fut qu'un exemple parmi des douzaines de documents imprimés par Howe; ceux qui étaient destinés au territoire allemand avaient un texte fait par Delmer. Parmi les premiers figura *Europa in Gefahr (L'Europe en péril)*, un petit fascicule, prétendument écrit par le représentant du parti

En 1917 le magnat de la presse Lord Northcliffe possédait, entre autres, le *Daily Mail*, et était membre d'un comité du gouvernement formé pour encourager la participation des Etats-Unis à la Première Guerre mondiale. L'Allemagne produisit cette grossière contrefaçon, *Le grand Anti-Northcliff Mail*, dans un effort pour « éliminer la presse Northcliffe du rôle qu'elle joue dans la guerre ».

The Great Anti-Northcliffe Mail

No. 1 · March/April 1917

ANOTHER FORGERY OF "LE MIROIR" (THE MIRROR)

No 65 OF FEBRUARY 1915.

THE SAME FORGERY

YELLOW PRESS "KULTUR"!

LORD NORTHCLIFFE MUST GO!

THIS WORLD WILL ONLY BE A "HEALTHY" PLACE TO LIVE IN WITHOUT HIS JOURNALISTIC INTERFERENCE.

THE "IDEAL" NEWSPAPER DURING THE WAR.

"ALL IS FAIR IN LOVE AND WAR"

THE REMEDY IS RIDICULOUSLY SIMPLE!

"YOU MAY NOT BE ABLE

WHO IS LORD NORTHCLIFFE?

"THINKING" SPACE FOR "CARMELITE"

DON'T WORRY THEM!

SAVING

PROPRIETORS OF BRITISH AMERICAN FRENCH GERMAN SPANISH ITALIAN RUSSIAN AUSTRO-HUNGARIAN SOUTH-AMERICAN DUTCH, DANISH, NORWEGIAN, SWISS, SWEDISH, JAPANESE, &c. NEWSPAPERS

The Great Anti

WORLD'S PRESS

"THE GREAT ANTI" PUBLISHING COMPANY, Printing Works JEAN FREY, ZURICH, Switzerland.

nazi à Shanghai, en Chine, détaillant les atrocités commises par les Japonais à Hong Kong et sous-entendant que le Japon avait l'intention de conquérir le monde. D'autres comprenaient le *Manuel pour les candidats au corps des SS* contenant des informations fictives sur les privilèges dont jouissaient les SS; y compris des détails de viols horribles commis avec un plaisir évident par des SS pris de boisson. Ces documents furent mis en circulation dans les pays neutres, passés en contrebande dans l'Europe occupée par les nazis, et jetés depuis des avions au-dessus de l'Allemagne.

Avec la pratique, les contrefaçons devinrent de plus en plus ingénieuses. Il y avait un traité scientifique, affirmant que les méthodes utilisées pour moudre la farine allemande pouvaient nuire dangereusement à la santé, notamment en provoquant l'impotence masculine. Le visage de Heinrich Himmler figurait sur un faux timbre-poste, à la place du visage de Hitler, suggérant que le patron des SS était en train de supplanter Hitler. Un petit livret (voir p. 218) décrivait comment les soldats pouvaient feindre la maladie ou des blessures, et donc éviter d'avoir à servir dans l'armée. Ceux-ci étaient recouverts de jaquettes anodines, les faisant passer, par exemple, pour des livres de vocabulaire français.

APPELER NOSTRADAMUS À LA RESCOUSSE

Deux productions de l'« Unité de Mr Howe », comme elle fut appelée par la suite, étaient particulièrement ingénieuses. L'une était *Nostradamus prédit l'issue de la guerre*, un livret de 124 pages, dans lequel 100 vers environ, écrits par l'astrologue français du XVIe siècle, étaient traduits en allemand. Ils étaient accompagnés de commentaires suggérant que la mort de Hitler était proche. L'autre était *Der Zenit*, un faux magazine d'astrologie. Il comportait des publicités commerciales qui avaient l'air authentiques et des articles, parmi d'autres, indiquant que l'on ne devrait pas autoriser les sous marins allemands à prendre la mer certains « jours non favorables ».

Avec les débarquements du jour J en Normandie, en juin 1944, les activités de l'« Unité de Mr Howe » et des stations clandestines de Delmer contribuèrent dans une certaine mesure à faire baisser le moral des troupes allemandes.

DÉMENTIS OFFICIELS

On doit souligner que le gouvernement britannique ne reconnut jamais ces contrefaçons, et les comptes rendus les plus pertinents furent détruits en 1945. Ce ne fut pas avant vingt ans après la guerre que le livre de Delmer, *Souvenirs Noirs*, fut publié, et il fallut près de quarante ans avant que Howe puisse rassembler assez de matériau pour son livre, *Le Jeu noir*. D'autres pays parmi les nations les plus importantes engagées dans la Seconde Guerre mondiale, dont l'Union Soviétique et les Etats-Unis, ont continué à nier la production de documents contrefaits.

> « Si c'est imprimé, c'est que c'est vrai, et si quelqu'un peut trouver une raison plausible pour utiliser ou contrefaire un tampon de caoutchouc sur le document imprimé, c'est doublement vrai ! »
>
> ELLIC HOWE

Néanmoins, le numéro du 7 janvier 1942 des *Nouvelles Soviétiques de la Guerre*, rapporta que des avions russes avaient parachuté des millions de paquets, derrière les lignes allemandes, contenant des cartes postales, prêtes à poster. L'une montrait un champ de croix de bois, avec un casque abandonné et l'inscription *Lebensraum in Osten (Espace vital à l'Est)*, la justification de Hitler à l'invasion de l'Union Soviétique.

En ce qui concerne les Etats-Unis, les collectionneurs de timbres connaissent bien un ensemble de timbres qui furent émis au titre de la propagande pendant la Seconde Guerre mondiale. Tout comme le timbre anglais portant le visage de Himmler, ces timbres ne sont pas à proprement parler des contrefaçons: en effet, ils ne sont pas des reproductions de timbres allemands officiels; mais ils leur ressemblent suffisamment pour ne pas attirer l'attention au centre de tri postal. Les plus réussis furent certainement ceux qui furent produits lors de l'« Opération Cornflakes ». Ils étaient destinés à gâcher le petit déjeuner des familles allemandes qui les recevaient par la poste. Ils portaient l'habituel portrait de Hitler, mais transfiguré en tête de mort.

La CIA nie toujours l'existence de ces timbres. Le prédécesseur de la CIA, l'OSS, (le bureau des services stratégiques), fit un rapport en 1945 sur la production d'un total de 1 138 500 « têtes de Hitler », incluant 726 550 timbres individuels, 70 000 « cartes de sexe et enveloppes », et 6500 « timbres numérotés ». Malgré les dénégations publiques, il existe toujours,

Les nazis essayèrent de ruiner l'économie britannique en fabriquant pour des millions de £ de faux billets de banque. Beaucoup de ces billets furent coulés dans un lac reculé d'Autriche à la fin de la guerre. En 1959, on retira tant de faux billets de banque du fond du lac que des brouettes furent nécessaires pour les transporter.

au quartier général de la CIA à Langley, dans une salle fermée à clé, une vitrine contenant ces timbres et ces cartes postales et même un journal contrefait, *Das Neue Deutschland*, produit par l'OSS.

L'OPÉRATION BERNHARD

Au début de la Seconde Guerre mondiale, les nazis décidèrent de ruiner l'économie britannique en imprimant des millions de billets de la Banque d'Angleterre, et de les jeter par avion au-dessus de l'Angleterre. Ce projet fut toutefois remis à plusieurs reprises, en raison de ce qui est en général considéré comme de la minutie allemande typique. Par exemple, quelques-uns des premiers billets furent proposés à des banques étrangères pour authentification. On les présenta même à la Banque d'Angleterre, pour faire un test. Mais après que six d'entre eux fussent reconnus comme étant des faux, l'homme qui les avait présentés fut mis en prison, et l'opération fut temporairement remise. L'homme en charge de l'opération, d'ailleurs nommée d'après lui, était le Major SDS Bernhard Krüger (né en 1904). Celui-ci dirigeait l'atelier produisant les documents contrefaits pour les agents allemands à l'étranger. Ils devaient d'abord produire un papier de lin.

Une contrefaçon allemande d'un timbre anglais de deux penny, émis aux Bahamas. La surimpression est censée suggérer que l'Empire Britannique est en train d'être démantelé après la défaite des Alliés – un essai d'atteinte au moral britannique.

Les expériences faites avec du lin allemand se révélèrent négatives. Le lin turc, bien que meilleur, ne donnait pas encore de résultat correct. Ce ne fut que lorsque quelqu'un suggéra de laver d'abord les chiffons de lin utilisés que le résultat fut considéré comme satisfaisant. Les SS réquisitionnèrent une fabrique de papier, et en mai 1943 l'« Opération Bernhard » était enfin lancée.

Une équipe de trente prisonniers du camp de concentration de Sachsenhausen produisait les contrefaçons. Ils étaient logés dans des baraques séparées et recevaient un surplus de nourriture ainsi que d'autres privilèges. Le graveur en chef était un juif bulgare, condamné pour contrefaçon, Solly Smolianov, qui fut transféré de sa prison à Sachsenhausen. L'unité produisait des billets de toutes les valeurs, de 1 £ à 1000 £. Mais lorsque la Banque d'Angleterre retira les billets à forte valeur, la moitié environ des billets produits furent des billets de 5 £.

FAIRE DE LA PROPAGANDE PAR LA POSTE

Puis le chef des SS, Heinrich Himmler, proposa un autre sujet de propagande : des timbres-poste, dont il pensait qu'ils deviendraient des objets recherchés de collection après la guerre. On réalisa des copies d'authentiques émissions anglaises, mais avec des changements subversifs. Le globe impérial sur la couronne coiffant la tête du roi George VI devait être remplacé par une étoile de David à six pointes. Le « D » représentant les pennies, fut remplacé par la faucille et le marteau russe. L'émission du couronnement de 1937 comportait plusieurs autres modifications. A la place de l'habituel « Postage... Revenue » on lisait SSSR Britannia, (URSS... Angleterre), l'étoile de David remplaçait d'autres emblèmes, et la tête du leader russe Joseph Staline remplaçait celle de la reine Mary. En plus, la date du couronnement était remplacée par « Téhéran 28.11.1943 » date d'une conférence importante en Iran, pendant laquelle Winston Churchill, Franklin

Des timbres-poste anglais, contrefaits dans le camp de concentration de Sachsenhausen. L'étoile de David au-dessus de la couronne coiffant la tête du roi George VI et le remplacement du « D » par une faucille et un marteau (extrême gauche) sont typiques de ces émissions. On voit la tête de Staline au lieu de celle de la reine Mary, (à gauche) pour insinuer que l'alliance des Britanniques et des Soviets était un pas en avant vers son absorption par l'URSS. Le graveur du faux timbre du Jubilé de 1935 a fait une erreur curieuse. En bas, on peut lire en effet « Cette guerre est une guerre juive ».

D. Roosevelt et Staline avaient discuté la libération future de l'Europe.

Des altérations similaires furent faites sur des timbres émis en 1935 pour célébrer le jubilé d'argent du roi George V : la tête de Staline remplaçait celle du roi. Mais Himmler, espérant encore faire la paix avec l'Angleterre, avait donné des ordres pour que sur d'autres timbres, la tête de George VI ne soit pas modifiée.

Une erreur curieuse fut commise lors de la gravure du timbre du Jubilé. En remplacement des mots « Jubilé d'Argent » et « Halfpenny », on pouvait lire : « Cette guerre est une guerre juive. » On a suggéré que ceci était un sabotage délibéré, mais Krüger confirma, des années après la guerre, que c'était une erreur authentique.

Tard dans la guerre, l'« Opération Bernhard » contrefit également des dollars, mais la production des billets de banque anglais resta leur production majeure. On a calculé que neuf millions de billets, d'une valeur totale de 134 millions de £, furent imprimés, mais seul un montant de 12 millions de £ fut distribué.

Aux derniers jours de la guerre, en 1945, plusieurs camions remplis de faux billets, ainsi que les plaques de gravure, furent noyés dans les rivières et les lacs en Autriche, l'imprimerie fut elle-même détruite. Un chargement de ces caisses atteignit un centre secret de recherche de la Marine, au bord d'un lac autrichien perdu appelé le Toplitzsee, où elles furent coulées à une profondeur de 78 m. Des équipes de plongeurs anglais et américains essayèrent de retrouver ces caisses, sans succès, et pendant quatorze ans le trésor du lac ne fut qu'une légende.

En juillet 1959, le magazine allemand *Stern*, décida de monter une expédition de recherche. Celle-ci était équipée d'une

caméra de télévision sous-marine, d'une torche puissante, et d'un bras de préhension mécanique. Le 27 juillet, les premiers billets de 5 £ furent remontés à la surface. Petit à petit, devant des rangées de photographes de presse et de caméras de télévision, on sortit caisse après caisse. Parmi les millions de billets contrefaits, on trouva également les livres de comptes de l'« Opération Bernhard », soigneusement conservés.

LES FÉES DE COTTINGLEY

Lorsqu'une personne veut réellement croire en quelque chose, il est trop facile de la tromper par une fausse preuve. Sir Arthur Conan Doyle (1859-1930) fut le créateur de Sherlock Holmes, le brillant détective jamais distrait dans sa quête de la vérité. Malgré tout, Conan Doyle lui-même croyait à l'existence de fées.

Tout commença lorsque la jeune Frances Griffiths, âgée de 10 ans, envoya une lettre à un ami, en 1918. On pouvait lire, entre autres : « Je vous envoie deux photos… l'une de moi… avec quelques fées le long de la rivière. » Frances vivait avec la famille de sa cousine, Elsie Wright, âgée de 15 ans, à Cottingley, dans les faubourgs de la ville de Bradford, dans le Yorkshire, au nord de l'Angleterre. Elsie avait emprunté l'appareil de photo de son père quelques mois auparavant et avait fait la photo de Frances.

Mr Wright développa la plaque et ne fut pas impressionné par ce qu'il vit : la tête de Frances, avec un nombre indéterminé de formes blanches alignées devant elle. Les deux jeunes filles insistèrent toutefois qu'elles avaient souvent joué avec des fées « le long de la rivière » et pour preuve, elles montrèrent une autre photographie, cette fois prise par Frances, d'Elsie avec un « gnome ». Elle était sous-exposée et indistincte, et les parents de Frances restèrent convaincus que les jeunes filles leur avaient joué des tours.

En 1919, toutefois, Mme Wright participa à une réunion de la Société Théosophique à Bradford, où fut donnée une causerie sur « la vie des fées », et où les photographies furent mentionnées. Au début de 1920, deux impressions grossières arrivèrent dans les mains du théosophe Edward Gardner. Il les transmit à un photographe professionnel, avec pour instructions d'en faire de nouveau négatifs, pour en préciser les contours. Les épreuves améliorées révélèrent clairement plusieurs fées ailées entourées de voiles, dansant devant Elsie et Frances, avec un gnome au visage laid se tenant debout devant elles : Gardner fut convaincu de leur authenticité.

Conan Doyle, qui était devenu un fanatique défenseur du spiritisme, après la mort de son fils, crut également qu'elles étaient authentiques. Il montra les photos à plusieurs experts, qui furent suspicieux mais ne purent dire comment elles avaient été falsifiées. Conan Doyle les publia, en même temps qu'un article écrit pour le numéro de décembre 1920 du magazine *Strand*.

> Sir Arthur Conan Doyle fut le créateur de Sherlock Holmes, le brillant détective jamais distrait dans sa quête de la vérité. Conan Doyle lui-même devint convaincu de l'existence de fées.

Pendant ce temps, ainsi que le leur suggérait Gardner, les jeunes filles avaient produit trois photographies supplémentaires, qui furent publiées dans le *Strand* de mars 1921, puis dans le livre de Conan Doyle *L'Arrivée des fées* en 1922.

Y A-T-IL DES FÉES AU FOND DE VOTRE JARDIN ?

La presse se saisit de l'histoire, et les jeunes photographes devinrent l'objet d'une intense curiosité, à tel point que Elsie immigra aux Etats-Unis en 1926. Ce fut pour découvrir que sa célébrité l'avait précédée. Pendant cinquante ans, l'histoire des « fées de Cottingley » fut répétée dans les journaux et les livres, quelquefois pour exprimer la croyance

A gauche : en 1959, un plongeur fait surface, alors que l'on remonte les premiers billets de banque sortis du Toplitzsee, quatorze ans après qu'ils aient été coulés dans ce lac, pendant les derniers jours de la Seconde Guerre mondiale.

en leur existence et d'autres fois pour la mettre en doute, et pour se poser la question comment on avait falsifié les photographies.

Les enquêteurs découvrirent que Elsie avait travaillé pendant une courte période dans le laboratoire d'une photographe local, qu'elle avait également un certain talent artistique. En effet, elle avait réalisé une toile de qualité intitulée *Les Fées au bord de la rivière*. En 1978, un illusionniste américain, « L'étonnant Randi » montra la similitude entre les silhouettes de la première photo et celles du livre *Le Livre cadeau de la princesse Mary*, publié en 1914. Il existait également une ressemblance très grande avec les fées dansantes d'une publicité de l'époque pour les lampes de nuit Price. Une équipe du magazine *New Scientist*, soumis les photographies à un agrandissement informatique et affirma avoir détecté des fils attachés à certaines silhouettes de fées.

En 1971, on persuada Elsie, qui avait pris de l'âge et qui s'était débrouillée pour éviter la publicité pendant des années, de donner une interview à la télévision. Tout en montrant un grand sens de l'humour, elle refusa de dire si les photographies étaient ou non des faux. Cinq ans plus tard, les deux dames furent interviewées à la télévision. A nouveau, elles refusèrent d'admettre leur complicité, « dites-nous comment elle aurait pu le faire ? » demanda Frances. Mais l'émission se termina par une prise de vue du journaliste, assis derrière une rangée de fées dansantes. « Ce ne sont que des découpages de cartons », déclara-t-il, montés sur des cadres de fil de fer.

Ci-contre : Elsie Wright, à l'âge de 68 ans, avec l'une des photos prises par Frances. Lors d'une interview télévisée en 1971, elle refusa de dire si les photographies étaient des faux.

A gauche : Frances Griffiths, photographiée par sa cousine Elsie. Selon les dires des deux jeunes filles, les fées « bondissaient ». Elles bondissaient si haut que Frances dû rejeter sa tête en arrière.

Le dossier du faussaire

LES SŒURS FOX

Le mouvement moderne du spiritisme est censé avoir débuté aux Etats-Unis en 1848, peu après que la famille Fox ait déménagé dans une nouvelle maison à Hydesville, New York. Il y avait deux sœurs, Margaretta (Maggie) qui avait 14 ans, et Catherin (Katie) qui avait 11 ans. Des bruits de coups secs et durs dérangèrent bientôt la famille pendant la nuit.

Maggie et Katie découvrirent que si elles tapaient dans leurs mains, les coups faisaient écho, autant de fois qu'elles avaient tapé. Les coups répondaient également par oui et par non aux questions qu'on posait. Les pouvoirs supposés des deux jeunes filles créèrent une sensation locale, et Mme Fox les emmena chez sa sœur mariée, Leah, dans la ville proche de Rochester. Leah, réalisant qu'il y avait là un potentiel, prit les deux jeunes filles en charge et elles donnèrent leur première démonstration en public à Rochester, en 1849, faisant ensuite une tournée des Etats de l'Est. P.T. Barnum engagea les deux sœurs à New York City, où elles firent grande impression sur beaucoup d'éminents citoyens, malgré l'opinion exprimée par trois professeurs de l'Université de Buffalo, qui affirmaient que les sons étaient produits par un simple mouvement des articulations des genoux.

« Les esprits frappeurs » furent vite un sujet d'engouement aux Etats-Unis, et une femme de Boston, Mme Hayden, amena le nouveau « Spiritisme » en Grande Bretagne. Les sœurs Fox furent bientôt victimes de leur propre gloire. En 1855, les deux sœurs étaient devenues alcooliques. Maggie se convertit au catholicisme, alors que Katie continuait à se produire de façon intermittente. En 1888, les deux sœurs se produisirent en public, ensemble, à New York City, et lors de cette séance, Maggie dénonça le spiritisme comme étant une supercherie. Elle expliqua comment elle avait produit les coups secs avec ses orteils et révéla que Leah leur avait donné les indices nécessaires par langage corporel pendant leurs représentations.

LE PRIEURÉ DE SION

En 2003-2004, le livre policier de Dan Brown *Le Code Da Vinci* devint un des plus grands best sellers de tous les temps. La première page du texte est intitulée « Fait » et continue : « Le Prieuré de Sion – société secrète européenne fondée en 1099 – est une organisation réelle. En 1975, à la Bibliothèque Nationale de Paris, on découvrit des parchemins, connus sous le nom des *Dossiers Secrets*, et identifiant plusieurs membres du Prieuré de Sion… »

Les « parchemins » de la bibliothèque sont un ensemble de coupures de presse volantes neuves, tapées à la machine sur des feuilles de papier, des généalogies et des pamphlets imprimés, le tout contenu dans un dossier de carton. Le contenu du dossier a en fait changé de temps en temps, indiquant que quelqu'un l'a sorti des rayons de la bibliothèque et a fait des changements. L'auteur de la plupart de ces documents est indiqué comme étant « Henri Lobineau » – un pseudonyme. D'autres documents ayant un rapport avec ceux-ci se trouvent dans la collection de la bibliothèque, et sont des pamphlets imprimés privés, en général tapés à la machine et reproduits avec un duplicateur de bureau. On connaît l'existence de ces documents depuis les années

1960. Tous concernent, à un degré plus ou moins grand, le « mystère de Rennes-le-Château ».

Au début du XXe siècle, le prêtre de ce village du Sud de la France, fut reconnu coupable de vente de messes. A réception de l'argent que lui envoyaient des personnes de toute l'Europe, il promettait de dire des messes pour leurs proches décédés. Mais cette richesse inexpliquée amena les habitants du village à propager des ragots concernant la découverte d'un « trésor » dans l'église.

UN MYTHE DE VILLAGE OU LE TRÉSOR DE SALOMON ?

En 1955, un homme du nom de Noël Corbu ouvrit un hôtel-restaurant dans ce qui était auparavant le logement du prêtre. Les affaires étaient mauvaises, aussi il enregistra sur cassette l'histoire du trésor dans l'espoir d'attirer les clients. Un journal local s'empara de l'histoire, et un journaliste de *Ici Paris*, Gérard de Sède, l'inclut dans un livre *L'Or de Rennes*, en 1967. De Sède suggérait que le trésor était la menorah perdue du temple de Salomon à Jérusalem. Le journaliste avait obtenu des renseignements pour un précédent livre par un certain Pierre Plantard ; on ignore si Plantard était également mêlé à l'Or de Rennes, mais Plantard donna bientôt des détails sur la légende. On pense que c'est également Plantard qui est la source des documents « Henri Lobineau ».

L'importance supposée de Rennes-le-Château dans l'histoire ancienne de l'Eglise grandissait. En 1969, Henry Lincoln, rédacteur de scripts anglais, lut le livre de de Sède et entreprit, avec l'aide de l'auteur, d'en faire un documentaire pour la BBC. *Le Trésor perdu de Jérusalem*. Il fut mis en rapport avec Plantard, qui lui raconta l'histoire de la persistance du Prieuré de Sion. Il suggéra même que lui, Plantard, était un descendant de l'ancienne dynastie mérovingienne qui avait régné dans le Sud de la France pendant trois siècles et qu'eux-mêmes étaient les descendants d'un enfant que le Christ avait eu avec Marie Madeleine.

LA PIERRE TOMBALE INEXISTANTE

Lincoln mit tout cela dans le best-seller *Le Saint Sang et le Saint Graal* (1982), qu'il écrivit en collaboration avec Michael Baigent et Richard Leigh. Ce livre provoqua une avalanche d'autres interprétations du « mystère ». Une grande partie de l'enquête était fondée sur les reproductions d'une inscription gravée sur une pierre tombale, présumée se trouver dans le jardin de l'église de Rennes-le-Château, et de deux parchemins prétendument retrouvés par le prêtre. Plantard avait un complice, le débauché marquis Philippe de Cherisey, qui joua un temps de la guitare dans plusieurs clubs de Londres. La reproduction de

Une illustration pour l'histoire du jeune poète anglais, Alfred Noyes « Une formule magique pour une fée » dans le *Livre cadeau de la princesse Mary* (1914). Le thème de l'histoire raconte comment rendre les fées visibles. Les silhouettes ressemblent beaucoup à celles des photographies de Cottingley.

l'un des parchemins porte une notation, de l'écriture de Plantard : « Ceci est le document original, contrefait par Philippe de Cherisey, que Gérard de Sède reproduisit dans son livre… »

Plantard enregistra le Prieuré de Sion, en 1956, comme « société chevaleresque des règles et institutions catholiques de l'union des indépendants traditionalistes » se nommant lui-même secrétaire général. Il s'agissait d'une organisation d'extrême droite, successeur d'Alpha-Galante, un groupe proto-nazi, que Plantard avait créé pendant la Seconde Guerre mondiale, et tout spécialement dévouée au « renouveau de la France par les principes de la Chevalerie ».

L'existence du Prieuré de Sion au XIe et XIIe siècle reste douteuse.

L'« industrie » de Rennes-le-Château devenait florissante. On demandait souvent la permission de creuser pour rechercher le « trésor », toujours sans succès. Des mouvements mystiques se créèrent, et deux écrivains anglais, dans *La Tombe de Dieu* (1996) allèrent jusqu'à identifier une colline, audelà de la vallée de Rennes, comme étant le lieu de sépulture du Christ.

Un autre écrivain affirme que tout le paysage que l'on aperçoit depuis le village est un vaste temple égyptien. Tout ceci fondé sur les affirmations de Plantard et sur les documents contrefaits par Cherisey.

LE SUAIRE DE TURIN

Peu de reliques ont récemment suscité un intérêt et une controverse aussi vifs que le « Suaire de Turin ». Quelques détails de son histoire primitive sont révélateurs.

- Avril 1349 : Geoffroy de Charny construit une église à Lirey, non loin de Troyes, pour contenir un suaire qu'il dit avoir acquis à Constantinople.
- 1355 : le suaire est exposé pour la première fois à Lirey, et les pélerins voyagent pour le voir.
- 1389 : le roi de France, Charles VI ordonne au bailli de Troyes de se saisir du suaire, mais celui-ci est laissé entre les mains de Geoffroy de Charny.
- L'évêque de Troyes, dans une lettre adressée au pape Clément VII, décrit le tissu comme portant l'impression d'un homme crucifié, et affirme qu'il s'agit du vrai suaire dans lequel fut enveloppé le corps de Jésus.
- Mai 1398 : Geoffroy de Charny meurt. Sa veuve, Marguerite, épouse Humbert de la Roche en 1418.
- 1438 : mort de Humbert : Pendant les douze années qui suivirent, jusqu'à sa mort, Marguerite exposa le suaire en différents endroits dans le nord de la France.
- 1464 : on rapporte que le suaire se trouve en la possession du duc Louis de Savoie, qui commence à construire une chapelle à Chambéry.
- 6 juin 1483 : des prêtres, à Chambéry, décrivent le suaire comme « enveloppé dans un tissu de soie rouge, et conservé dans une boîte recouverte de velours cramoisi, décorée de clous argentés et fermée par une clé d'or ».
- 14 Avril 1503 : un courtisan savoyard rapporte que l'authenticité du suaire a été confirmée par le feu, on l'a fait bouillir dans de l'huile, et on l'a lavé plusieurs fois, mais « il fut impossible d'effacer l'impression et l'image ». Des signes des essais que l'on fit par le feu sont visibles sur une peinture réalisée en 1516.
- 1509 : on fait un nouveau reliquaire en argent.
- 4 décembre 1532 : le feu prend dans la chapelle et les flammes font fondre le cercueil, le suaire est brûlé et de nombreux trous apparaissent en plusieurs endroits.
- Avril 1534 : des nonnes réparent les dommages causés par le feu, en le fixant sur un tissu blanc et en cousant des

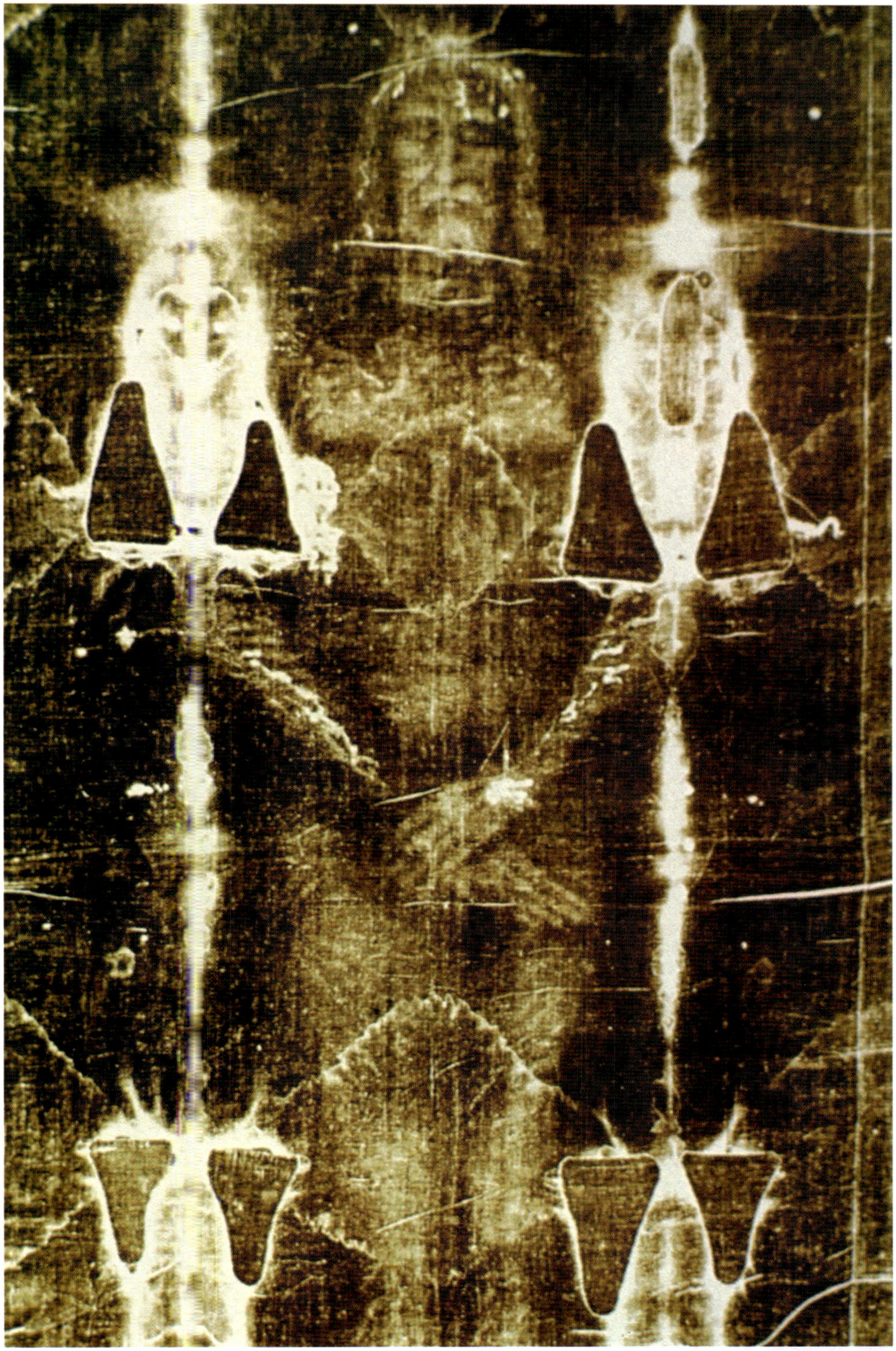

Une image en négatif du devant de la silhouette sur le Suaire de Turin, très similaire à la manière de représenter le Christ dans les peintures médiévales. On voit clairement les dommages subits par le tissu au cours des siècles, ainsi que les pièces cousues par les nonnes en 1534.

pièces par-dessus les dommages les plus importants.

- 1536 : François Rabelais, dans son roman, *Gargantua*, prétend que le Saint Suaire de Chambéry, prit feu de façon que rien ne put en être sauvé.
- 14 septembre 1578 : après avoir été exposé en de nombreux lieux, le suaire de Chambéry arrive à Turin, en Italie.

LE SUAIRE, DANS LES TEMPS MODERNES

A partir de ce moment là, et mis à part un épisode pendant la Seconde Guerre mondiale où il fut mis en sûreté dans une abbaye près de Naples, le suaire resta à Turin, où il fut exposé en plusieurs occasions, attirant d'énormes foules de pèlerins. En 1898, un photographe amateur italien en prit la première photo. On prit d'autres photographies en 1931.

Le visage de la silhouette tel qu'il apparaît sur le Suaire de Turin.

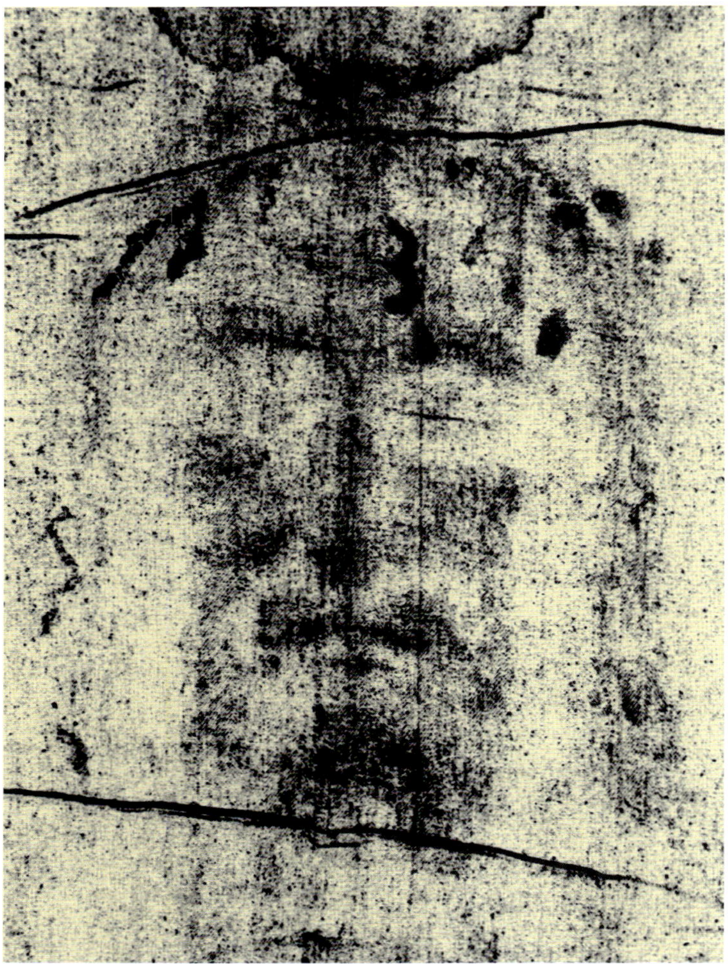

Ce qui est incontestable c'est que le tissu, d'environ 4,10 m de long sur 1,40 m de large porte l'image fantôme d'un homme barbu, aux cheveux longs, vu de face et de dos. Ses mains sont pliées sur le devant, et une plaie est suggérée sur le poignet droit. L'image sur le tissu est très légère, mais si on en fait un négatif, celui-ci révèle le portrait du Christ crucifié, similaire aux tableaux peints au cours du Moyen Age.

L'authenticité du suaire fut remise en question de nombreuses fois au cours de son histoire, mais ce n'est qu'au XXe siècle que les scientifiques commencèrent à s'intéresser au sujet. En 1931, le Dr Pierre Barbet, de l'Académie Française, rapporta : « J'ai vu que les images des blessures étaient d'une couleur relativement différente du reste du corps, cette couleur était celle du sang séché qui avait pénétré dans le matériau... Il est difficile pour quelqu'un qui ne s'y connaît pas en peinture de définir la couleur exacte, mais le fond est rouge, plus ou moins dilué selon les blessures. »

UN EXAMEN SCIENTIFIQUE

L'Eglise n'était pas favorable à un examen autre que superficiel de la relique. Toutefois, en novembre 1973, le suaire fut exposé pour la première fois à la télévision et en couleurs. On retira des fils, des « taches de sang » au dos de l'image, ainsi que 32 échantillons prélevés à l'aide d'un adhésif sur le tissu. Ils furent envoyés au Dr McCrone, un expert américain en microscopie et microchimie. En 1979, il fit un rapport établissant que les tests médicolégaux n'apportaient aucune preuve de la présence de sang et que l'image révélait l'utilisation de deux pigments, l'ocre rouge et le vermillon. « Quiconque s'est

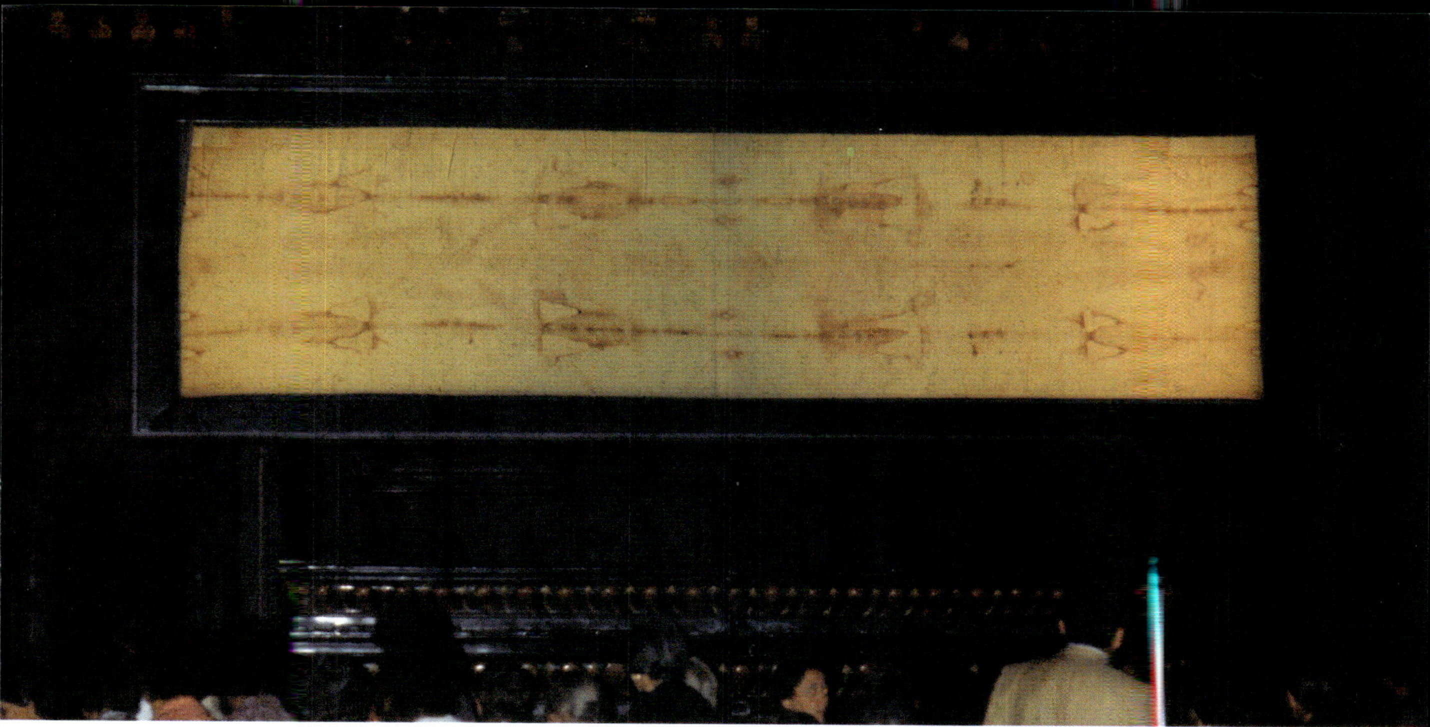

drapé émotionnellement dans le suaire devrait sérieusement considérer à se libérer de ses émotions. »

BRÛLÉ PAR LES RADIATIONS ?

Finalement, en 1988, après des années de discussions et de retards, trois laboratoires, en Arizona aux Etats-Unis, à Oxford en Angleterre, et à Zurich en Suisse, soumirent des échantillons du tissu à la datation au carbone 14.

En octobre de la même année, l'Eglise Catholique Romaine annonça officiellement les résultats : Ceux-ci indiquaient une date approximative de 1325, et certaine entre 1260 et 1390. Il semble peu douteux que le suaire porte les traces de peinture par un artiste médiéval, la réalisation datant environ de l'époque où le suaire était en la possession de Geoffroy de Charny.

En janvier 2005, Raymond Rogers, un chimiste à la retraite du Laboratoire National de Los Alamos, dans le Nouveau Mexique, affirma que le suaire était beaucoup plus ancien. Il affirma que la datation au carbone n'avait été réalisée que sur les morceaux qui avaient été cousus sur le suaire en 1534, et que l'analyse chimique suggérait que le tissu principal était âgé de 1300 à 3000 ans.

Une seule chose est certaine. Entourer le suaire autour du corps du Christ n'aurait pas pu produire l'image qu'il porte. Lorsqu'on l'observe de face, – comme pour un portrait – l'apparente largeur du visage est d'environ 15 cm. Mais la distance d'une oreille à l'autre, en surface, est de 25 cm ou plus. L'artiste britannique Robert Hunt démontra cela de manière très simple. Il recouvrit le corps de sa jeune fille avec de la peinture et l'enveloppa dans un drap. L'impression qui en résulta fut celle d'une jeune fille extrêmement grosse, « complètement méconnaissable ». Or l'image fantôme, sur le suaire de Turin, est, en tout cas, plutôt plus étroite que la moyenne.

En réponse à cette critique, quelques enthousiastes ont prétendu que le suaire n'avait pas été enveloppé autour du corps du Christ, mais qu'il avait été étendu pardessus et par-dessous et qu'un rayonnement soudain, d'une grande intensité, avait produit cette image, comme celle d'une brûlure. Ceci n'explique toutefois pas comment le dessus de la tête, sur l'image frontale, touche presque l'image de derrière.

Quelque 140 000 personnes défilèrent dans la cathédrale San Giovanni de Turin, lorsque le Suaire fut exposé au public en 1978. On prit des fils et des échantillons de tissus à ce moment-là pour faire des analyses scientifiques. On peut voir que les images de dos et de face se rejoignent à la tête, ce qui aurait été impossible si elles avaient été produites au moment où le suaire enveloppait le corps.

CHAPITRE 8

CHARLATANISME MÉDICAL

Cela fait des siècles que des charlatans ont prospéré aux marges de la profession médicale, promettant des guérisons miracles, fort onéreuses, de toutes sortes de maladies courantes.

Tout un chacun est préoccupé par son état de santé, et beaucoup de gens sont aisément influencés par un médecin en blouse blanche parlant de façon bienveillante. Beaucoup de faux docteurs, depuis les marchands d'huile de serpent dans les foires de campagne jusqu'aux personnages se présentant comme médecins réputés, ont abusé de la crédulité de leurs victimes. Sous couvert de science légitime, ils ont adopté un charabia de termes techniques qui embrouillent l'homme de la rue et le persuadent d'avaler les bobards les plus énormes. Il y a plus grave, néanmoins, lorsqu'un vrai scientifique fausse les résultats de ses expériences pour des motifs de vanité professionnelle ou pour l'appât du gain.

Ci-contre : Paul Kammerer, qui s'est suicidé lorsque fut avéré qu'il avait falsifié les résultats de ses expériences sur les crapauds.

A gauche : un crapaud mâle (en fait une variété de grenouille) portant des œufs fécondés entre ses pattes arrière.

praticiens de médecine alternative. Mesmer fut également à l'origine, presque fortuite, de ce qui fut dénommé d'abord « mesmérisme » et qui est appelé maintenant l'hypnose. Né en Allemagne du Sud, Mesmer a obtenu son doctorat de médecine à Vienne en 1766. Il ouvrit un cabinet médical, mais son mariage avec une riche veuve lui donna beaucoup de temps pour s'adonner à des expériences. Il commença à traiter ses malades avec deux grands aimants, placés au-dessus et au-dessous de la partie malade. Sa théorie initiale était que le champ magnétique créé pouvait, d'une certaine façon, harmoniser les flux vitaux.

Le Dr Franz Anton Mesmer, dont le concept de « magnétisme animal » fut réfuté par une commission d'enquête à laquelle participa Benjamin Franklin.

MESMER ET LE MAGNÉTISME

L'électricité et le magnétisme devinrent des sujets d'engouement populaire de la fin du XVIIIe siècle. Franz Anton Mesmer (1733-1815) fut l'un des premiers à appliquer ces nouveaux phénomènes à la médecine. Les théories qu'il proposait pour expliquer ses traitements ne résistaient pas à l'examen, il fut considéré, même à son époque, comme un charlatan par la profession médicale. Malgré cela, les thérapies par le magnétisme ont trouvé de nouveaux adeptes parmi les

MÉTHODES BIZARRES

Mesmer poursuivit ses expériences. Il utilisait toutes sortes d'objets qu'il pensait avoir magnétisés, même des vêtements ou des lits. Il inventa le baquet, rempli de limaille de fer et de poudre de verre. Des barres de fer sortaient du couvercle du baquet, courbées à angle droit de sorte que les patients pouvaient appliquer ces barres contre les endroits douloureux, et se tenir par la main pour permettre la circulation du « fluide magnétique ».

Mesmer découvrit alors que les objets magnétisés n'étaient pas nécessaires. Il obtenait les mêmes résultats en caressant les patients dans le sens des nerfs. Il appela cela le « magnétisme animal ». Il écrivit : « Ce n'est pas un remède secret. Je souhaite former des médecins à mes méthodes. »

Mais Mesmer était l'objet des railleries du corps médical de Vienne – ainsi par Franz Joseph Gall (1758-1828), un contemporain de Mesmer qui inventa la phrénologie – et il partit à Paris. Là également, il fut dénigré par les médecins conventionnels, mais attira l'intérêt du public. Malheureusement, son sens du spectacle prévalut sur son sens du sérieux, et il commença à tenir des séances de guérison, habillé d'une robe de magicien. Le gouvernement décida de nommer une commission pour examiner ses prétentions. La commission comprenait Benjamin Franklin (pionnier de l'étude de l'électricité), Antoine de Lavoisier (le plus célèbre des chimistes de France) et le Dr Guillotin (inspirateur de la guillotine). Ils conclurent que Mesmer avait indiscutablement obtenu des guérisons mais que sa théorie du magnétisme animal ne tenait pas debout.

Il s'en suivit une désaffection pour les pratiques de Mesmer. Lorsque la Révolution française éclata en 1789, Mesmer quitta la France et se retira en Suisse. En 1814, il s'installa près de son village natal et mourut l'année suivante.

L'hypnotisme fut découvert par un des disciples de Mesmer, le marquis de Puységur. En essayant un traitement par magnétisme animal sur un jeune garçon, il lui caressa la tête et fut surpris de le voir tomber en transe, une transe au cours de laquelle il continuait à obéir à ses ordres. Cette technique se révéla être d'une grande valeur pour la psychologie moderne.

MÉDECINE ÉLECTRIQUE

Les couples ne pouvant pas avoir d'enfant sont une cible facile pour tous les charlatans qui promettent un traitement sûr de la stérilité. Ils seront d'autant plus persuadés si on leur assure que « leurs enfants seront plus intelligents, plus robustes et plus beaux, au physique comme au mental, que la race actuelle chétive, frêle et demeurée ».

Ce sont là les prétentions de James Graham (1745-1794), qui cumula gloire et fortune en quelques années avec sa « médecine électrique ». Né à Edimbourg, en Ecosse, il suivit les cours de médecine, mais on ne trouve pas trace de son doctorat. Graham se fit néanmoins appeler Docteur tout au long de sa vie.

Au début des années 1770, Graham partit pour les Etats-Unis. Il y rencontra Benjamin Franklin et apprit ses expériences sur l'électricité. De retour en Angleterre en 1774, Graham s'installa en province, à l'ouest du pays, et commença à faire connaître ses guérisons miraculeuses. Il attira bientôt une clientèle célèbre et fortunée et, en 1779, il s'installa à Londres, où il ouvrit un fastueux « Temple de la Santé ». Graham y installa son « trône magnétique » et sa

Le baquet de Mesmer, qui servit pour le traitement de divers maux, en vogue à la fin du XVIIIe siècle, à Vienne. Un homme appuyé sur une béquille, place sa jambe sur une des barres de fer sortant du baquet.

« baignoire électrique », et prodigua sa « fameuse médecine éthérée et balsamique ».

Les futurs patients et les visiteurs pouvaient déambuler, moyennant deux guinées, dans une dizaine de salons richement décorés et meublés, inspecter les équipements électriques de Graham et écouter ses conférences. Au son constant de musique, des jeunes femmes peu habillées posaient parmi les sculptures classiques. On dit que l'une d'elles était Emma Lyon qui devint plus tard la femme du fameux Sir William Hamilton et la maîtresse de l'amiral Horatio Nelson.

LE LIT CÉLESTE

Une porte séparée menait à une chambre somptueuse, décorée pour évoquer un harem turc, dans laquelle Graham avait installé son « grand lit céleste ». Ce dernier mesurait 3,6 m de long, 2,7 m de large et reposait sur quarante colonnes de verre coloré. Graham annonçait que les couples y passant la nuit, au tarif minimum de 50 £, seraient « comblés d'une progéniture ».

Les futurs patients et les visiteurs curieux pouvaient déambuler, moyennant un ticket de deux guinées, dans une dizaine de salons richement décorés et meublés, inspecter les équipements électriques de Graham et écouter ses conférences.

L'air embaumait de parfums, des automates mécaniques jouaient des mélodies et un énorme miroir au plafond reflétait les activités se déroulant sur le lit.

Le matelas était « rempli de la paille de blé ou d'avoine la plus douce et la plus fraîche, incluant de la mélisse, des feuilles de rose et des fleurs de lavande », ou alors, autre version, « rembourré du crin le plus dru et le plus élastique, obtenu à grands frais, et provenant de la queue d'étalons anglais ». Le lit était relié à trois quarts de tonne d'aimants connectés entre eux, et l'inscription suivante « Soyez féconds. Croissez et multipliez, afin de remplir la terre », apparaissait sur la tête de lit.

PROPOS INDÉCENTS

Le Temple de la Santé connut un moment un succès retentissant. Puis, pour quelque raison, peut-être une baisse des revenus, Graham déménagea vers Pall Mall et ouvrit le Temple de l'Hymen, avec des tarifs moins élevés. En 1782, plongé dans les dettes, il retourna à Edimbourg. Ses conférences explicites « sur les moyens d'exciter et de maintenir en permanence les plaisirs de l'état de mariage », provoquèrent un scandale, et les magistrats lui infligèrent une amende pour propos indécents.

Graham abandonna alors ses théories électriques et déclara que le corps humain pouvait absorber tous les éléments nutritifs dont il avait besoin en prenant des « bains de boue », qui permettaient de vivre jusqu'à 150 ans. Il prêcha également l'abstention de viande et d'alcool, exalta les vertus des bains froids et des fenêtres ouvertes, et refusa de porter des vêtements de laine. A la fin, Graham trouva la foi, et fonda la « Nouvelle Eglise de Jérusalem », dont il était le seul membre, et commença à signer ses lettres « Serviteur de Dieu. OWL ». (Oh, Wonderful Love). Il mourut en 1794 d'un accident vasculaire.

LE POUVOIR DE L'ÉTHER

Au cours de la deuxième moitié du XIXe siècle, les physiciens avaient adopté la théorie ondulatoire de la lumière, mais ils pensaient que ces ondes devaient être transmises par un milieu support, par analogie avec les ondes sonores. Ce milieu, dénommé éther lumineux, a été l'objet de multiples expériences destinées à en détecter l'existence et la nature. Ce ne fut qu'au début du XXe siècle, en particulier après la publication de la théorie d'Einstein sur la relativité,

Après son retour dans sa ville natale d'Edimbourg en 1783, James Graham (le deuxième à partir de la gauche) introduisit l'usage de « bains de boue » pour des cures de soins et de rajeunissement.

qu'on accepta l'idée que l'éther n'existait pas et n'était pas nécessaire à la propagation des ondes lumineuses.

Aussi, lorsqu'en 1872, John Worell Keely (1837-1896) annonça qu'il avait découvert un moyen d'exploiter « l'énergie éthérée », ils furent nombreux à le croire. Keely, au départ charpentier et mécanicien à Philadelphie, fonda la Keely Motor Company à New York et leva un capital de 1 million de $ auprès de riches financiers. En 1874, Keely fit des démonstrations de son générateur à l'éther devant un public étonné, à Philadelphie. Il versa 5 gallons (19 litres) d'eau dans sa machine et bientôt, un capteur de pression indiqua une pression de 10 000 livres par pouce carré (environ 500 bars). L'eau, annonçait Keely, avait été convertie en éther, générant une énergie excédant toutes les formes d'énergie connues. Un litre d'eau pouvait propulser un train de Philadelphie à San Francisco, et quatre litres un bateau à vapeur des Etats-Unis à Liverpool et retour. « Un baquet d'eau générerait assez d'énergie pour dévier la course du globe terrestre. »

Un spectateur déclara : « De gros cordages furent rompus, des barres d'acier brisées ou tordues, des balles tirées à travers des poutres de bois de 40 cm, par une force inconnue. »

ÉQUILIBRE SYMPATHIQUE

Keely prétendait que les fréquences musicales entraient en résonance avec les atomes ou avec l'éther lui-même. Sa « machine à vide à pulsations hydropneumatiques » était reliée à un « libérateur », un montage de fils de cuivre, de tubes et de diapasons. Il utilisait fréquemment un instrument de musique – un violon, un harmonica ou une cithare – pour faire démarrer son système. Il parla « d'équilibre sympathique », « d'harmoniques négatifs quadripôles » et de « désintégration éthérique ».

John Worell Keely (assis) avec la seule partie de son « générateur éthérique » que le public était autorisé à voir. Ce ne fut qu'après sa mort qu'une enquête révéla la véritable source d'énergie de sa machine.

Keely écrivit : « Avec notre savoir actuel, on ne peut définir la force latente qui, dotée de pouvoirs d'attraction et de répulsion, n'a rien à voir avec le magnétisme. Qu'il s'agisse d'une forme d'électricité dépouillée de toutes les caractéristiques habituelles, ou d'une force magnétique repoussant les phénomènes liés au magnétisme, la seule conclusion à laquelle j'arrive est que ce phénomène indéfinissable est l'âme de la matière. »

Keely poursuivit la mise au point et le perfectionnement de son appareil, mais les investisseurs perdirent progressivement leur intérêt dans l'affaire. Il frôlait la faillite lorsqu'une riche veuve d'un industriel en papeterie, Mme Clara Bloomfield-Moore, lui offrit son soutien.

Keely accepta contraint et forcé de permettre à des experts d'observer ses démonstrations, au cours desquelles sa machine levait de lourdes charges ou tirait avec son canon à vapeur, mais il refusait de leur laisser faire un examen détaillé.

En mars 1884, Keely annonça que le développement de son moteur était quasiment terminé. Mais en fait, il resta en plan. Lorsque Keely mourut en 1898, son générateur avait été pratiquement démantelé par des tiers qui avaient espéré découvrir ses secrets, mais personne ne sut le mettre en marche. Finalement, le bâtiment qui abritait l'engin fut démoli, et l'on découvrit, dans un faux plafond et derrière de fausses cloisons un moteur silencieux et des vannes pneumatiques. Un réseau de canalisations pneumatiques fut découvert dans de fausses poutres. Au sous-sol, on trouva une sphère de trois tonnes et un réservoir d'air comprimé. Il s'agissait là de l'origine de « l'énergie éthérique » de Keely, dont la fraude fut ainsi révélée.

Le plus remarquable est qu'il existe encore aujourd'hui des gens pour croire que Kelly avait fait une découverte révolutionnaire. Un site Internet dénommé KellyNet est consacré à la diffusion de ses théories, et bien d'autres sites discutent de sa physique « des vibrations sympathiques ».

BOÎTES NOIRES MAGIQUES

Avec la théorie ondulatoire de la lumière, bientôt suivie de celle des ondes radio et des rayons X, ainsi que les premières théories sur la structure de l'atome, bien des gens commencèrent à croire, comme Keely, que la matière possédait des vibrations naturelles avec lesquelles il était possible d'entrer en résonance. Le Dr Albert Abrams (1863-1924) fit une fortune considérable en exploitant ce concept.

Né à San Francisco en Californie, Abrams obtint sa licence à l'Université de Heidelberg, en Allemagne, en 1882. Il poursuivit ses études à Berlin, Vienne, Londres et Paris.

De retour aux Etats-Unis, il fut nommé à la clinique médicale du Collège Médical

Le Dr Abrams en 1921, avec une partie de son montage pour développer la « reaction électronique d'Abrams ». Au premier plan se trouve son « Dynamizer », et un métronome supposé nécessaire pour ajuster son « Oscilloclast ».

Le dossier du faussaire

« ...ET QUELQUES ESCROCS »

Sir Peter Medawar (1917-1987) obtint le Prix Nobel en 1960 pour ses travaux sur la tolérance immunologique aux greffes de peau et d'organes. Il écrivit : « Parmi les scientifiques, on trouve des collectionneurs, des classificateurs, des maniaques du rangement, beaucoup de détectives et d'aventuriers. On trouve des scientifiques poètes et des scientifiques philosophes, et même quelques mystiques. » Il mentionna plus tard qu'il regrettait beaucoup de ne pas avoir ajouté « ... et quelques escrocs ».

Cooper, dans sa ville natale, et il mena pendant plus de vingt ans la vie d'un médecin respectable.

En 1910, le Dr Abrams présenta un nouveau traitement qu'il appela « spondylothérapie ». Cela consistait à triturer la colonne vertébrale, et n'était rien d'autre qu'une variante de techniques existantes d'ostéopathie. Mais Abrams fit une tournée dans tout le pays en donnant des cours de formation, au tarif de 200 $, et publia avec profit un ouvrage sur le sujet.

DÉNUDEZ-VOUS À LA TAILLE ET FAITES FACE À L'OUEST

Après ce succès, Abrams annonça le développement d'un appareil, le « Dynamizer », qui lui permettrait de faire le diagnostic de patients partout dans le monde, sans quitter son cabinet de San Francisco. Tout ce qu'il lui fallait était une goutte de sang du patient sur un morceau de buvard. Abrams expliquait que chaque maladie émettait sa propre vibration que son équipement pouvait identifier.

Le diagnostic exigeait la présence d'un volontaire sain, à qui l'on demandait de se dénuder jusqu'à la taille et de faire face à l'ouest, dans la pénombre. Un fil sortant de l'appareil d'Abrams était relié à une plaque de métal appliquée sur le front du volontaire. L'échantillon de sang du malade était placé dans l'appareil. Le docteur palpait alors l'abdomen de la personne saine pour chercher les « zones de faiblesse » indiquant la maladie dont souffrait le patient absent. Plus tard, Abrams décida qu'il n'avait pas besoin de l'échantillon de sang. La signature autographe du malade suffirait.

Vers 1920, il annonça la découverte du REA, la « réaction électronique d'Abrams ». La maladie provenait, disait-il, d'une disharmonie des ondes électroniques ; « les médicaments spécifiques devaient avoir le même spectre de vibrations que les maladies, pour être efficaces. C'est pour cela qu'ils guérissent ». Il avait inventé une machine qui produisait les vibrations correspondant à toutes les maladies, ce qui permettait de se passer de médicaments. Il la nomma l'« Oscilloclast ».

L'ASSEMBLAGE ÉLECTRONIQUE D'ABRAMS

Beaucoup de charlatans, et un certain nombre de médecins de bonne réputation, investirent dans l'assemblage électronique d'Abrams. L'équipement n'était pas vendu, mais loué, chaque unité pour une annuité de 250 $. Les éléments actifs étaient scellés dans un boîtier, et les utilisateurs prenaient l'engagement contractuel de ne jamais l'ouvrir. En 1923, Abrams avait distribué un nombre estimé de 3500 « Dynamizer » et « Oscilloclast ». Un franchisé pouvait gagner jusqu'à 2000 $ par semaine pour des traitements, et la fortune personnelle d'Abrams fut estimée à plus de 2 millions de $.

L'American Medical Association (AMA) observa ces développements avec inquiétude. Un jour, le Dr Abrams reçut un échantillon de sang d'un médecin de Chesaning, Michigan, avec une demande de diagnostic. La réponse fut que le patient souffrait de diabète, de malaria, d'un cancer et de deux maladies vénériennes. Le médecin de Chesaning envoya ce diagnostic à l'AMA. Le « patient » était un jeune coq en pleine santé. Un autre sceptique adressa deux échantillons séparés de sang d'un même cobaye mâle. « Mademoiselle Bell » apprit qu'elle souffrait d'un cancer et d'une sinusite ; « Madame Jones » avait une maladie de peau et des problèmes d'estomac.

Le Dr Abrams au travail avec son « Dynamizer ». En palpant l'abdomen d'un volontaire, Abrams prétendait diagnostiquer les maladies dont souffrait un autre patient.

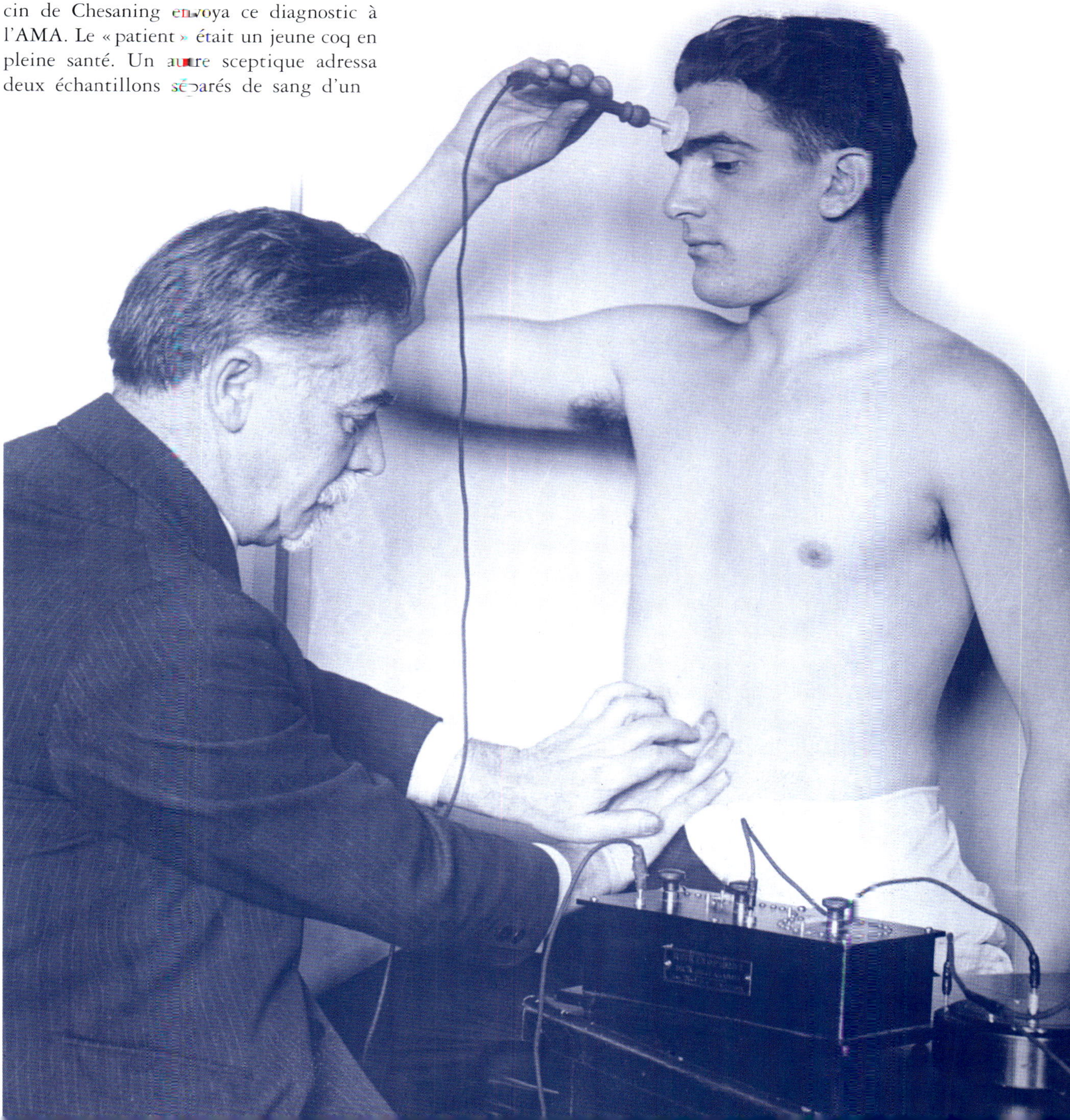

A l'automne de 1923, le magazine *Scientific American* réunit un panel d'experts et démonta un boîtier d'« Oscilloclast ». Ce dernier contenait un condensateur, un ohmmètre et un interrupteur magnétique, le tout proprement câblé, mais sans aucune fonction apparente. Le panel conclut : « Il s'agit au mieux d'une illusion ; au pire, d'une colossale supercherie. »

Peu de mois après cet épisode, le Docteur Abrams souffrit d'une pneumonie. L'« Oscilloclast » ne put rien pour lui, et il mourut.

L'accumulateur d'énergie orgonique de William Reich. Le cadre en bois absorbe l'orgone de l'air, et le doublage intérieur en métal l'irradie sur la personne assise à l'intérieur.

40107 ? VOUS SOUFFREZ D'UN AMOUR NON PARTAGÉ !

Une vingtaine d'années plus tard, un ingénieur civil britannique, George de la Warr (1905-1969), reprit l'idée de l'assemblage électronique d'Abrams et le modifia. Sa boîte noire était gainée de similicuir, avec des finitions en chrome. Sur la façade, il y avait une rangée de cadrans en bakélite, et deux orifices pour les échantillons de sang ou de cheveu du patient. La différence avec le « Dynamizer » était qu'il n'y avait pas de palpation de l'abdomen. A la place, l'opérateur enfonçait un doigt dans une membrane de caoutchouc jusqu'à ce qu'il se bloque à un certain point. A l'intérieur du boîtier, il n'y avait rien à l'exception d'un fil électrique reliant les cadrans et les orifices à échantillons.

> « Il s'agit au mieux d'une illusion ; au pire, d'une colossale supercherie. »
>
> *SCIENTIFIC AMERICAN*, 1923

La fonction annoncée des cadrans était de moduler la longueur effective du fil. L'opérateur faisait tourner les cadrans chacun à leur tour, notant la position pour laquelle il se produisait un blocage. Un *Guide clinique* était fourni avec chaque boîtier vendu, permettant de faire le diagnostic. La combinaison 907, par exemple, indiquait une fracture, et 80 799 une contusion. 700 457 signifiait un empoisonnement, et 97 964 une infection virale. Une péricardite était repérée par la combinaison 60 682 578. L'état psychologique pouvait être également diagnostiqué : la vanité avec 50 413, un état méditatif par 40 421, et enfin l'amour non partagé par 40 107.

De la Warr poursuivait sa consultation, après le diagnostic, avec un boîtier un peu plus petit, d'apparence similaire et sans source apparente d'énergie, dédié au traitement de la maladie.

Après avoir effectué le diagnostic, l'opérateur prenait note de la combinaison et la

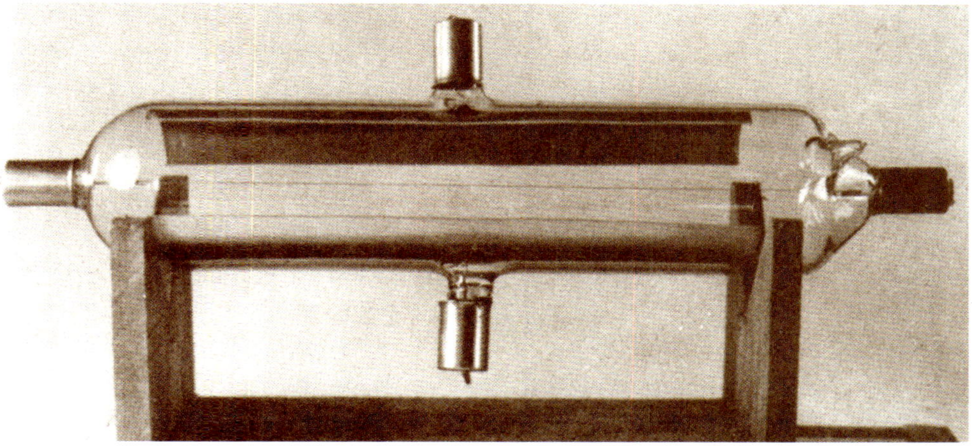

Une autre des inventions de Reich : un tube à vide générant de l'orgone. Ses prétentions furent examinées par la Food & Drug Administration, et trouvées sans fondement.

recomposait sur le boîtier de traitement : c'était tout. Il n'était même pas nécessaire de dire au patient qu'il ou elle avait été guéri par ce « traitement ».

Pendant les années 1950, des centaines de ces boîtiers « radioniques » furent vendus au prix de 100 £ pièce, non seulement en Angleterre, mais dans le monde entier. En plus, de la Warr et sa femme entretenaient une lucrative activité privée de diagnostics. Puis, en juin 1960, une plainte fut présentée au tribunal de Londres.

GRIEFS CONTRE DE LA WARR

Le plaignant accusait de la Warr « de présenter et de pratiquer une pseudoscience de radionique, et d'avoir frauduleusement prétendu qu'il existait des substances, des radiations, ondes et vibrations spécifiques capables d'influer sur un appareil du défendeur, appelé ‹Delawarr Diagnostic Instrument› ».

Dans la conclusion de l'audience préliminaire, le juge fit remarquer qu'aucun témoin de la défense n'avait tenté de prétendre savoir comment le boîtier fonctionnait, mais seulement que parfois il donnait un résultat. Il accepta de considérer que de la Warr croyait honnêtement à son invention et n'avait pas d'intention frauduleuse. Il conclut en faveur du défenseur. Néanmoins, le couple de la Warr dut payer les frais de défense. Les commentaires du juge faisaient ressortir clairement qu'il avait de graves doutes sur le fonctionnement de l'appareil : ces réserves n'encouragèrent pas les investisseurs à poursuivre le financement du projet. Cela affecta gravement les de la Warr et, lorsque George mourut en 1969, la production des instruments avait pratiquement cessé.

L'ACCUMULATEUR D'ORGONE

Après avoir passé son diplôme de médecine à Vienne en 1922, Wilhelm Reich (1897-1939) fut considéré comme l'un des plus brillants disciples de Sigmund Freud, le père de la psychanalyse (1856-1939). Reich était convaincu de l'importance d'une activité sexuelle intense. Ses ouvrages, *La Fonction de l'orgasme* (1927) et *La Psychologie des masses dans le fascisme* (1933) éveillèrent l'attention sur les liens entre la libération sexuelle et la politique.

Il fuit le nazisme en 1939, pour les Etats-Unis, et annonça la découverte d'une substance électrochimique essentielle à l'énergie sexuelle, qu'il appela orgone. Générée par le soleil, elle était présente dans l'air, l'eau et toute la matière organique. L'orgone était bleue, disait-il.

Ceci explique pourquoi l'on ressent du bien-être à s'asseoir au soleil sous un ciel bleu.

Reich pensa qu'il s'agissait d'un moyen trop lent pour absorber de l'orgone. Aussi, il inventa son « Accumulateur d'orgone ». Il s'agissait d'une cabine d'environ 1 m^2,

Le dossier du faussaire
LE MANIFESTE DE REICH

« Quoi que vous m'ayez fait ou que vous me fassiez à l'avenir, que vous me glorifiiez comme génie ou que vous m'enfermiez dans un asile d'aliénés, que vous m'adoriez comme votre sauveur ou que vous me pendiez comme espion, tôt ou tard, vous serez forcé d'admettre que j'ai découvert les lois du vivant. » Wilhelm Reich – *Le Petit Homme* (1949)

faite de bois à l'extérieur et doublée d'une feuille de métal à l'intérieur. Le bois était supposé absorber l'orgone de l'air, qui était ensuite irradié à l'intérieur par le métal, et absorbé par le patient assis dans la cabine. L'institut d'orgonomie de Reich développa

Wilhelm Reich âgé, qui mourut en prison en 1957.

une couverture à orgone, constituée de couches alternées de laine et d'acier, pour les alités, et des petits « shooters », à placer sur les endroits douloureux du corps.

LA FDA SE MANIFESTE

Tout en produisant et en vendant ses accumulateurs à orgone, Reich découvre l'existence de « bions », particules microscopiques de la taille de bactéries, porteuses « d'essence de vie », qui ne purent être détectées que par Reich et ses disciples. Cette annonce attira l'attention de la FDA, qui lança une enquête en 1954. Elle conclut que l'orgone n'existait pas et que les accumulateurs n'avaient aucun effet curatif.

Reich reçut une injonction, lui interdisant d'expédier ses cabines ou ses écrits au-delà des limites de l'Etat. Avec son caractère combatif, Reich ignora l'injonction, et en mai 1956, il fut appelé à comparaître devant le tribunal à Portland, dans le Maine. Il fut condamné à deux ans de prison et à une amende de 10000 $. Il fit appel et fut libéré sous caution. Il entreprit aussitôt de développer un générateur de pluie orgonique et un moteur à énergie orgonique. L'appel fut rejeté, et il dut purger sa peine au pénitencier fédéral de Lewisburg, en Pennsylvanie, où il mourut moins d'un an après.

TRUCAGE DE RÉSULTATS

Beaucoup d'inventions « scientifiques » présentées au public sont risibles, après un examen approprié. Le cas est plus sérieux lorsqu'un scientifique truque délibérément les résultats de ses expériences.

LES THÉORIES ANTAGONISTES DE LAMARCK ET DE DARWIN

Pour quelle raison existe-t-il une telle diversité biologique parmi les êtres vivants? Le naturaliste français Jean Batiste Lamarck (1744-1829) proposa une théorie pour expliquer ce fait. Il y a longtemps, une girafe, par exemple, avait un cou normal, comparable aux autres animaux. Comme elle se nourrissait des feuilles d'arbres élevés, elle allongea son cou et sa descendance garda cette caractéristique. Progressivement, de génération en génération, le cou s'allongea. La théorie était séduisante, et beaucoup de gens y crurent durant un siècle.

Les conséquences de cette théorie étaient troublantes. Si vous étiez haltérophile, par exemple, vos enfants auraient un développement musculaire supérieur, et, en suivant la théorie de Lamarck de la transmission des caractères acquis, il deviendrait possible de sélectionner une race de surhommes.

La théorie opposée de l'évolution proposée par Charles Darwin (1809-1882) semblait clore la période du Lamarckisme. La théorie de Darwin expliquait l'apparition d'une nouvelle espèce par une mutation génétique accidentelle. Si la nouvelle combinaison génétique engendrait un avantage, elle se transmettait aux générations futures par la « survie du plus apte ». A défaut d'une meilleure expression, Darwin appela ce processus la « sélection naturelle ». Des recherches complémentaires et des approfondissements de la théorie de Darwin ont depuis lors balayé les théories de Lamarck.

LE CRAPAUD SAGE-FEMME

Paul Kammerer naquit à Vienne en 1180. Il eut l'intention de faire carrière dans la musique, mais obtint à la place un doctorat en biologie, en 1904. Il devint célèbre pour avoir falsifié les résultats de ses expériences scientifiques sur le soi-disant crapaud sage-femme.

Les expériences de Kammerer débutèrent avec deux espèces de salamandre. La salamandre noire vient des Alpes et donne naissance, sur la terre ferme, à deux rejetons pleinement formés. La salamandre tachetée vit dans les marais, donne naissance dans l'eau à plus de 50 têtards, qui se développent ultérieurement en adultes.

Kammerer força la salamandre noire à vivre dans des conditions chaudes et humides, et la salamandre tachetée au sec et au froid.

Après plusieurs essais infructueux, les salamandres noires produisirent des têtards dans l'eau et les salamandres tachetées donnèrent naissance à deux jeunes de développement achevé. Kammerer les éleva et les fit se reproduire. Il démontra que leurs rejetons semblaient avoir hérité des caracté-

Le chercheur autrichien Paul Kammerer conduisit les expériences destinées à prouver la validité des théories de Lamarck.

La salamandre tachetée, une des espèces utilisée par Kammerer lors de ses expériences initiales. Elle vit dans les marais et donne naissance dans l'eau à une cinquantaine de têtards à la fois.

ristiques de leurs parents, en donnant naissance à des jeunes pleinement formés.

Plus tard, il s'intéressa au crapaud sage-femme. Il conserva ses spécimens dans un réservoir d'eau, les forçant à se reproduire en milieu liquide. Après plusieurs générations, il prétendit que ces crapauds avaient développé une zone grossièrement pigmentée sur leurs pattes, caractéristique typique d'autres grenouilles. Ses expériences provoquèrent une controverse dans les milieux scientifiques autour du monde. Des doutes furent émis. Un de ses assistants du laboratoire admit que ses données étaient fragmentaires. Alma Mahler (la veuve du compositeur Gustave Mahler), qui avait été recrutée par Kammerer après la mort de son mari en 1911, dit qu'il aurait été préférable d'avoir des résultats un peu moins exacts, mais plus positifs que ceux auxquels elle était parvenue.

« UN SUCCÈS LÀ OÙ DARWIN ÉCHOUA »

Durant la Première Guerre mondiale, Kammerer dut abandonner ses travaux de laboratoire. Il entreprit une tournée de conférences, avec juste un spécimen mort de crapaud comme illustration. En Amérique, la presse le célébra comme un génie : « Un chercheur réussit là où Darwin échoua ! » Néanmoins, en août 1926, le Dr G. Kinsley Noble, conservateur du département des reptiles au Musée Américain d'Histoire Naturelle, publia un article dans le journal scientifique britannique *Nature*. Il annonça que l'examen de la tache pigmentée révélait la présence d'encre de Chine. Elle n'était pas naturellement rugueuse, mais altérée artificiellement pour paraître ainsi – peut-être par transplantation de peau d'une autre espèce.

Kammerer se défendit d'avoir rien fait de tel, mais sa réputation fut perdue. Le 22 septembre 1926, il écrivit qu'il espérait avoir « assez de courage et de force pour en

Le dossier du faussaire

QU'AVAIT DONC LE CRAPAUD SAGE-FEMME DE KAMMERER DE SI SPÉCIAL ?

Le crapaud sage-femme est bien un membre de la famille des batraciens, mais son comportement est très différent de celui des autres espèces. L'accouplement a lieu sur la terre ferme, avec le mâle tenant la femelle entre ses pattes de devant. Il fixe les œufs fécondés autour de ses pattes de derrière et les incube. Lorsqu'ils sont prêts à éclore, il entre dans l'eau et attend que les jeunes têtards aient tous émergés. D'où le nom de cette espèce. Les autres espèces s'accouplent dans l'eau et les mâles ont une zone rugueuse sombre dans la paume de la patte, pour qu'ils puissent bloquer la femelle glissante. La paume du crapaud sage-femme est lisse.

finir avec ma vie ratée ». Le matin suivant, il se tirait une balle dans la tête aux environs de Vienne.

UN MYTHE MARXISTE

Peu de temps avant sa mort, Kammerer avait reçu une offre de poste de directeur du département de biologie de l'Université de Moscou. Le lamarckisme convenait à l'approche marxiste, en particulier avec la croyance que l'amélioration des conditions sociales entraînerait une amélioration de la race humaine. Trofim Denisovich Lysenko (1898-1976) poursuivit la ligne tracée par Kammerer, avec l'approbation de Staline, dictateur de toutes les Russie. Les agronomes russes avaient déjà expérimenté la « vernalisation », qui consiste à faire tremper et à congeler des semences de blé d'hiver afin de les planter au printemps plutôt qu'en automne, et qui permet d'obtenir de meilleurs rendements. Lysenko appliqua cette méthode à d'autres récoltes et se hissa à la tête de l'Institut de Génétique de Moscou. L'ironie de la situation est qu'il réfutait l'existence des gènes. Il parlait de « l'unité de l'organisme avec son environnement », et proclama que les plants de blé cultivés dans les conditions appropriées produisaient des grains de seigle. Ceux qui s'opposèrent à ses théories se retrouvèrent en prison. Pendant plus de trente ans, Lysenko exerça une tyrannie dans son domaine.

UN BOURRAGE DE MOU

Après la mort de Staline en 1953, Nikita Krouchtchev émergea comme nouveau leader de la Russie et poursuivit la politique de soutien officiel à Lysenko. Il fut limogé en 1964, et en 1965, une commission d'enquête officielle examina les découvertes les plus récentes de Lysenko. Dans une ferme expérimentale, des vaches furent croisées avec des taureaux de Jersey. Lysenko maintenait qu'il résulterait de ce croisement une amélioration spectaculaire du taux de matières grasses dans le lait de leur descendance. Les examinateurs découvrirent que les résultats avaient été délibérément falsifiés. Les vaches avaient été sélectionnées spécialement et nourries richement. Leur lait était riche en matières grasses, mais elles en produisaient moins que des vaches normales. Les généticiens orthodoxes du

L'agronome russe Trofim Denisovich Lysenko, spécialiste du développement d'espèces animales et végétales dont les théories lamarckiennes eurent l'appui de Staline, et qui ne furent finalement discréditées qu'en 1965.

Après avoir servi deux ans dans l'unité de traitement des brûlés de l'Armée US, le Dr William Simmerlin entreprit des recherches en dermatologie à l'Université de Stanford, en Californie. Ici, des collègues observent un fragment de peau retiré d'une solution nutritive.

monde entier accueillirent avec délice les conclusions de la commission d'enquête, et Lysenko fut finalement discrédité.

DES SOURIS ET DES HOMMES

Dans les années qui suivirent la Seconde Guerre mondiale, beaucoup de chercheurs s'orientèrent vers l'étude des greffes de peau et des transplantations d'organes. Le système immunitaire a pour rôle de détecter et de détruire les cellules étrangères à l'organisme. Il est la cause du rejet de greffes ne provenant pas de l'organisme lui-même ou d'un donneur génétiquement proche. En 1970, le Dr William T. Summerlin (né en 1938) croyait avoir trouvé un moyen de surmonter cette difficulté. Son histoire est similaire à celle de Paul Kammerer.

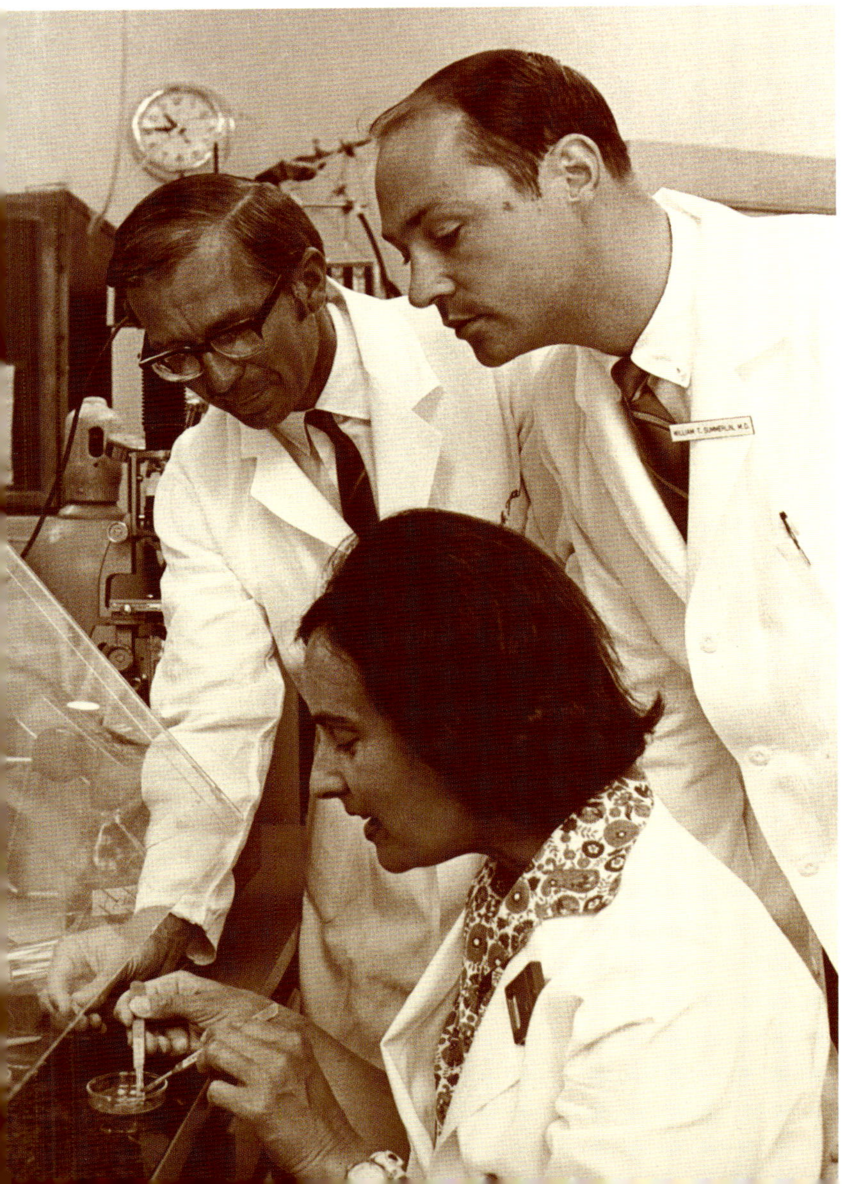

Après son diplôme et son stage, Summerlin passa deux ans à l'unité de traitement des brûlés de l'Armée US au Centre Médical Brooke à côté de San Antonio, Texas. Puis il rejoignit l'Université de Stanford en Californie, pour entreprendre des recherches en dermatologie. En 1969, il découvrit que s'il conservait un fragment de peau dans une solution nutritive plusieurs semaines avant de le greffer, il y avait moins de chance d'observer un rejet. En fait, il annonça qu'il avait même réussi à greffer de la peau d'un individu blanc sur un patient noir.

Les collègues commencèrent à douter des résultats des expériences de Summerlin, qu'ils ne parvenaient pas à répliquer.

La publication de son succès assura à Summerlin une célébrité immédiate dans son domaine, et il fut invité à joindre le distingué pathologiste Robert Good, qui venait d'être nommé directeur du Sloan Kettering Institute de New York City. Les recherches de Summerlin étaient d'un grand intérêt, non seulement dans le domaine des rejets de greffe, mais aussi dans l'étude du cancer.

Peu après l'arrivée de Summerlin au Sloan Kettering Institute, ses collègues commencèrent à se poser des questions sur ses expériences, qu'ils ne parvenaient pas à répliquer. Il revendiqua le fait d'avoir réussi la transplantation des glandes surrénales sur certains de ses animaux de laboratoire, et des greffes de cornée humaine sur des lapins. Il indiqua que les lapins présentant un œil avec un voile rejetaient la greffe, et que ceux avec un œil clair l'acceptaient. Ses collègues commencèrent à douter de la véracité du succès des greffes réussies.

Le Dr Robert A. Good fut le référent de Summerlin au Sloan Kettering Institute de New York. En apprenant que Summerlin avait retouché l'apparence des greffes de peau sur les souris de laboratoire, le Dr Good le suspendit immédiatement de son poste.

UNE AUTRE TACHE D'ENCRE

Une partie des recherches de Summerlin concernait la greffe de peau de souris noires sur des souris blanches. Le 26 mars 1974 au matin, il avait rendez-vous avec le Dr Good pour faire le point sur l'avancement de ses travaux. Il prit l'ascenseur avec ses souris et remarqua en chemin que les taches de peau noire greffée sur ses souris blanches avaient pâli. Il prit un feutre noir pour faire une retouche et détruisit ainsi sa carrière de chercheur.

En fait, le Dr Good regarda à peine les souris. Lorsque Summerlin quitta la réunion, il rapporta les souris au laboratoire et les remit à son chef assistant. Ce dernier remarqua immédiatement que les taches avaient été retouchées et en obtint confirmation avec un frottis à l'alcool. La nouvelle se répandit et vint aux oreilles du Dr Good avant la fin de la matinée. Summerlin fut immédiatement suspendu et révoqué. Il se retira pour pratiquer la médecine en cabinet, en Louisiane et en Arkansas.

Un autre fait apparut dans les suites de cette affaire. Summerlin avait apporté au Sloan Kettering Institute la seule souris porteuse d'une greffe ayant survécu plus de six mois. On la surnomma « Old Man ». Il apparut que « Old Man » était génétiquement proche de la souris dont provenait la greffe, ce qui expliquait pourquoi la greffe avait pris aussi bien, mais qui invalidait en grande partie, sinon totalement les travaux de Summerlin.

INDEX

CREDITS PHOTOS ET ILLUSTRATIONS

Bridgeman Art Library (www.bridgeman.co.uk) : Pages : 41, 43, 48, 51, 53, 57, 60, 65, 71, 87

BritishMuseumm : 10, 32b, 37

Chard/www.goldsovereigns.co.uk : 33
Corbis : 9 ; 14 (© Bettmann/CORBIS) ; 16 (© Bettmann/CORBIS) ; 30 (© Hulton-Deutsch Collection/CORBIS) ; 44 (© Stefano Bianchetti), 88 (Michael 1Vaine) ; 115 (© Austrian Archives) ; 116 (© Myron Jay Dorf) ; 119 (© Najlah Fcanny) ; 120 (© Corbis Sygma) ; 121 (© Bettmann/CORBIS) ; 123 (© Bettmann/CORBIS) ; 125 (© Bettmann/CORBIS) ; 126 (© Hulton-Deutsch Collection/CORBIS) ; 127 (© Fernando Baptista) ; 138 (© Hanan Isachar/CORBIS) ; 154 (© LWA-Sharie Kennedy/CORBIS) ; 181 (© Alan Schein Photography/CORBIS) ; 191 (© Peter Beck/CORBIS) ; 192 (© Hulton-Deutsch Collection/CORBIS) ; 196 (© Bettmann/CORBISk ; 199 (© Bettmann/CORBIS) ; 204 (© Bettmann/CORBIS) ; 207 (© Bettmann/CORI)IS) ; 208 (© William Manning/CORBIS) ; 210 (© William Manning/CORBIS) ; 211 (© Bettmann/CORBIS) ; 233 (0 13ettmann/CORBIS) ; 234 (© B, Worrell Casals/ CORBIS) ; 240 ; 241(© Bettmann/CORBIS) ; 243 (© Bettmann/CORBIS) ; 246 (© Bettmann/CORBIS) ; 247 (© Bettmann/CORBIS) ; 248 (© Joe McDonald/CORBIS) ; 249 (© Bettmann/CORBIS) ; 250 (© Bettmann/CORBIS)
Mary Evans Picture Library : 89, 90, 95, 96, 97, 99, 103, 146, 147, 148, 159, 168, 173, 201, 216
Getty Images : 17, 27, 32, 55, 56, 63, 68, 69, 70, 76, 77, 80, 81, 83, 93, 94,9 8, 113, 132, 134, 136, 137, 139, 151, 152, 158, 171, 174, 186, 187, 188, 189, 197, 200, 203, 213, 251
Governor and Company of the Bank of England : 15, 25
Hodder & Stoughton : 36
Katz Pictures : 8, 21 (David Levenson), 22 (Patrick Aventurier), 24 (Patrick Aventurier), 39 (David Levenson)
National Gallery : 47
Photos l2.com : 165
Popperfoto : 217
REX Features : 11 (Roger-Viollet), 18 (Liverani), 23 (SIPA Press), 26 (SIPA Press), 29, 34, 40 (John Dee), 72 (Brendan Beirne), 73 (Nils Jorgensen), 74 (John Dee), 112 (Andrew Murrey), 141 (Nils Jorgensen), 142 (Nils Jorgensen)
Science *and* Society Picture Library : 54
Süddeutscher Verlag : 183, 184
Topham Picturepoint : 13 (© British Museum/HIP) ; 28 (© British Library/HIP) ; 45 (Topfoto/Dan Tuffs) ; 46, 50 (Novosti) ; 52, 58, 62 (AP) ; 67, 75, 79 (AP) ; 84 (Sian Frances) ; 85, 86, 91, 106 (Woodmansterne) ; 108b, 111, 122, 127, 128, 129, 131 (UPP) ; 133, 143 (© British Museum/HIP) ; 145, 149, 150, 155 (© Charles Walker) ; 156, 157, 160 (AP) ; 161 (AP) ; 163 (AP) ; 164 (PA) ; 167, 170, 177, 178, 185, 194, 195, 206, 214, 215 (Fortean) ; 217, 221 (AP) ; 222, 223, 224 (AP) ; 226 (Fortran) ; 227 (Fortean) ; 229 (© Charles Walker) ; 231 (Fortean) ; 232 (Fortean) ; 235, 236, 237, 239, 244, 245
Woodstock Museum, Ontario, Canada : 179